职业教育新形态教材·财经商贸类

新媒体营销

主　编　秦　勇　梁丽军
副主编　王化强　周　晶

清华大学出版社
北京交通大学出版社
·北京·

内 容 简 介

本书采用项目式编写体例，系统介绍新媒体营销的理论、策略与方法。全书共 3 篇 10 个学习项目 34 个学习任务。本书第 1 篇为基础篇，主要介绍新媒体的分类与特征、新媒体用户画像、新媒体营销的方式、新媒体营销岗位、新媒体运营技能等；第 2 篇为实务篇，主要内容为社交媒体营销、新媒体广告营销、新媒体事件营销、大数据营销、直播营销、短视频营销、App 营销；第 3 篇为延伸篇，内容包含 O2O 营销、病毒式营销、二维码营销、软文营销、小程序营销等。

本书应用型特色鲜明，突出案例与实训教学。书中设置了学习目标、项目情境导入、项目分析、任务引入、相关知识、任务实训、微课堂、思政园地、案例分析、课堂讨论、阅读资料、延伸学习、练习题、案例讨论、学生工作页等模块，体例丰富，图文并茂。

本书可作为应用型本科及各类职业院校新媒体营销课程的授课教材，也可作为相关从业者的参考用书。

图书在版编目（CIP）数据

新媒体营销／秦勇，梁丽军主编. -- 北京：北京交通大学出版社：清华大学出版社，2024.5

ISBN 978-7-5121-5193-2

Ⅰ. ①新…　Ⅱ. ①秦…　②梁…　Ⅲ. ①网络营销　Ⅳ. ①F713.365.2

中国国家版本馆 CIP 数据核字（2024）第 050858 号

新媒体营销

XINMEITI YINGXIAO

责任编辑：郭东青

出版发行：	清华大学出版社	邮编：100084	电话：010-62776969	http://www.tup.com.cn
	北京交通大学出版社	邮编：100044	电话：010-51686414	http://www.bjtup.com.cn

印　刷　者：北京鑫海金澳胶印有限公司

经　　　销：全国新华书店

开　　　本：185×260　印张：16.75　字数：429 千字

版　印　次：2024 年 5 月第 1 版　2024 年 5 月第 1 次印刷

印　　　数：1~1 500 册　定价：49.00 元

本书如有质量问题，请向北京交通大学出版社质监组反映。对您的意见和批评，我们表示欢迎和感谢。

投诉电话：010-51686043，51686008；传真：010-62225406；E-mail：press@bjtu.edu.cn。

随着移动信息技术的迅猛发展，以微信、微博、博客、抖音、快手、小红书等为代表的新媒体平台逐渐成为人们收集信息、传递信息和相互沟通的重要渠道。新媒体打破了时空的界限，以更加多元、开放的方式拓展了人们的生活空间。企业借助新媒体开展营销活动，不仅拓展了营销渠道，还能够有效降低营销成本，提升品牌价值及增强客户的购物体验。新媒体营销也因此日益成为企业开展营销活动的重要方式。

新媒体营销的快速发展，引发了社会对新媒体人才的强劲需求。正因如此，越来越多的应用型本科院校和高等职业院校开设了新媒体营销课程。为适应职业教育的教学特点，满足新媒体应用型人才的培养需求，我们在汲取同类教材精华的基础上编写了本书。

本书采用项目式编写体例，以任务驱动为主线，以学以致用为原则，注重案例教学和实训教学，重点培养学生解决新媒体营销实践问题的能力。本书系统介绍了新媒体营销的理论、策略与方法，全书共3篇10个学习项目34个学习任务。其中，第1篇为基础篇，主要介绍新媒体的分类与特征、新媒体用户画像、新媒体营销的方式、新媒体营销岗位、新媒体运营技能等；第2篇为实务篇，主要内容为社交媒体营销、新媒体广告营销、新媒体事件营销、大数据营销、直播营销、短视频营销、App营销；第3篇为延伸篇，内容包含O2O营销、病毒式营销、二维码营销、软文营销、小程序营销等。

本书应用型特色鲜明，编写体例丰富，书中设置了学习目标、项目情境导入、项目分析、任务引入、相关知识、任务实训、微课堂、思政园地、案例分析、课堂讨论、阅读资料、延伸学习、练习题、案例讨论、学生工作页等模块。本书为用书教师提供丰富的配套教学资源，包含PPT授课课件、补充教学案例、教学大纲、电子教案、题库、课后习题答案、辅助教学视频、补充阅读资料等，并将持续更新。欢迎用书教师免费领取。

本书在编写过程中将课程思政建设贯穿全程，通过思政园地专栏，以及采取案例分析、课堂讨论等形式，帮助学生树立正确的新媒体营销价值观。本书既可作为应用型本科及各类职业院校新媒体营销课程的授课教材，也可作为行业培训教材和从业人员自学的参考用书。

本书由秦勇、梁丽军任主编，王化强、周晶任副主编，吴玉洁、于洁、董言、刘雨欣、董伟萍、美合日阿依·艾力、马婧任编委。在编写过程中，我们参考和借鉴了众多学者的研究成果，在此深表感谢。

鉴于编者学识有限，书中定会有疏漏和不足之处，敬请各位专家和广大读者批评指正。

编者

2024年1月

▶ 第1篇 基础篇 ◀

▶ 第2篇 实务篇 ◀

▶ 第 3 篇　延伸篇 ◀

基础篇

第1篇

导语： 新媒体营销是伴随着移动信息技术高速发展而诞生的一种全新营销模式。与传统营销相比，新媒体营销具有低成本、跨时空、交互性、高效率、扩散性、应用载体广泛和目标精准等诸多优点，因而备受企业关注和重视。

本篇为全书的基础篇，包括两个学习项目，7个学习任务。通过对本篇的学习，能够帮助我们理解新媒体及新媒体营销的含义，熟悉新媒体营销的方式，掌握新媒体营销策划的流程，认识新媒体营销岗位，并掌握新媒体营销所需的文案写作技能、图片制作技能、图文排版技能和短视频制作技能。

学习目标

【知识目标】

(1) 了解新媒体的类型与特征。
(2) 掌握新媒体用户画像的构建方法。
(3) 熟悉新媒体营销的方式。
(4) 掌握新媒体营销策划的流程。
(5) 熟悉新媒体营销工作职责与必备技能。

【技能目标】

(1) 能够掌握新媒体营销的方法。
(2) 能够完成新媒体用户画像的构建。
(3) 能够为企业撰写高质量的新媒体营销策划方案。
(4) 能够胜任新媒体营销岗位工作。

【素质目标】

(1) 培养学生学习新媒体营销课程的兴趣。
(2) 树立勇于创新的新媒体营销意识。
(3) 培养学生良好的职业道德素养。

项目情境导入

情境1：土巴兔是国内集装修、建材、家居于一身，致力于成为每个家庭信赖的线上家居装修平台。其主营业务是帮助用户找到可靠的装修公司，并为装修提供全程保障。在成立早期，土巴兔主要采用传统的营销方式，但效果并不理想。经过分析后，土巴兔发现其用户偏年轻化，习惯通过搜索引擎获取信息，所以将营销重点转移到搜索引擎营销上，于是开始与百度合作，开展搜索引擎竞价推广。在一段时间内，土巴兔将"装修""互联网装修"等关键词进行大量投放，独占了相关搜索场景的首屏幕，以文字、图片和链接等结合的形式，简洁、直观地呈现了营销信息，吸引了关注装修的用户进行点击，引流效果十分好，有效扩大了土巴兔的品牌影响力。

情境2：2021年情人节，支付宝联合口袋铃声、咪咕音乐推出"在吗"搜索活动：消费者在支付宝上搜"在吗"，就可收到平台随机推荐的一首情歌，并配上优美的文案，同时还可以将文案图片分享给自己的好友。与情人节应景的文案，新颖有趣的玩法，不仅让"在吗"文案图片在朋友圈刷屏，也让#支付宝在吗#话题登上了微博热搜。支付宝的"在吗"告白海报如图1-1所示。

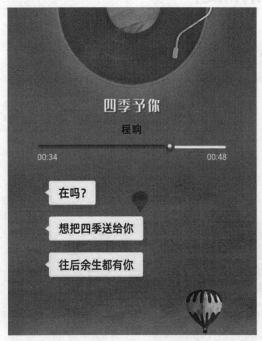 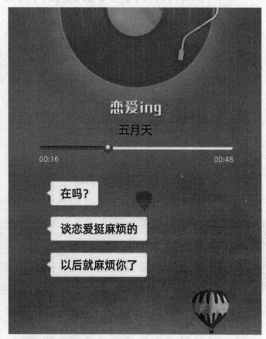

图1-1 支付宝的"在吗"告别海报

情境3：欧莱雅推出了新品男士BB霜，希望迅速占领中国市场，树立在该领域的品牌地位，并希望将其打造成年轻男士心目中高人气的产品。欧莱雅男士BB霜的目标消费者为18岁到25岁的男士群体，该群体喜欢在社交媒体分享购物体验，并有一定的护肤习惯。为了打造该产品的网络知名度，欧莱雅针对目标消费群体，同时开设了名为"@型男成长营"的微博和微信账号，开展了一轮依靠社交网络和在线电子零售平台的营销活动。

问题：结合上述情境，请谈谈你对新媒体营销的初步认识。

项目分析

当前，新媒体作为一种新兴的力量，正逐渐渗透到人们的日常生活之中。它通过网络视频、博客、论坛等，将信息、娱乐、广告等内容传递给广大受众。新媒体的崛起，使得企业可以更直接地与消费者进行互动，更好地理解消费者的需求，从而更精准地定位市场。

如今，新媒体营销已成为企业重要的营销方式。无论是大企业还是小企业，无论是传统行业还是新兴行业，都在积极利用新媒体开展营销活动。随着新媒体技术的不断发展，它的应用范围还将不断扩大，对企业的影响也将更加深远。

那么，什么是新媒体与新媒体营销？新媒体有哪些分类及特征？新媒体营销的方式有哪些？新媒体营销策划工作的要素有哪些？要遵循什么样的流程？作为新媒体营销工作人员需要具备何种技能？本项目将对以上问题逐一进行解答。

任务 1.1　了解新媒体

任务引入

你是否每天都习惯性地打开微信查看你关注的公众号更新信息？你的微信朋友圈里是否充斥着各类广告信息？你的微博首页是否被各大营销号霸屏？你是否经常习惯性地打开各种手机 App 进行查询和消费？如果有上述情况，意味着你的生活已经与新媒体融为一体了。

问题：何谓新媒体？它有哪些不同于传统媒体的特征？为什么我们的生活离不开新媒体？

相关知识

1. 新媒体的概念

"新媒体"一词来自英文"new media"，由美国哥伦比亚广播电视网技术研究所所长戈尔德马克（Peter Carl Goldmark）于 1967 年率先提出，意指信息与传播技术。相较于广播、电视、报纸、杂志等传统媒体，新媒体突破了时空的限制，能够通过网络快速传播消息，并可实时更新。

新媒体是以互联网、移动互联网，以及人工智能媒体等为形态特征，采用新的媒介经营模式所创新的媒体内容与表现形式，打造新的用户体验的现代媒体。具体来说，可以从四个层面理解新媒体的概念。

（1）技术层面：利用数字技术、网络技术和移动通信技术。

（2）渠道层面：通过互联网、宽带局域网、无线通信网和卫星等渠道。

（3）终端层面：以电视、电脑和手机等作为主要输出终端。

（4）服务层面：向用户提供视频、音频、语音数据服务、连线游戏、远程教育等集成信息和娱乐服务。

延伸阅读

新媒体的演进历程

根据新媒体使用主体及受众群体的变化，新媒体的演进历程可划分为精英媒体阶段、大众媒体阶段以及个人媒体阶段。

1. 精英媒体阶段

在新媒体诞生之初的相当一段时间内，仅有为数不多的群体有机会接触新媒体，并使用新媒体传播信息，这部分人多数是媒介领域的专业人士，具有较高的文化素质及社会阶层身份，因此这一时期是精英媒体阶段。

早期使用新媒体的人群在媒介受众群体中属于少数派团体，他们具有前卫的媒介传播意识，也掌握着更先进、更丰富的媒介资源，是新媒体的第一批受益人群。

2. 大众媒体阶段

当新媒体大规模发展并得到普及时，其发展历程就进入了大众媒体阶段。直至今日，以手机等移动媒体为主的新媒体已为广大受众所享有，利用新媒体传递知识、信息也成为媒介传播的一种常态。

由精英媒体向大众媒体发展，离不开媒介技术进步所带来的传播成本的下降，新媒体以更低廉的传播成本、更便捷的传播方式，以及更丰富的信息传播内容成为一种大众媒体，其传播的内容及形式从某种程度上甚至改变了人们的生活方式及对媒介本质的理解。

3. 个人媒体阶段

伴随着新媒体技术的不断发展及普及，以往没有占据媒体资源和平台，且具备媒介特长的个体，开始逐渐通过网络来发表自己的言论和观点，通过平台展示给受众，这是个人媒体阶段到来的一个标志。

2. 新媒体的分类

按内容与传播形式的不同，新媒体主要可以分为以下 6 种类型[①]。

1）社交媒体

社交媒体是新媒体中最为普及的一种形式，包括微信、微博、博客等。这类媒体以用户为中心，以社交关系为纽带，让用户可以方便地分享信息、交流互动。社交媒体的出现，使得人们的社交方式发生了巨大的变化，人们可以通过社交媒体与世界各地的朋友和家人保持联系，分享自己的生活和工作经历。

2）视频媒体

视频媒体是指以视频为主要内容形式的新媒体，包括优酷、爱奇艺、B 站等。这类媒体以视听娱乐为主要目的，为用户提供了海量的视频内容，并且通过社交互动等形式增加了用户的参与度。随着人们对视频内容的需求不断增加，视频媒体也在不断发展壮大。现在，很多企业利用视频媒体来宣传自己的产品和服务，吸引用户的注意力。

3）音频媒体

音频媒体是指以音频为主要内容形式的新媒体，包括喜马拉雅、荔枝 FM、蜻蜓 FM 等。这类媒体以音频节目为主要形式，为用户提供了各种类型的音频内容，如音乐、电台节目、有声读物等。音频媒体的出现，使得人们可以在没有时间阅读的情况下，通过听音频内容来获取信息和娱乐。

4）新闻媒体

新闻媒体是指以新闻报道为主要内容形式的新媒体，包括新浪新闻、今日头条、网易新闻等。这类媒体以传播新闻信息为主要目的，为用户提供了及时、准确的新闻报道。新闻媒体的出现，使得人们可以更加方便快捷地获取新闻信息，了解国内外的时事动态。

---

① 千锋教育. 新媒体的未来：移动化、智能化、多元化和全球化［EB/OL］. （2023-06-05）［2024-01-01］, http://wap. mobiletrain. org/about/info/122455. html。

5) 游戏媒体

游戏媒体是指以游戏为主要内容形式的新媒体，包括手游、端游、网游等。这类媒体以游戏娱乐为主要目的，为用户提供了各种类型的游戏内容，并且通过社交互动等形式增加了用户的参与度。随着游戏产业的不断发展，游戏媒体也获得了越来越多的用户和市场。

6) 电商媒体

电商媒体是指以电商为主要内容形式的新媒体，包括淘宝、京东、拼多多等。这类媒体以电商交易为主要目的，为用户提供了各种类型的商品和服务，并且通过社交互动等形式增加了用户的参与度。随着电商产业的不断发展，电商媒体也获得了越来越多的用户和市场。

3. 新媒体的特征

与传统媒体相比，新媒体主要具有以下特征。

1) 即时性

传统媒体从信息发布到信息反馈需要一个较长周期。而新媒体不受时间和空间的限制，可以快速传递信息，让用户及时获得最新资讯。

2) 互动性

与传统媒体相比，新媒体具有很强的交互性，其传播方式是双向的，传播者几乎在发出信息的同时就能得到反馈信息。新媒体可以通过社交、评论、点赞等方式与用户互动，增加用户的参与度。互动性是新媒体区别于传统媒体的突出优势，实现了信息传播者和信息接收者之间的双向交流。

3) 个性化

新媒体时代，信息传播的方式发生了巨大的变化。用户的需求和兴趣能够被新媒体平台敏锐地捕捉并满足。通过先进的技术和算法，新媒体能够精确地分析用户的喜好、行为和需求，为他们提供个性化的内容和服务。这种个性化的服务不仅提高了用户的使用体验，也使得信息传递更加精准和高效。

4) 多媒体性

新媒体可以通过图像、声音、视频等多种形式呈现信息，使信息更加生动、形象、具体。这种多媒体化的信息传递方式使用户能够更加深入地了解和感知信息内容，同时也丰富了信息的形式，使得信息更加具有吸引力和感染力。

4. 新媒体用户画像

1) 用户画像的概念

交互设计的提倡者阿兰·库珀认为，用户画像是真实反映用户数据特征的虚拟代表，通过对数据的挖掘，对用户的目标、行为和观点进行抽取，可以分析出用户的典型特征，把用户的静态数据和动态数据标签化，从而形成一个目标用户的模型。

通俗理解，用户画像是一种将用户属性、行为等信息以图像形式直观地展示出来，以方便营销人员进行用户定位的有效工具。用户画像可视为实际用户的虚拟代表，构建用户画像能够将产品或品牌的主要受众和目标群体通过数据直观展示，方便企业在数据分析的基础上实现精准营销。

在新媒体时代，用户的一切网络行为都将留下痕迹，这些痕迹包含用户的性别、年龄、社会属性、消费习惯、偏好特征、生活习惯等各个维度的信息。企业通过大数据技术将用户的网络行为信息收集起来构建用户画像，然后通过数据挖掘技术，往往就能获得有价值的营销信息。

不同新媒体平台的用户画像存在较大差异，这为在这些平台上开展营销活动提供了选择依据。有米科技旗下的移动广告情报分析平台 App Growing 在 2022 年 8 月整理分析了 22 个重点新媒体平台的用户画像。其中今日头条、抖音、快手、QQ、腾讯新闻、小红书六大新媒体平台的用户画像（数据采集时间为 2022 年 6 月）分别如图 1-2 至图 1-7 所示。

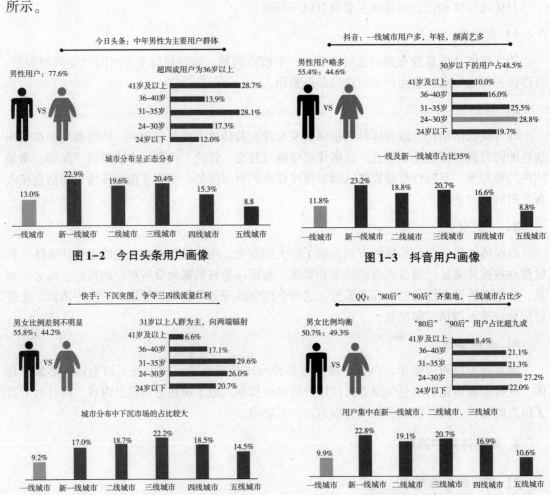

图 1-2　今日头条用户画像　　　　　　图 1-3　抖音用户画像

图 1-4　快手用户画像　　　　　　　　图 1-5　QQ 用户画像

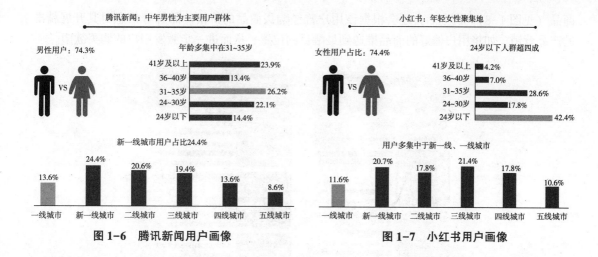

图1-6 腾讯新闻用户画像　　　　　　图1-7 小红书用户画像

2) 用户画像的构建方法

构建用户画像时，首先要分析用户属性与用户行为，建立基本的用户画像模型；然后在调查的基础上收集、整理和分析数据；再将用户的主要特征提炼出来，形成用户画像框架，接下来按重要程度进行先后排序；最后丰富和完善信息即可。

在构建用户画像的过程中，应遵守"PERSONAL"要素原则，即基本性（primary）原则、同理性（empathy）原则、真实性（realistic）原则、独特性（singular）原则、目标性（objectives）原则、数量性（number）原则、应用性（applicable）原则和长久性（long）原则。

（1）基本性原则。基本性原则是指获取用户画像时应该基于调查，在获取数据的基础上进行构建，而不能凭空想象。

（2）同理性原则。同理性原则是指营销人员在设计用户画像时，应从用户的角度来思考问题。

（3）真实性原则。真实性原则是指用户画像要符合现实生活中用户的真实形象。

（4）独特性原则。独特性原则是指用户画像中要反映用户的个性化标签，而不是千人一面。

（5）目标性原则。目标性原则是指用户画像中应与企业的营销目标相结合，构建用户画像的目的是更好地理解用户需求、优化产品设计和服务体验、提高营销效果和市场预测能力，以实现企业的商业目标。

（6）数量性原则。数量性原则是指用户画像中的各类指标个数应适宜，要根据营销目标来确定。

（7）应用性原则。应用性原则是指用户画像应可以作为一种营销工具，在企业营销决策中发挥作用。

（8）长久性原则。长久性原则是指用户画像能够与产品长久契合，能够在较长的一段时间里为企业所用。

3) 用户画像的应用

（1）精准推送营销信息。在用户画像确定之后，就可以根据用户画像向目标用户精准推送营销信息。以淘宝网为例，当一位年轻的母亲打开网站时，淘宝首页会优先为其推荐母婴类商品（见图1-8）。淘宝后台还会根据该用户曾经购买商品的价格、品牌等信息对其开展精准的产品营销，如将用户偏好的商品推送到最醒目的位置，从而进一步激发用户的购买欲望。

图1-8　淘宝网精准推送的商品

（2）动态的个性化推荐。动态的个性化推荐是指根据用户的行为和偏好，实时地调整推荐策略，以提供符合用户需求的内容。以抖音为例，抖音会根据用户观看视频的时长、类型、关注的人数等数据对用户进行画像，以此完成个人专属推荐。比如，有的用户喜欢看美食视频，那么他在刷视频的过程中就会刷到很多关于美食的视频推荐（见图1-9）；而有的用户喜欢影视类视频，那这个用户就会被贴上"影视"的标签，所推荐的作品也会偏向影视。但是，用户画像并不是一成不变的，而是会随着时间的推移发生改变。此时，抖音平台就会随着用户观看兴趣的改变进行动态调整，改变用户进而对推送给用户的内容进行个性化调整。

图1-9　抖音美食推荐

（3）智能社交推荐。用户智能社交推荐是指社交媒体通过用户画像对用户进行聚类和分群，并进行群组分析，从而生成群体用户画像。例如，在QQ、微博等社交平台上，用户经常会发现"可能认识的好友"这一标签，平台通过对用户关注、用户评论、用户点赞、共同好友等数据的收集，形成一个巨大的数据池，系统会通过智能推算出用户关系网，形成关系群，给用户的社交关系进行画像，然后进行智能化社交推荐。可以说，大数据时代互联网可能比用户更懂他的关系网。QQ 平台上"可能认识的朋友"标签如图 1-10 所示。

（4）企业运营推送。用户画像可以帮助企业进行精准的运营推送，减少不必要的资源浪费，节约成本。这主要体现在两个方面：一方面，企业可以利用技术手段对市场方向进行预判以及精准投放目标用户；另一方面，企业可以通过用户画像进行品牌定位，也可以在给用户画像这个过程中剔除无效的用户，达到筛选用户的效果，还可以通过用户画像挖掘用户潜在需求，进而抢占市场。

图 1-10　QQ 平台上"可能认识的朋友"标签

5. 新媒体的发展趋势

1）新技术赋能媒体融合进一步加强

随着 5G、人工智能、大数据、区块链等新一代信息技术的迅猛发展，新媒体的智能化应用水平显著提升，应用场景更加丰富，对社会的服务能力也在不断增强。如今，新媒体已经深刻地嵌入人们的日常生活当中。所以说，新媒体时代媒介融合的发展趋势依旧会是主流，在电子信息技术不断发展的背景下，最终实现电脑、手机、智能电视的"三网合一"，甚至也有可能是"多网合一"。

2）直播形式多元化

新媒体发展的第二个趋势是网络直播兴起，直播形式越来越多元化。截至 2023 年 6 月，我国网络直播用户规模达 7.65 亿人，占网民整体的 71.0%。其中，电商直播用户规模为 5.26 亿人，占网民整体的 48.8%。此外，游戏直播用户规模、真人秀直播用户规模、演唱会直播用户规模及体育直播用户规模均超过 1 亿人。2021 年 6 月—2023 年 6 月，我国网络直播用户规模及使用率如图 1-11 所示。在推进媒体融合的进程中，各级主流媒体逐步将直播纳入常规报道方式。

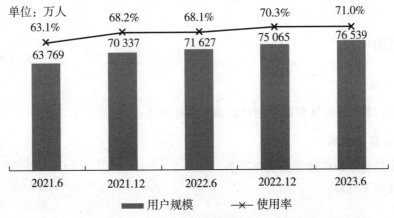

图 1-11　2021 年 6 月至 2023 年 6 月我国网络直播用户规模及使用率

调查显示，网络主播群体多为"90后"，60%以上的观众也是"90后"。网络直播是年轻群体沟通交流的重要互动方式，已逐渐成为年轻一代网络生活的标签。当前，网络直播形式呈现多元化的特征，以抖音为例，直播形式涵盖卖货、游戏、娱乐、才艺等各个方面。

3）短视频成为视频领域的新赛道

新媒体发展的第三个趋势是短视频成为视频领域的新赛道，发展势头远超长视频。以抖音、快手、B站等为代表的短视频头部平台拥有数亿用户，传播力和影响力与日俱增，是人们娱乐消遣、获取信息的重要渠道。在短视频平台上，诞生了一批拥有百万、千万，甚至上亿粉丝的网红和名人，他们借助短视频扩大了个人影响力，反过来又给短视频平台带来巨大流量和用户，可谓相得益彰。2021年1月27日，短视频平台抖音宣布刘德华入驻，这是刘德华出道40年以来全球首个社交账号。截至1月28日10时许，刘德华抖音账号粉丝量已破2 500万人，空降抖音明星爱DOU榜榜一，不少粉丝纷纷表示"专门下载抖音追华仔"。截至2024年1月25日，刘德华共在抖音上发布98个作品，获赞4.3亿次，粉丝人数高达7421.4万，见图1-12。

图1-12　刘德华抖音账号

4）垂直细分领域加强

新媒体内容生产类型持续多元化，在具体实践中不断提升媒体内容的创新能力，积极开拓垂直领域，使内容细分程度更高，满足用户多样化需求。

5）新媒体产业将引领时尚潮流

新媒体产业在媒体行业中所占比重迅速上升，已高于传统媒体产业。越来越多的企业将高新技术应用到文化娱乐产业中。例如，早在2004年迪斯尼公司就关闭了其在佛罗里达的最后一个传统手工动画室，标志着该企业已经全面进入三维动画时代。依托数字化信息技术，如今的媒体产业已完成了由传统向现代的转型，新技术、新产品使数字娱乐全面超越传统娱乐方式。

任务实训

1. 实训目的

通过实训，掌握新媒体营销中用户画像的构建方法。

2. 实训内容及步骤

（1）以小组为单位组建任务实训团队。

（2）阅读以下材料：

A企业3个月前开始尝试新媒体营销，为此该企业采取了一系列的营销活动，但效果始

终不如预期。经分析，不了解用户、未能实施精准营销是导致新媒体营销效果不佳的最主要原因。为提升新媒体营销效果，A企业决定邀请你们团队通过消费者调查的方式收集相关信息，并在此基础上构建用户画像，从而为今后的精准营销提供决策依据。

（3）根据上述材料，各团队制定消费者调研方案并实施调研。

（4）各团队对收集的调研数据进行挖掘，完成用户画像的绘制。

（5）各团队制作PPT，并推选一人在班级汇报。

（6）各小组进行互评，授课教师做总评。

3. 实训成果

实训作业：A企业新媒体用户画像分析报告。

任务1.2　认识新媒体营销

任务引入

白酒业后起之秀江小白将目标消费群体锁定到传统白酒巨头较少关注的"80后""90后"群体。在品牌定位上，江小白推出"我是江小白，生活很简单"的品牌主张，并将其贯穿于品牌的各个接触点。在产品定位上，江小白酿造年轻人更容易接受的低度、口味清新的白酒。在市场营销方面，江小白摒弃传统的营销模式，充分利用新媒体营销，如微博营销、微信营销、二维码营销等，通过扎心的广告文案、别具匠心的推广方式，很快风靡一时，顺利打开了市场。

问题：你是如何理解新媒体营销的？江小白为何要采用新媒体营销方式？

相关知识

1. 新媒体营销的概念

新媒体营销是指企业或个人借助新媒体平台所进行的一种新型网络营销方式。新媒体营销融合了现代营销理论与互联网技术，尤其是移动互联网技术，展现出多元性、普及性、互动性和灵活性等特点，正日益成为一种重要的营销方式。新媒体营销旨在与目标受众建立紧密联系，通过创新的策略和方法来增加销售量并提升品牌知名度。

思政园地

红旗向奥运健儿赠车　助力中国体育再启新征程

2021年8月5日，一汽红旗官方微博发文表示：每位中国健儿都是中国的骄傲，红旗将为第32届东京奥运会中国奥运代表团获得金牌的运动员敬赠红旗H9一台；为获得银、铜牌的运动员敬赠红旗H9产品使用权。

一汽红旗为奥运冠军送车的做法不仅收获了关注度，同时也得到了网友的好评，并引起了网友的自发传播。该话题下面，网友发文说道"大手笔！可！""格局打开了""请尽情地给他们奖励"。8月6日，#为中国健儿送红旗H9# 这一话题登上了微博热搜，并获得了1.7亿次阅读，6.5万次讨论，红旗H9成功实现出圈。

2. 新媒体营销的特征

作为一种新型的网络营销方式，新媒体营销具有不同于传统营销的三大特征，下面分别进行简要介绍。

1）应用载体广泛

新媒体营销是以互联网技术为依托的，所有的互联网产品都可以成为新媒体营销的载体。新媒体营销的应用载体主要分为PC端媒体和移动端媒体两大类。

（1）PC端媒体。网络媒体的早期形式，大部分的早期新媒体都出现在PC端，为后来的移动端的新媒体营销奠定了坚实的用户基础。

（2）移动端媒体。移动端媒体是以智能手机、平板电脑等移动终端为传播载体的新兴的媒体形态。移动端媒体的最大特点就是具有移动性，可随身携带。移动端媒体兴起促进了新媒体营销的蓬勃发展。

2）目标客户精准定向

新媒体平台的开放性让每个人都可以成为信息的发布者，用户将个人的工作、生活、学习、娱乐、消费、喜怒哀乐等发布到平台，形成浩如烟海的信息。企业借助大数据技术对这些信息进行深度挖掘，能够实现对目标客户的精准定位，进而实施有针对性的精准营销。

3）拉近与用户的距离

相对于传统媒体只能被动接受而言，新媒体传播的过程中，接受者可以利用现代先进的网络通信技术进行各种形式的互动，这使传播方式发生了根本的变化。移动网络及移动设备的普及，使得信息实时及跨越时空传播成为可能。因此，新媒体营销实现了信息随时随地传播，营销效率大大提高。此外，借助新媒体的互动功能，在开展营销活动前通过与用户的有效沟通，能及时了解用户的需求与偏好，可大大降低产品的市场风险。例如，小米的CEO雷军在推出MIUI13前通过微博征求用户意见（见图1-13），以期根据网友的反馈信息对产品进行改进。

雷军
35分钟前 来自 Xiaomi 12
你希望#MIUI13# 如何改进？

你希望MIUI改进的重点	
流畅，不卡 ✓	1.2万人
好看易用的交互	1273人
增强隐私安全	383人
更多新功能	712人
BUG少，修BUG快	3309人

1.8万人参与 还有23小时结束　　@雷军创建

图1-13　雷军在微博上征集网友对MIUI13的改进意见

另一个非常典型的例子是"三只松鼠"的新媒体营销运作。上线 65 天，其销售数量在淘宝天猫坚果行业跃居第一名，花茶行业跃居前十名，发展速度之快创造了中国电子商务历史上的一个奇迹。在 2012 年天猫"双 11"大促中，成立刚刚 4 个多月的"三只松鼠"当日成交额近 800 万元，一举夺得坚果零食类冠军宝座，并且成功在约定时间内完成 10 万笔订单发货，打破了中国互联网食品行业的历史。2013 年 1 月，单月业绩突破 2 000 万元，轻松跃居坚果行业全网第一。食品袋上印有可爱松鼠的"三只松鼠"因互联网极大地缩短了厂商和消费者的距离与环节，这也是"三只松鼠"坚持做"互联网顾客体验的第一品牌"和"只做互联网销售"的原因。

3. 新媒体营销的方式

新媒体营销的常见方式包括口碑营销、事件营销、借势营销、跨界营销、互动营销、社群营销、饥饿营销、IP 营销、情感营销等，下面分别进行介绍。

微课堂
新媒体营
销的方式

1）口碑营销

口碑营销是指企业致力于让自己的产品信息和品牌信息通过消费者与其亲友的交流传播出去。相比于传统的广告，口碑营销实现了一个闭环的营销过程，其中包括关注品牌、产生兴趣、主动搜索、产生购买、分享影响他人，以及影响他人关注品牌。口碑营销的成功基础包括鼓动核心人群、信息简洁而有价值、注重品牌故事与文化、关注细节和消费者需求 5 个方面。

2）事件营销

事件营销是指企业通过精心策划、组织和利用具有名人效应、新闻价值及社会影响的人物或事件，以引起媒体、社会团体和消费者的关注和兴趣，目的在于提高企业或产品的知名度、美誉度，树立良好的品牌形象，并最终推动产品或服务的销售的一种策略和手段。事件营销成功的关键基础主要包括相关性、心理需求、大流量和趣味性。

3）借势营销

借势营销是指借助一个消费者喜闻乐见的环境，将包含营销目的的活动隐藏其中，使消费者在这个环境中了解产品并接受产品的营销手段。具体表现为通过媒体吸引消费者关注、借助消费者自身的传播力、依靠轻松娱乐的方式潜移默化地引导市场消费。借势营销的成功基础包括合适的热点、快速的反应和良好的创意策划 3 个方面。

4）跨界营销

跨界营销是指企业借助不同行业、不同产品、不同偏好的消费者之间的共性和联系，将看似毫无关联的元素巧妙地融合在一起，使它们相互渗透，从而扩大品牌的影响力，并赢得目标消费者的青睐。跨界营销成功的关键基础包括选择合适的跨界伙伴、找到契合点，以及进行系统化的推广活动 3 个方面。

课堂讨论

实施跨界营销应注意哪些问题？你如何评价贵州茅台与瑞幸咖啡的跨界营销？

5）互动营销

互动营销是指企业在营销过程中充分参考消费者的意见和建议，并将其用于产品或服务的规划与设计，为企业的市场运作服务。通过互动营销，企业拉近了与消费者的距离，让消费者在不知不觉中参与到产品及品牌的营销活动之中。

6）社群营销

社群营销是指运营者将一群有着共同兴趣爱好的人聚集在一起，通过有效的管理使社群成员保持较高的互动参与度，通过长期的社群运营实现社群变现。社群营销的成功基础包括共同爱好、社群结构、内容输出、运营管理和复制发展5个重要方面。

7）饥饿营销

饥饿营销是指商家有意识地降低产量，以制造出供不应求的假象，从而达到维持商品较高利润率和品牌附加值的目的。这种策略需要强势的品牌、优质的商品和出色的营销手段作为基础。

然而，使用饥饿营销策略是一把双刃剑。如果运用得当，它可以强化消费者的购买欲望，增强品牌的附加值和吸引力；但如果运用不当，则可能会失去消费者信任，损害企业诚信形象。饥饿营销的成功基础主要包括心理共鸣、量力而行、宣传造势和审时度势4个方面。

8）IP营销

IP（intellectual property）营销，即知识产权营销，是一种将品牌与具有热度的IP进行深度融合和绑定，通过合作产出优质内容传递品牌价值观，利用价值观吸引消费者并促进销售的营销方式。IP营销的成功基础包括人格化的内容、原创性和持续性3个方面。

9）情感营销

情感营销是从消费者的情感需要出发，寓情感于营销之中，通过唤起消费者的情感需求，以引发消费者心灵上的共鸣，从而实现商品的销售。情感营销的核心是让消费者获得感情上的满足和心理上的认同。

🔍 案例分析

蜜雪冰城新媒体营销案例

2021年6月3日，蜜雪冰城在其各地官方账号上陆续发布了一首魔性洗脑的宣传歌曲MV，在随后的一个多月时间内，各大社交媒体持续发酵。

在B站，以"蜜雪冰城"为关键词，排名前20与主题曲有关的热门视频累计相加，播放量高达6 000+万。在微博，#蜜雪冰城新歌#和#这是蜜雪冰城新歌吗#，两个话题的阅读量破6亿。在抖音，关于#蜜雪冰城#的抖音话题播放量高达55亿，累计话题量近百亿。仅6月，蜜雪冰城的话题在抖音热搜榜中已经出现了六七次。

"你爱我，我爱你，蜜雪冰城甜蜜蜜"让人无限上头的主题曲是如何出圈的，有哪些成功要素？

首先，歌曲本身与品牌"亲民、大众"的调性高度契合，且主题曲节奏欢快，歌词简单重复，极具魔性，被网友称为"洗脑恰饭歌"，歌曲本身这三大要素为年轻人玩梗奠定了良好的基础。其次，得益于蜜雪冰城庞大且广泛的线下渠道优势，15 000+线下门店成为蜜雪冰城线上传播的 KOC 自有资产，而无限裂变的线上流量又为线下带去高人气，这种线下、线上彼此相互促进的模式，共同推动事件持续发酵。另外，最为重要的是，蜜雪冰城在主题曲事件中，将短视频平台作为主要的传播媒介，通过 B 站、抖音、快手等平台与年轻人深度链接。可以说，短视频已经成为用户流量、注意力的最大洼地。

2022 年 6 月 19 日，有很多网友发现，那个唱着"你爱我，我爱你，蜜雪冰城甜蜜蜜"的雪王突然变黑了，微信公众号、抖音号以及外卖的头像，都变成了黑雪王。一时间，"蜜雪冰城黑化"这一话题登上了热搜第一名。面对雪王黑化的热议，蜜雪冰城官方并没有第一时间揭晓答案，而是自己调侃，雪王有了新皮肤。随后，还发布了一条"为什么蜜雪冰城各平台头像变黑，评论区盲猜不断，一起在线'破案'"的微博，吊足了网友们的胃口。面对突然变黑的雪王，网友们纷纷提出了他们的猜想。一部分网友认为，这是为新出的产品做宣传，如某网友说，"因为蜜雪冰城近期推出桑葚新品，所以黑了"。还有部分网友认为，是因为气温太高，雪王被晒黑了，如网友的留言，"雪王总部在郑州，而河南郑州最近气温高达 40℃，雪王也被晒黑了"。

19 日 16 时，蜜雪冰城官方在微博公布了正确结果，"变黑的真相只有一个，雪王去桑葚园摘桑葚被晒黑了。"对此，网友们在调侃的同时，表示很期待全新的桑葚饮品。

案例分析：随着互联网传播技术和现代移动通信技术的迅速发展，以传播速度快、内容丰富、互动性强为主要特点的新媒体营销，越来越受到企业的重视。蜜雪冰城也顺应时代潮流，在新媒体营销中，B 站、抖音、快手、微博、微信等平台均有布局，综合运用多种新媒体营销方式，让"蜜雪冰城"品牌在众多茶饮品牌中，具有极高的话题热度，为广大年轻人所熟知且迅速火出圈。

4. 新媒体营销策划

1) 新媒体营销策划的概念

新媒体营销策划是指企业为了实现既定的营销目标而进行的策略规划和方案制定的过程。与计划相比，策划更加强调方案的谋略性和创意性，包含了策略思考、布局规划和谋划制胜等内容；而计划是指企业为适应未来变化的环境，实施既定的经营方针和经营战略，而对未来的行动所做出的科学决策和统筹安排。计划更为具体，其工作内容可概括为 5W1H，即做什么（what）、为什么做（why）、何时做（when）、何地做（where）、谁去做（who）、怎样做（how）。

2) 新媒体营销策划的分类

新媒体营销策划可分为营销内容策划和营销活动策划两种类型。其中，营销内容策划要求确定市场定位和用户倾向，生成关键词创意，并评估关键词优先级，它是新媒体营销的基本手段，对营销活动的成功与否起着决定性作用。在进行营销内容策划时，必须结合企业的理念和产品特征，而不能使内容过于表面，否则无法让用户联想到产品或品牌。而营销活动策划则包括从确定产品定位、绘制用户画像到活动复盘等一系列工作，需要有较强的综合实力，特别是对用户的观察和理解能力。

3）新媒体营销策划的程序

新媒体营销策划需按一定的程序进行，其具体流程如下。

（1）进行市场分析。新媒体营销策划的第一步是进行市场分析，其内容包括新媒体营销环境分析、目标消费者分析等。新媒体营销环境分析又可分为宏观环境分析、行业环境分析，以及企业内部环境分析。企业可采用的分析方法包括 PEST 分析法，即从政治（politics）、经济（economy）、社会（society）和技术（technology）4 个方面对企业的宏观环境进行分析；五力分析模型法，即从现有企业间的竞争、潜在竞争者的威胁、替代品的威胁、供应商的议价能力，以及顾客的议价能力 5 个方面对行业环境进行分析；SWOT 分析法，即将企业的优势（strengths）和劣势（weaknesses）与外部的机会（opportunities）和威胁（threats）相结合，对企业的内外部环境进行综合分析。目标消费者包括新媒体用户的需求特点分析、新媒体用户的消费行为分析等。市场分析是开展新媒体营销策划的前提，也是界定新媒体营销策划问题的关键。

（2）确定新媒体营销策划目标。新媒体营销策划目标是指企业通过新媒体营销策划活动所要取得的预期营销成果，它对企业的新媒体营销策略和行动方案具有明确的指导作用。企业在确定新媒体营销策划目标时要基于市场分析的结果，制定切实可行的目标。确定新媒体营销策划的目标应明确以下几点。

①新媒体营销策划目标必须具有明确的实施主体，即"由谁来实现目标"。

②新媒体营销策划目标的实现要有明确的时间限定。不管是长期的目标还是短期的目标，都应该有一个预先规定的完成期限。

③新媒体营销策划目标应该有明确的预期成果描述，否则，所提的目标不过是一句空洞的口号。预期成果的描述包括要实现的销售增长目标、市场占有率目标、企业利润目标、企业品牌形象塑造目标等内容。

（3）构思新媒体营销策划创意。新媒体营销策划创意是指新媒体营销策划中的一系列思维活动，是对新媒体营销策划主题的提炼以及对策划方案的综合思考与想象。

创意是新媒体营销策划的灵魂，创意水平的高低在很大程度上决定了新媒体营销活动的成败。构思新媒体营销策划创意是一项复杂而艰辛的创造性工作，但绝不是无中生有。它不仅需要策划者的灵感，更需要策划者扎实的营销功底、丰富的新媒体营销实战经验和科学严谨的创作过程。

（4）拟订新媒体营销策划方案。拟订新媒体营销策划方案是指在前期工作的基础上进行具体的新媒体营销活动安排，如投入多少活动经费、采用何种新媒体营销方式、不同阶段应采取的营销手段等。需要注意的是，在此阶段，企业需先拟订多个备选方案，然后从中选择最优的方案，同时新媒体营销策划方案要落实到书面上，即完成新媒体营销策划书的撰写。

（5）实施新媒体营销策划方案。在确定新媒体营销策划方案之后，企业下一阶段的工作就是要将方案付诸实践。企业在实施新媒体营销策划方案时，要注意以下两点：一是企业必须严格按照此前确定的策划方案开展新媒体营销活动；二是企业要做好对新媒体营销策划方案的执行、监督和控制工作，一旦发现偏离了既定的策划目标，需要立即采取纠偏措施。

（6）评估新媒体营销策划效果。新媒体营销策划的实施并不是整个活动的终结，企业还要对活动的最终效果进行评估。具体的做法是将实施效果与既定目标进行比较，如果存在问题，要分析问题产生的原因并找出解决的办法，以便今后加以改进。

阅读资料

H手机的新媒体营销

　　H手机的《千万不要用猫设置手机解锁密码》曾经登上微博热搜，在很多其他的网络社交平台上也有很高的阅读量和转载量。这个标题已经让人觉得非常有趣，引发了很多人的猜想和疑惑，而其内容更是意趣盎然。主人公以轻松通俗的口吻记述了自己某一天突发奇想用猫设置手机解锁密码的缘由、经过、意外和结果，还附上了手机和猫的照片，可信度非常高，并且行文非常"接地气"，事件也非常有趣。

　　作者当时是如何用猫给手机设置密码的呢？原来他使用的手机是H手机，其自带的指纹锁屏和解锁的功能让作者产生了奇妙的想法，即用猫爪设置指纹密码，而之后由此引发的一系列趣事也让网友们忍俊不禁，很难不注意到这款手机。

　　很明显这就是H手机通过网络软文而策划的一次新媒体营销活动。从叙事以及具体的内容来看，该文生动幽默，通俗真实，非常具有感染力和说服力，加上"有图有真相"，标题吸引人，事件有趣，猫咪可爱，文章所呈现出的个人风格也非常鲜明，让大多数人看过就能产生深刻的印象，同时也能注意到H手机及其指纹解锁的功能。

任务实训

1. 实训的目的

了解新媒体营销策划的要素和基本流程，能够以团队形式完成一份新媒体营销策划方案。

2. 实训内容及步骤

（1）以小组为单位组建任务实训团队。

（2）各小组选择一款家乡的特色产品，为其撰写新媒体营销策划方案。

（3）各小组制作PPT在课堂汇报。

（4）开展小组互评。

（5）授课教师进行终评。

3. 实训成果

实训作业：××产品新媒体营销策划方案。

任务 1.3　熟悉新媒体营销岗位

任务引入

　　小张是××大学市场营销专业大二学生，他平时是个5G冲浪达人，同时也对新媒体营销工作充满兴趣，小张毕业后想成为一名新媒体营销从业人员。

问题：要成为优秀的新媒体营销人员，小张需要掌握哪些基本的技能？

相关知识

1. 新媒体营销岗位的知识要求

随着互联网的普及和移动设备的流行，越来越多的企业开始向新媒体转型，从而加剧了对新媒体岗位的需求。要胜任新媒体岗位，从业人员需具备以下知识。

1）市场营销知识

市场营销是新媒体营销的基础，新媒体从业人员只有深入了解各种市场营销理论和方法，才能更好地从事新媒体营销工作。这需要新媒体从业人员熟悉营销组合策略，掌握目标市场营销的方法，并具备市场调查及消费者行为分析的能力。

2）新媒体知识

新媒体营销离不开各种新媒体技术的应用，这需要新媒体从业人员能够运用多种新媒体工具以制定营销策略、传播品牌信息，管理社交媒体账号，分析并优化新媒体营销效果。

3）数据分析知识

数据分析是新媒体营销至关重要的一环。新媒体从业人员需要学会使用新媒体数据分析工具，能够通过数据分析来评估营销效果，为改进新媒体营销方案提供客观依据。

4）项目管理知识

作为新媒体营销从业人员，除了要具备市场营销知识、新媒体知识和数据分析知识，还需要具备良好的项目管理知识，要能够组建项目团队、协调资源、制订项目进度计划，从而确保新媒体营销项目顺利实施。

2. 新媒体营销岗位的工作职责

新媒体营销岗位的工作职责是负责企业在新媒体平台上的营销活动，主要包括策划、执行和监测等方面。

1）策划

新媒体营销岗位的第一项职责是策划。策划是新媒体营销的核心，它决定了企业在新媒体平台上的营销方向和策略。新媒体营销人员需要根据企业的品牌定位、目标受众和市场环境等因素，制定出适合企业的新媒体营销策略。

2）执行

新媒体营销岗位的第二项职责是执行。执行是新媒体营销的具体实施，新媒体营销人员需要根据策划方案，制订出具体的执行计划，并负责执行计划的实施。

3）监测

新媒体营销岗位的第三项职责是监测。监测是新媒体营销的重要环节，它可以帮助企业了解新媒体营销的现状及存在的问题。新媒体营销人员需要根据监测结果，及时调整营销策略和执行计划，以达到最佳的营销效果。

3. 新媒体营销岗位的必备技能

1）营销技能

营销技能是进行新媒体营销必不可少的一项技能。在新媒体营销过程中，新媒体内容本身就是产品。新媒体营销人员必须理解产品，熟悉其历史、功能、使用场景、使用效果等，针对营销对象，即平台粉丝和潜在用户的属性，制定营销策略，打造适合的营销方案。

2）文案写作技能

文案写作技能是新媒体营销人员需具备的基础技能。要想写出好的文案，新媒体营销人员必须具备较强的逻辑能力和语言风格切换能力，并掌握一定的文案写作技巧。

（1）逻辑能力。好的宣传文案拥有严谨的逻辑，内容环环相扣，能吸引用户读完整篇文案。

（2）语言风格切换能力。不同目标用户群体适用的语言风格是不同的，当目标用户群体发生变化时，文案的语言风格也需要进行转变。

（3）文案写作技巧。新媒体营销人员需要掌握一定的文案写作技巧，以便写出能在第一时间吸引用户的注意，并牢牢抓住用户眼球的文案，使用户对产品或品牌产生好感，树立企业良好的品牌形象。

3）数据分析技能

营销人员要会使用数据分析网站进行前期数据调研、过程数据分析、事后数据分析，用数据分析为新媒体平台账号的运营提供及时的支持，并且在营销过程中根据数据分析的结果，不断调整新媒体账号的内容，使其更受用户欢迎。

4）其他技能

除了上述技能，新媒体营销人员还需要具备设计技能、音／视频剪辑的技能。其中，设计技能是指新媒体营销人员具备文案排版和图片设计的技能；音／视频剪辑技能是指新媒体营销人员具备从已有的音频、视频中剪辑出营销活动所需的部分，以及为已剪辑好的视频添加背景音乐等的技能。

任务实训

1. 实训目的

通过实训掌握新媒体营销岗位所需的市场调查与数据分析能力。

2. 实训内容及步骤

（1）以小组为单位组建任务实训团队。

（2）以"××企业数字新媒体营销现状大调查"为调查课题，设计和制定调查问卷。

（3）开展调查，收集整理调查资料，完成调查分析报告。

（4）制作PPT，在全班进行汇报陈述。

（5）授课教师进行评述。

3. 实训成果

实训作业：××企业数字新媒体营销现状调查报告。

📖 练习题

一、单选题

1. （　　）不属于新媒体。

   A. 社交媒体　　　　B. 视频媒体　　　　C. 电商媒体　　　　D. 纸质媒体

2. （　　）不属于社交媒体。

   A. 微信　　　　　　B. 博客　　　　　　C. 新浪新闻　　　　D. 微博

3. 与传统媒体相比，新媒体具有很强的（　　），其传播方式是双向的。

   A. 开放性　　　　　B. 交互性　　　　　C. 娱乐性　　　　　D. 移动性

4. （　　）是真实反映用户数据特征的虚拟代表，通过对数据的挖掘，对用户的目标、行为和观点进行抽取，可以分析出用户的典型特征，把用户的静态数据和动态数据标签化，从而形成的一个目标用户的模型。

   A. 新媒体营销　　　B. 新媒体　　　　　C. 用户画像　　　　D. 微信营销

5. 新媒体营销岗位的第一项职责是（　　）。

   A. 检测　　　　　　B. 执行　　　　　　C. 预测　　　　　　D. 策划

二、多选题

1. 新媒体营销的特征主要有（　　）。

   A. 个性化　　　　　B. 互动性　　　　　C. 封闭性

   D. 即时性　　　　　E. 多媒体性

2. 用户画像的应用包括（　　）。

   A. 精准推送营销信息　　　B. 周密的市场调查　　　C. 智能社交推荐

   D. 企业运营推送　　　　　E. 动态的个性化推荐

3. 新媒体营销的特征主要有（　　）。

   A. 应用载体广泛　　　　　B. 目标客户精准定向　　　C. 与用户的距离拉近

   D. 企业的宣传成本降低　　E. 更新快

4. 新媒体营销的方式包括（　　）。

   A. 饥饿营销　　　　B. 内容营销　　　　C. 事件营销

   D. 互动营销　　　　E. 借势营销

5. 新媒体营销岗位需具备的知识有（　　）。

   A. 市场营销知识　　B. 新媒体知识　　　C. 数据分析知识

   D. 财务管理知识　　E. 项目管理知识

三、名词解释

1. 新媒体　　2. 用户画像　　3. 新媒体营销　　4. 社群营销　　5. 新媒体营销策划

四、简答及论述题

1. 新媒体的分类有哪些？

2. 用户画像的构建方法有哪些？

3. 何谓借势营销？其成功的基础是什么？

4. 试论述新媒体营销策划的流程。

5. 试论述新媒体营销岗位的必备技能。

📚 **案例讨论**

完美日记的新媒体营销

在新媒体营销快速发展的这几年来，很多国货美妆也通过各大新媒体平台，结合品牌营销手段，一跃成为国人心目中的国货之光，如美康粉黛、完美日记、稚优泉、WIS、Home-FacialPro等品牌。其中完美日记的营销战略，可谓是美妆界最成功的营销案例之一了。

完美日记于2016年正式上线，2017年在天猫开设淘宝店。本以为完美日记会像很多其他小众国货一样，被淹没在众多海外美妆产品中。但没想到，完美日记凭借新媒体自身的营销策略，稳坐彩妆品牌销量前10。

完美日记主要是利用各大新媒体平台，做全网内容营销，进行素人推广、KOL（关键意见领袖）推广和明星推广等。

1. 小红书

（1）品牌入驻小红书，疯狂吸粉170.2万。完美日记选择了小红书作为产品推广的主战场，自从完美日记入驻小红书以来，官方自产的笔记就将近500篇，疯狂吸粉近200万，高颜值的首页装修，也成为用户爱上它的原因之一。

（2）素人推广，增加用户信任。在小红书的搜索框输入"完美日记"四个字，会出现10万+篇笔记。其中，大多数笔记来自普通用户的体验感受，消费者的良心种草推荐、生活场景的应用，大大增加了用户对品牌的信任，产生了共鸣。

（3）KOL推广，忠诚粉丝迅速增长。完美日记在产品种草方面是花了很大心血的，邀请了很多头部和腰部的KOL撰写原创笔记，对其产品进行测评、试色和对比，用自己的消费感受引导消费者购买产品。这样的营销模式使得许多旁观的消费者成为完美日记的忠诚粉丝。

（4）明星效应，扩大知名度。完美日记营销策略的成功在于，它在铺垫好所有的基础数据，取得用户一定信任之后，邀请了林允、欧阳娜娜、张韶涵等明星实名制向用户推荐其产品，产生爆文。这个方式无疑让完美日记名声大噪，许多消费者纷纷路转粉，选择这个国货美妆产品。

2. 短视频平台

目光独特的完美日记，果断地选择了抖音和B站作为其宣传产品的主要短视频平台。

首先我们来说一下抖音，抖音上70%为"90后"用户，这个年龄段的用户也正是现在美妆行业的主要消费人群。在营销方面，完美日记选择带货达人李佳琦种草推荐，而李佳琦多次在抖音推荐完美日记的口红等产品。很多用户就是看了李佳琦的种草视频才了解到完美日记这个品牌的。

B站作为"00后"扎堆的短视频平台，在未来的5年内，将会是一个很大的市场。完美日记看中的，就是它现在的传播能力和未来的潜力。B站的美妆视频大多以推荐白菜价产品为主，很多大学生和刚刚毕业的实习生，都是奔着UP主推荐的评价产品来的。完美日记完美地利用了自己的价钱优势，在 B 站站稳了位置。

3. 微博

微博作为美妆行业的主战场，完美日记先后请了许多 KOL 在微博上带动话题，通过博文视频等形式，种草产品的性价比、效果等，全网阅读量飙升。甚至在 2018 年，邀请人气偶像朱正廷代言品牌，开启了完美日记在微博上的刷屏模式。

4. 知乎

知乎是比较专业化的平台之一，很多人在遇到专业问题的时候，往往都会上知乎寻求答案。在种草和推荐领域做得很成功的完美日记，当然也需要专业化内容的支撑。完美日记在知乎上多以回答专业性问题为主，从专业角度解读其产品的功效与实用性，让很多人看到了一个专业的美妆品牌。同时还邀请专业的美妆达人，从用户角度解答完美日记的卖点，很大程度上增加了用户的信任感。

除了以上这几个新媒体平台，完美日记还在公众号和快手等平台投入了一定的精力，在未来完美日记将会打通全渠道新媒体营销。

思考讨论题

1. 试分析完美日记品牌开展新媒体营销取得了哪些成效，并分析可能存在的问题及原因。

2. 试分析提出优化完美日记的品牌营销策略。

项目1　新媒体与新媒体营销概述

任务	分析《大丰荷兰花海旅游度假区新媒体营销》案例			
班级		学号		姓名	

本任务要达到的目标要求：
1. 熟悉新媒体营销的特征。
2. 掌握新媒体营销的各种方式。

能力训练

扫描二维码，阅读大丰荷兰花海旅游度假区新媒体营销实例，完成工作任务。

二维码材料
大丰荷兰花海旅游度假区新媒体营销

1. 大丰荷兰花海旅游度假区为何要开展新媒体营销？

2. 大丰荷兰花海旅游度假区采用了哪些新媒体营销方式，效果如何？

3. 结合案例，请思考如何进一步优化大丰荷兰花海旅游度假区的新媒体营销策略。

我的心得：

教师评价

学习目标

【知识目标】

(1) 了解新媒体营销文案的内涵。

(2) 了解新媒体营销文案的创作思维。

(3) 掌握新媒体营销图文设计与编辑的基本方法。

(4) 熟悉短视频类内容定位的方法。

(5) 熟悉短视频制作工作要点。

【技能目标】

(1) 能够建立新媒体营销文案创作思维，撰写不同形式的营销文案。

(2) 能够合理应用新媒体营销的图文设计原则和技巧，能够为内容合理搭配图片。

(3) 能够完成新媒体营销视频类内容的定位与策划。

(4) 能够根据客户需求拍摄并制作创意短视频作品。

【素质目标】

(1) 培养学习新媒体运营技能的兴趣。

(2) 培养正确的新媒体文案创作观。

(3) 树立正能量的新媒体视频创作观。

项目情境导入

网络与新媒体专业的大学生小辉，刚一毕业就进入一家牙科诊所做宣传工作。虽然这家牙科诊所医术精湛，但不太会营销自己，于是小辉有了用武之地。在不到3年的时间里，小辉发布了上百篇高质量的新媒体宣传及推广文案，帮助这家牙科诊所业绩增长了11倍，拓展了6家新的连锁诊所。

在认识到自己的价值之后，小辉辞去工作，成立了自己的工作室，专门对外承接新媒体文案营销工作，取得了优秀的成果。其中，某精酿啤酒企业委托小辉创作的一篇推文，推送到某新媒体平台之后，成为爆文，阅读量达到了"10万+"。小辉仅收了2万元的创作费，就帮助这家企业卖出了35.8万元的啤酒。

问题：新媒体营销运营需要掌握哪些技能？如何才能成为像小辉一样的新媒体文案高手？

项目分析

新媒体营销必须借助各类新媒体将营销信息传递给目标受众，这就要求开展新媒体营销的企业必须拥有新媒体文案创作、新媒体图文设计、新媒体图文排版，以及新媒体视频拍摄、制作剪辑等基本技能。尽管很多新媒体营销采用图片或视频方式发布促销信息，但语言文字也是必不可少的，如图片需要配备文字进行说明，视频需要拟订脚本等。新媒体营销因传播特点与传统媒体不同，对传播内容的表现要求也有所不同。因此，新媒体运营人员应充分把握新媒体的特点，使传播的内容与形式协调一致，以达到最佳的传播效果。

那么，如何进行新媒体文案创作？如何撰写不同形式的新媒体营销文案？如何掌握新媒体图片制作方法？如何进行新媒体图文排版？如何制作新媒体短视频？本项目将分别对以上问题进行解答。

任务 2.1　掌握新媒体文案写作技能

任务引入

很多人说：“在新媒体时代，标题决定了一篇文章的生死！”这句话就是那些“标题党”想出来的，过分夸大了标题的重要性。设想，读者充满期待地点开你的标题，发现选题无聊、逻辑混乱，就会大失所望，往往不会看完，甚至会因为这一篇“标题党”文章感觉被欺骗，分分钟取关。同样也有好多好文，就因为没有吸引人的标题而被埋没，实属可惜。新媒体文案是一个整体，不是单单某个环节做好了就能被大家认可。一篇“10万+爆文”，其成功是由文章内容和标题共同实现的。

问题：新媒体文案有哪些类型？标题和正文各有什么作用？

相关知识

1. 新媒体文案的含义

新媒体文案是指以现有的新兴媒体，如社交平台等为传播平台，进行更富有创意的文案内容输出，以帮助商家实现营销目标的文案。

2. 新媒体文案的创作流程

新媒体文案创作者只有先了解新媒体文案的创作流程，才能创作出更符合用户需求的文案，带来持续的收益转化。新媒体文案的创作流程如下。

1）了解用户需求

新媒体文案创作者在创作文案之前，需要详细了解用户的需求。除此之外，新媒体文案创作者也需要对用户需求进行引导。

2）搜集信息资源

了解用户需求后，新媒体文案创作者需要搜集相关的信息资源，如创作一篇产品的推广文案，就需要搜集关于产品和产品所在公司的一系列信息。搜集信息资源主要有用户提供信息、使用搜索引擎和使用社交网站三个途径。

3）撰写初稿

掌握了信息资源后，新媒体文案创作者就可以撰写初稿了。初稿应满足以下几个特点：准确规范、简明扼要、富有创意、文笔优美。

4）分发测试

初稿写完后，即便得到领导和用户的一致认可，也不要马上进行大规模投放，而应该先进行小范围的测试，收集反馈意见，修改完善后再大规模投放到正式渠道，这样才能保证文案的最终投放效果。

如果文案在某个分发渠道的测试环节表现得不错，那么就可以安排在类似的分发渠道进行大规模投放。对于测试效果不好的渠道，需要有针对性地修改文案，再进行测试。

分发测试时，需要注意的事项有两个：一是评估文案投放效果时，需要以具体的数据作为支持；二是测试范围要广，要尽可能多地选择不同的平台和群体进行测试。

5）文案定稿

分发测试完成并根据分析结果对文案进行修改和完善后，敲定文案的最终版本，新媒体文案创作才算真正完成了。

在新媒体文案投放过程中，新媒体文案创作者也可以对上一次的投放结果进行分析，从而不断优化文案细节，让文案质量不断提高，再进行下一轮大规模投放。

经过以上5个具体步骤完成的新媒体文案，即使不能一鸣惊人，也至少是一篇比较合格的新媒体文案。

3. 新媒体文案的创作

对于企业而言，新媒体文案无论选择哪一种新媒体平台，采用哪一种文案创作风格，归根结底都是为了达成营销目标。回归营销本质，企业开展营销活动的目的包括：将产品（服务）推广出去让大家所熟知并促成销售；扩大品牌知名度并形成品牌影响力。因此，对于新媒体营销而言，文案的创作也应该从营销目标出发。

新媒体文案的创作包含产品详情页文案创作、品牌文案创作、推广文案创作、导购文案创作，下面分别进行介绍。

1）产品详情页文案创作

产品详情页是向顾客详细展示产品细节与优势的地方，顾客喜不喜欢这个产品、是否愿意购买，很大程度上取决于产品的详情页。绝大多数的订单也都是在看过产品的详情页后产生的，由此可见产品详情页的重要性。产品详情页是提高转化率的入口，可以激发顾客的消费欲望，强化顾客对店铺的信任感，打消顾客的消费疑虑，促使顾客下单。

（1）产品详情页文案的创作原则。产品详情页文案不是纯粹的文案，它是介于产品说明书和广告文案之间的一种表达。产品详情页文案创作应遵循以下原则。

①紧贴品牌定位。一篇好的产品详情页文案能让人从中知晓品牌调性、产品属性和受众类型。例如，可口可乐的品牌调性就是青春、健康、有活力，可口可乐每年推出的广告片和

广告文案都是围绕这三个调性展开的。文案调性是基于品牌调性而言的，但是文案调性也有自己的特性，如果精练提取文案调性的关键词，那么就是清晰、鲜活、有性格。

②用语平白朴实，避免"自嗨"。有人说：让文案说人话，其实就是把华丽复杂的文案变得平白朴实。所以，不要站在自己的角度去写文案，一定要代入用户视角。

③明确对象，从痛点入手。产品文案的精髓就是要结合自身的产品卖点与竞争对手的产品和详情页，明确对象。所谓痛点不是说买了这个怎么好，而是不买这个会如何。可以使用同理心的方法寻找痛点，设身处地为客户思考，找到为什么必须要买这款产品的理由。以消费者的痛点带出店铺产品的卖点，这就加深了消费者的认同感，也提升了他们的购买欲。除此之外，还要深度挖掘购买这款产品的人所关心的事物是什么。只要找到目标人群的痛点与兴趣，在详情页文案里放大，逐个击破，层层递进，就能写出转化率好的文案。

（2）不同类型产品详情页的创作。

①普通型产品详情页文案。普通型产品详情页文案通常从产品核心卖点出发，站在客户角度，将产品卖点转化为利益点，循序渐进，不断增强客户的购买信心。

②解决痛点型产品详情页文案。好的详情页非常注重逻辑性，根据客户的实际顾虑，解决痛点，用逻辑严密的详情页文案引出客户选择产品的理由。重点抓住这个产品的客户心理以及产品的特性展开，层层递进地击破客户的心理顾虑，在每个产品卖点里再进行细分，围绕卖点从不同角度切入，直到最终促成购买。

③故事型产品详情页文案。"讲故事卖产品"这个模式在产品详情页设计上越来越常见，无论什么类别，如果能讲好故事，为产品添加附加价值，客户会更加受用。一个优秀的故事必定能调动浏览者的情绪，在观看过程中潜移默化，让他/她认同商品的价值，最后促成购买。

案例分析

花呗的新媒体漫画广告

2021年花呗发布了一则新媒体漫画广告（见图2-1）。广告内容主要讲述了一位职场新人从小在爷爷身边长大，在毕业之后想为爷爷买一把9 999元的按摩椅尽孝，但因为钱不够所以先用花呗分期购买，然而账单还没还完，爷爷就去世了。在爷爷去世后，孙子还买了新手机给爷爷让他在另一个世界使用，并"希望这笔账单永远还不完"。

案例分析：花呗的这则新媒体漫画讲述的故事看似感人，但经不起推敲。该广告涉嫌滥用亲情营销，鼓吹贷款尽孝，利用"子欲养而亲不待"的情感痛点，对用户进行道德绑架，大肆宣扬消费主义。作为金融借贷品牌，花呗急需输出正确的价值观，积极承担社会责任。

图2-1 花呗的漫画广告

2）品牌文案创作

品牌文案的创作又可分为品牌口号文案创作和品牌故事

文案创作。

（1）品牌口号文案创作。一个好的品牌口号是品牌的一种符号，能够帮助解读品牌内涵，赋予品牌新的生命。企业品牌口号的本质需求是有效地降低传播成本和认知成本，令用户看一眼或听一次就能记住，而且乐于介绍给别人。除此之外，品牌口号还能直接向用户传递品牌的精神和理念。下面简要介绍品牌口号文案创作要点。

①产品功能与独特卖点。产品功能型的品牌口号在广告中较为常见。用简洁口语把产品的独特销售主张（unique selling proposition，USP）写出来，直接明了地告诉消费者我是做什么的，你使用了我的产品有什么好处，解决了用户哪些需求，给出了哪些实际利益与心理利益承诺，以此来打动消费者（见图2-2）。

②突出体验感。这种方法放弃产品功能诉求，转为突出产品的体验感，是在满足展示产品功能的基础上增加感官、心理等多角度、多层次的使用体验，更具有暗示性（见图2-3）。

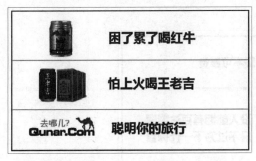

图2-2　产品功能与独特卖点品牌口号

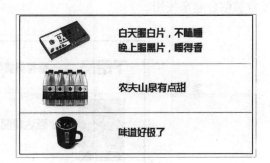

图2-3　突出体验感品牌口号

③号召行动，场景联结。这类品牌口号通常会给出产品的使用场景，让消费者在置身于相同场景下时，产生与品牌相关的联结记忆（见图2-4）。

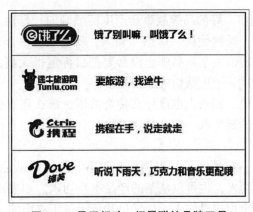

图2-4　号召行动，场景联结品牌口号

④品牌主张。品牌主张是指企业向消费者所传达的核心认同和价值观。品牌主张在品牌的塑造过程中有着十分重要的地位，是静态品牌活化与人格化的一种关键策略。品牌主张一经确立，企业的一切传播和营销活动便必须围绕其展开。知名企业戴比尔斯及佳能的品牌主张如图2-5所示。品牌主张越简明，消费者就越容易识记。

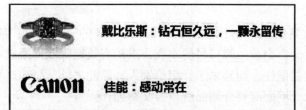

图 2-5　品牌主张品牌口号

⑤情感唤起，情感唤起通常是指通过各种方式（如故事、音乐、视觉设计等）激发受众的某种情感，让受众在情感上与品牌或产品产生联系，从而增加他们购买的可能性或形成积极的品牌印象（见图 2-6）。引起情感共鸣则是指受众能够深入地理解和感受到品牌或产品所传达的情感或价值观，并与之产生共鸣。在品牌塑造过程中，情感唤起与引起情感共鸣经常被结合起来使用。

图 2-6　情感唤起品牌口号

（2）品牌故事文案创作。好的品牌故事会产生情感倾向，打动人心，促成销售，最后形成购买偏好。既然是从"情感"切入，就应该讲一个具有真感情的故事，避免虚情假意。所以一个新品牌也没必要把目标定得太高，与其跟自己的实际品牌不搭，不如讲一个更贴切的品牌故事。

微课堂
品牌故事
文案创作

很多企业没有品牌历史、创始人也没什么传奇故事，那么还有什么内容可写？其实不然，任何品牌的诞生都一定有其独特之处，都有讲述自己品牌故事的切入点。

①品类的历史和故事。新品牌不好讲历史和故事，但可以从品类入手。比如做茶叶品牌，可以从茶的品种历史切入，也可以从茶的产品本身切入。如果不具备这种历史底蕴，比如童装，那么也可以从一个小故事切入，如父母和孩子关于衣服的一个感人小故事。但不管是历史还是故事，即便不是 100%真实，在加工和创作的时候也要遵循真实性的原则，保证情感真挚。

②创始人的创业故事。可以通过创始人的创业经历，表现他/她对这个品牌和行业的热爱，希望通过努力用自己的品牌和商品改变人们的生活，带给消费者幸福和快乐。好的创业故事就像好电影一样，能够把观众带入故事情节，让观众的心理跟着故事的主人公"起起

伏伏"，甚至能够让主人公成为观众心里的"自我象征"。

③当地文化。一些地域性的品牌，可以把当地的风土人情、文化特征作为切入点。这样的品牌故事对于本地人来讲会有认同感和共鸣，外地人则会觉得好奇，并觉得这个品牌有文化内涵。

📖 思政园地

LILY：中国传统文化赋能国货品牌

2020 年伊始，定位"中国新女性"的年轻女性商务时装品牌——LILY 接连推出跨界联名个性化产品，在展现中国女性之美的同时，填补了该服装细分领域中国设计元素的使用空白。LILY 与迪士尼花木兰 IP 共同推出的"我即木兰"联名系列，将"木兰精神"以印花元素演绎、以时装化表达，巧妙诠释现代职场巾帼的飒爽与韧性；LILY 与中国国家地理合作系列服装在上海时装周云秀场露面，推出融中国自然景观和珍稀动物于服饰的"山水如衣"自然系列和"奇珍世界"动物系列，为中国女性描摹出独具中国风韵的形象，也为品牌塑造了特有的文化品格。中国的品牌正在世界崛起，中国的文化也正在回归潮流之巅，LILY 自发布"中国新女性"品牌概念以来，通过大力挖掘传统文化精髓，用创新的形式成功地讲述了中国品牌故事，传播了中国品牌理念。

3）推广文案创作

新媒体推广文案可分为活动策划文案和活动海报文案，下面分别介绍这两种文案的创作。

（1）活动策划文案创作。

①明确并拆解目标。任何活动都必须要有目标，而且目标越明确具体越好。那么怎样才叫明确具体？两个字——数据。真实的数据会明白地说明活动推广得怎么样、效果如何。所以，在一开始就要有一个推广目标，比如活动想达到多少销售额，或者 App 推广要带来多少新注册用户，又或者是想要多少曝光率。

②活动背景及主题。活动背景主要阐述为什么做这个活动，比如市场环境的因素。活动主题主要是给目标人群一个参与活动的理由，主题需要简短、有力、有号召力。例如，京东设计了"全民坚果狂欢"主题促销活动。

③确认推广渠道。推广渠道，也就是活动策划想要曝光的地方。任何可以曝光的地方都是推广渠道，只要有足够的预算，线上、线下、PC 端、移动端都可以进行推广，当然，前提是必须合理可控，也就是省钱而且超预期。

④设计活动方式与内容形式。活动目的、人群、背景的不同都决定了活动方式的不同，例如新媒体活动的常见方式有抽奖、有奖转发、有奖征集、留言点赞等。不同的曝光渠道，具体的内容展现形式也不一样。

⑤安排推广时间。不同的推广时间推广效果也不相同。以微信推文为例，有数据表明，用户在早晚上下班高峰和 22 点睡前最活跃，可以挑这些时间段推送。推广时间如何安排，需要经过数据分析和推广经验的积累来判断。

⑥预算评估。列出各项事务需要花费的明细以及总金额，以评估具体花费是否合理。

⑦数据结果预估。数据结果预估是一个 PDCA（plan-do-check-act）循环的过程，不断测试、反馈、对比再优化。一开始估算的数据可能与实际效果的偏差非常大，但有了一次经验，就可以更加准确地预估第二次的推广效果了。

⑧安排执行负责人与验收人。为保证活动文案的质量，在设计、运营、文案创作、媒介推广等各环节都需要安排具体的负责人监督执行，同时还要安排验收人做事后把关。

⑨相关附件。附件一般包括"活动统筹执行表""活动推广表"等，主要是确保活动能够顺利进行，相关配合人员都需要了解自己的工作职责及完成时间，还会涉及法务（合同）、财务（预算申请、发票）、行政等各种问题。

（2）活动海报文案创作。活动海报文案的创作要点如下。

①主题。主题是文案的灵魂。确定了主题，文案就有了重点，文案内容也就有了依据。确定了主题，才知道文案的内容怎么写，围绕主题写文案，内容才不会跑偏。活动海报文案创作人员可以根据推广目的确定主题，也可根据消费者的层次及心理确定主题。

根据推广目的确定主题，首先要知道推广的目的是什么，是活动推广、产品或服务推广、品牌推广还是公益推广？例如，2020 年"双 11"，淘宝联合媒体推出 34 张蕴含地域文化特色的"淘"字海报（见图 2-7），推广的目的是借助各地特产曝光年货节活动。

图 2-7　淘宝年货节海报

根据消费者层次及心理确立主题，能更准确地抓住目标受众的心理，吸引他们的兴趣，从而达到宣传的效果。首先要了解或者调查消费者，进行用户画像分析，了解他们的心理需求。

例如，New Balance 的消费者大多是年轻人，要么是学生，要么是怀念学生时代青春时光的人。所以 New Balance 把主题定为青春，内容是关于青春的一些记事，以引起年轻消费者的心理共鸣。

②标题。如何写出一个好标题？写标题前，需要问三个问题：第一，标题写给谁看（目标用户是谁）？第二，这些人关注什么（根据目标用户确定卖点）？第三，标题的风格是怎样的？了解了上述信息后，通常有以下标题类型可供选择。

●警示型标题。例如，"知道吗？洗衣机比马桶脏 64 倍"这样的标题就是警示型标题，会吸引人点进去浏览，看看自己的洗衣机是不是真的使用不当。

- 夸张型标题。例如，"今年20，明年18的秘密"就是一个很夸张的标题，这样的标题很吸引人的眼球。

- 情怀型标题。在内容电商时代，越来越多的品牌打起了情怀牌，更多地把品质诉求和特色风格融入营销推广活动中，用走心的文案唤起消费者内心的情感。例如，江小白的海报文案就瞄准了年轻消费者的情怀，其"拾人饮"产品的标题便是团队管理利器（见图2-8）。

- 利益型标题。任何时候，充满利益诱惑的海报主题都是"吸睛利器"，例如京东"6·18"时使用的利益型标题（见图2-9）。

图 2-8 江小白海报　　　　　图 2-9 京东"6·18"海报

③内容。每个字、词、句所传达的思想与情感，都对文案作者的写作水平有很高的要求，好的文案内容是关键，能触动人心，激发想象。活动海报文案内容的创作方法主要有以下几种。

- 要点罗列创作法。这是一种最常见，而且运用十分广泛的文案表现手法。它将某个产品或主题直接、如实地展示，同时着力渲染产品的质感、形态、功能或用途，将产品精美的质地呈现出来，让消费者产生亲近感和信任感。

- 亮点突出创作法。在运用这种创作方法时，需要抓住和强调产品或主题本身与众不同的特征，并把它鲜明地表现出来，将这些特征置于海报的主要视觉部位，或加以烘托处理，使观众在接触画面的瞬间立即感受到并对其产生注意、引起兴趣，达到刺激购买欲望的促销目的。

- 热点借势创作法。借势营销是新媒体营销的常用手法，也产生了很多的经典案例。这种方法有两个诀窍：一是要快，速度很关键；二是要巧妙，构思要独特，与众不同。

- 幽默创作法。幽默是一种高级技巧，特别是高雅有内涵的幽默文案，需要用心推敲。围绕品牌、企业等创作的幽默文案，因为软性植入、趣味性、去广告化等因素，没有了广告的生硬，使得传播"细无声"。一句合适的幽默文案的效果，抵得过千言万语。

- 情怀感情创作法。基于感情色彩的沟通内容最容易触动人的内心世界，这也是很多广告人强调要潜入用户心智进行沟通的原因。例如，京东的"6月6日中国品牌盛典"选择了永久、联想、五粮液、回力等经典国民品牌，以"时光流转、品牌传承"为主题进行宣传，成功唤起人们心中的美好情怀（见图2-10）。

● 设置悬念创作法。在文案上设置悬念，使人对广告画面乍看不解其意，造成一种猜疑和紧张的心理状态，驱动消费者的好奇心，然后通过正文把广告主题点明，如小米的发布会海报（见图2-11）。

图2-10　京东品牌盛典海报　　　图2-11　小米发布会海报

（3）导购文案创作。新媒体导购文案的创作要点如下。

①确定一个好标题。新媒体导购文案的标题如果没有吸引力，就不能抓住用户的眼球。导购文案常见的创作方法包括以"利"诱人、以"新"馋人、以"情"动人、以"事"感人等。

②从消费者的需求和痛点出发。新媒体导购文案要从消费者的需求和痛点出发，而不是仅仅从产品的角度出发。通过对消费者需求和痛点的深入了解，可以更好地确定产品的定位和特点，让消费者感受到产品对于他们的实际价值。

③逻辑清晰，真实可信。新媒体导购文案要有条理和逻辑，不能出现逻辑跳跃和混乱的情况。在介绍产品的过程中，需要按照一定的顺序和层次进行，让消费者能够更好地理解产品。同时，在强调产品的优点时，也需要有理有据，不能夸大其词，要让消费者相信文案的真实性。

④明确提示，转发分享。新媒体导购文案要明确提示清晰的产品或服务描述、价格、购买方式等信息，以便用户能够快速做出购买决策。同时要积极鼓励用户转发分享文案，让信息传播得更加广泛，吸引更多的潜在消费者。在新媒体导购文案中，可以使用明确的呼吁性语言，例如"分享给你的朋友""转发到你的社交媒体"等，来鼓励用户参与转发分享。此外，为转发分享提供一些奖励或激励，如优惠券、礼品等，也可以提高用户转发的积极性。

任务实训

1. 实训目的

通过实训掌握新媒体营销导购文案设计的技能。

2. 实训内容及步骤

（1）以小组为单位，组成任务实训团队。

（2）阅读以下材料：

某企业生产了一款解决老年人坐便不方便问题的产品"免打孔马桶扶手"（见图2-12），需要你们团队为其创作一篇导购文案。

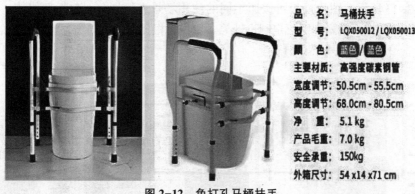

品　名：马桶扶手
型　号：LQX050012 / LQX050013
颜　色：蓝色 / 蓝色
主要材质：高强度碳素钢管
宽度调节：50.5cm - 55.5cm
高度调节：68.0cm - 80.5cm
净　重：5.1 kg
产品毛重：7.0 kg
安全承重：150kg
外箱尺寸：54 x14 x71 cm

图 2-12　免打孔马桶扶手

（3）各小组研究产品，从寻找空巢老人需求痛点出发，讨论如何创作导购文案。

（4）各小组在充分讨论的基础上，完成导购文案的创作。

（5）各小组提交创作文案，授课老师进行点评。

3. 实训成果

实训作业：免打孔马桶扶手导购文案。

任务2.2　掌握新媒体图片制作方法

任务引入

在报社负责图片制作的小王最近跳槽去了一家新媒体广告公司，工作内容仍然是图片制作。小王本以为凭借自己多年的报纸图片制作工作经验，能轻松胜任新岗位。但事与愿违，小王在新媒体公司新岗位上深感力不从心。小王常将报纸图片的制作思维运用到新媒体图片的制作上，导致新媒体图片的表现力不足，部门领导对他颇为不满。

问题：小王在跳槽之后为何会遭遇职业窘境？小王如何才能快速提升新媒体图片制作技能？

相关知识

1. 制作封面图

一篇文章的内容方向可以通过标题，以文字的形式表现，也可以利用一张合适的封面图片表现。而在绝大多数情况下，图片对于视觉的吸引力要远超过文字。封面图片的吸引力越强，读者点击打开文章的概率也就越高。

下面以创客贴为例，具体介绍封面图片的制作过程。

创客贴是一款使用非常方便的在线平面设计工具，用户进入创客贴网站通过选择模板、修改元素、预览后导出 3 步即可设计出满意的作品。创客贴网站拥有丰富的图片、图标、字体、线条、形状、颜色等素材，为设计出好作品提供了有力支持。

用户登录创客贴网站后，选择网站首页左侧的"创建设计"选项，就可以进入模板选择页面，如图 2-13 所示。图片模板可按照不同的使用场景进行划分，包括新媒体、教育培训、餐饮美食、行政管理、金融理财、定制设计等。用户可根据需求，单击并使用相应的模板。

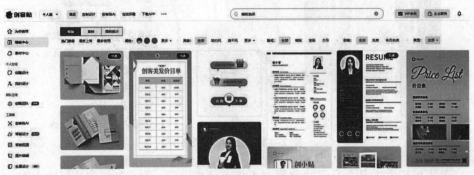

图 2-13　创客贴的模板选择页面

进入创客贴设计页面后，最左侧为功能导航区，中间部分是设计操作区，最右侧为预览区。其中，功能导航区选项包含模板、图片、素材、文字、背景、工具、上传等 7 项功能，创客贴设计页面如图 2-14 所示。

图 2-14　创客贴设计页面

"模板"包含免费模板和付费模板，还会根据时下热点进行模板推荐。用户也可以根据需要，在搜索框中输入关键词搜索需要的模板。

"图片"有推荐图片。用户也可以在搜索框中输入关键词，搜索需要的图片。

"素材"包含形状、线和箭头、插图、文字容器、图片容器、图表、免抠素材等。用户也可以根据需要，在搜索框中输入关键词，搜索需要的素材。

"文字"可以插入文本框。用户也可以选用已有的经过设计的文字，简单修改后进行使用。

在"背景"中，用户可以选择纯色背景、渐变背景和花纹背景等风格，也可以自定义背景。

"工具"包含图表、二维码、表格 3 项可自定义的功能，如插入图表并进行数据编辑，即可得到想要的图表。

在"上传"中，可进行图片上传等操作。

2. 制作信息长图

信息长图是指用于详细解释某项活动或某个事件的来龙去脉，帮助用户更直观地查看内容的信息图。信息长图并不是简单地拉长普通图片，而是需要用创意来精心设计的。信息长图可以表述完整的情境。

按照上下结构，信息长图可分为封面、内容、封底 3 个部分。

封面起到统领全局的作用，包含主标题、副标题等元素。一个好的标题非常重要，不仅能突出信息长图的主题，还能引起用户的兴趣。设计人员需要花时间着重思考。

内容是信息长图的核心，包含形象的图片和简练的文字描述。它还会使用线条、序号、色块等视觉标志，不仅美观，而且可读性也大大增强了。

封底展示内容核心观点或注明内容出处、制作单位、制作人、制图时间等，可根据具体需求进行设计。

信息长图的具体设计可分为两类：直接设计长图或设计小图并拼接成长图。下面以使用创客贴为例，介绍如何直接设计信息长图。

（1）登录创客贴网站，选择网站首页左侧的"模板中心"选项。

（2）在打开页面的"场景"栏中单击"长图海报"超链接，然后单击页面右侧的"免费"超链接，接着在搜索结果中选择需要的模板，这里选择如图 2-15 所示的模板。

图 2-15 选定的信息长图海报模板

（3）打开制作页面，显示所选择的模板样式，选择模板中需要修改的对象，如图 2-16 所示。

图 2-16　修改后的文字效果图

（4）制作完成，单击页面右侧的"下载"按钮，打开"下载作品"对话框，在其中选择文件类型、文件尺寸、使用类型，此处保持默认设置，然后单击"下载"按钮，将信息长图下载保存。

如果采用拼接的方式设计信息长图，可先使用 PPT 设计小图，然后使用美图秀秀拼接图片，具体的操作步骤是：①使用 PPT 进行小图设计；②导出图片；③使用美图秀秀进行图片拼接，并保存。

3. 制作动态九宫格图

动图让图片更有动感，一张动图甚至可以演示一个动作的整个过程，相对于传统的静态图，动图包含了更多的信息，比静态图片更有表现力，可以更好地展现一段动态场景，更加准确具体地展现所要传达的信息，表达能力更强大，自然效果会更好。

九宫格图由 9 个方格组成一个正方形的形式构成，在海报设计和社交媒体配图设计方面应用广泛，可以带给用户非常惊艳的效果。动态九宫格图是指增加了动态效果的九宫格图。

动态创意九宫格图是在动态九宫格图的基础上发展而来的。用户在预览动态创意九宫格图时看到的是一张完整的图片，单击其中的一张图片，可以看到它变成了一张长图。

制作并发布动态创意九宫格图的简要步骤如下：①使用美图秀秀切出 9 个小方格图。②设计幻灯片。③使用幻灯片拼接长图。④导出长图。⑤在选定的新媒体上进行发布。

任务实训

1. 实训目的

通过实训掌握图文设计的技能。

2. 实训内容及步骤

（1）以小组为单位组建任务实训团队。

（2）各小组通过相关网站搜索一篇新媒体爆款图文，并对其进行标题、图文内容、排版分析。

（3）各小组根据分析结果，撰写该爆款图文分析报告。

（4）各小组制作汇报 PPT，推选一人在课堂汇报。

（5）授课教师对各小组的汇报进行点评。

3. 实训成果

实训作业：×新媒体爆款图文分析报告。

任务2.3 掌握新媒体图文排版技能

任务引入

有很多内容非常优秀的新媒体文章往往会因为图文排版较差而造成用户阅读体验感差，从而让用户失去阅读的兴趣。一篇排版优秀的作品，会给读者留下深刻的印象，从而达到良好的传播效果。

问题：新媒体图文排版需要哪些技能？我们应如何掌握好这些技能？

相关知识

1. 新媒体文字排版

新媒体文字排版的要点如下。

1）将正文模块化

将正文模块化，就是将文章分段，用可以概括段落大意的文字拟出小标题。这样可以让读者快速掌握文章脉络，减轻阅读压力。采用这种方法时，要注意两个小标题之间的衔接是否符合文章的逻辑关系，例如是否有递进关系、并列关系、转折关系，让读者体验流畅的阅读过程。同时，篇幅要控制在 2~3 个手机屏幕的长度，并且分段要控制在 3~6 段。过多的小标题会给读者造成阅读方面的困难。此外，要善用多个级别的小标题。如果文章过长，分段超过了 6 个，可以用二级标题或者三级标题来将文章进一步拆分。

2）将段落标准化

将段落标准化，就是对每个小标题下的文章进行合理的分段。每段的文字尽量控制在2~8行，这样会给读者营造较舒适的阅读体验，超过 8 行文字，会给读者带来视觉上的压迫感。

如图 2-17（左）所示，每段文字短小精简，阅读起来较为舒适；如图 2-17（右）所示，文字过于冗长，容易使读者产生视觉压迫感和疲劳感。

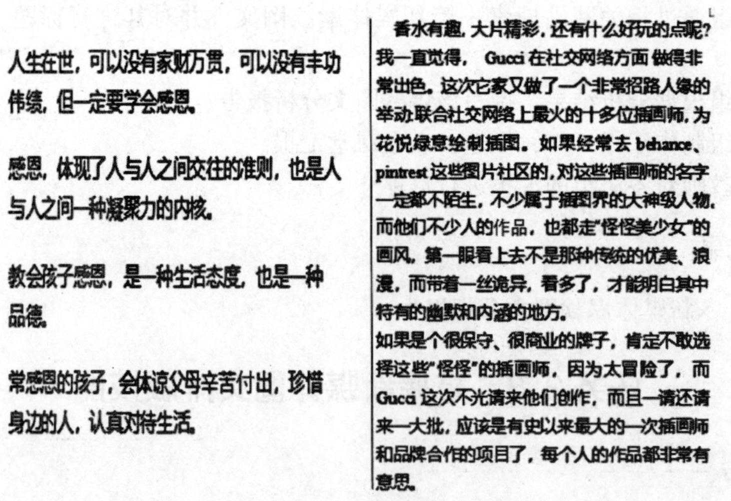

人生在世，可以没有家财万贯，可以没有丰功伟绩，但一定要学会感恩。

感恩，体现了人与人之间交往的准则，也是人与人之间一种凝聚力的内核。

教会孩子感恩，是一种生活态度，也是一种品德。

常感恩的孩子，会体谅父母辛苦付出，珍惜身边的人，认真对待生活。

香水有趣，大片精彩，还有什么好玩的点呢？我一直觉得，Gucci在社交网络方面做得非常出色。这次它家又做了一个非常招路人缘的举动联合社交网络上最火的十多位插画师，为花悦绿意绘制插图。如果经常去behance、pintrest这些图片社区的，对这些插画师的名字一定都不陌生，不少属于插图界的大神级人物，而他们不少人的作品，也都走"怪怪美少女"的画风，第一眼看上去不是那种传统的优美、浪漫，而带着一丝逸异，看多了，才能明白其中特有的幽默和内涵的地方。

如果是个很保守、很商业的牌子，肯定不敢选择这些"怪怪"的插画师，因为太冒险了，而Gucci这次不光请来他们创作，而且一请还请来一大批，应该是有史以来最大的一次插画师和品牌合作的项目了，每个人的作品都非常有意思。

图2-17　段落分布对比

3) 将格式规范化

通常转发与阅读量大的营销文案，大都排版美观，会使用合适的字体、字号和配色，并且不会随意更改，久而久之就形成了独特、固有的风格模式。

一般的营销文案对于字体的要求并不高，大多采用系统默认的字体。如果整体风格较为特别，可以采取其他字体。为了符合大众的阅读习惯，正文字号建议为14~16号字，备注性的文字建议为12~14号字。字号太小读者会有阅读困难；而字号太大则会造成排版困难。营销文案的内容大多较为稳重，因此在文字的用色方面，建议采用较为中性的黑、白、灰搭配。

4) 将内容等级化

读者花在一篇文章上的时间是有限的，因此，让读者在短时间内掌握一篇文章的主题和重点极为重要。但是也要注意，划重点要适度，不要给读者造成一种"全文都是重点，全文都不是重点"的感觉。

✎ 延伸学习

3 款常用的图文编辑器

1. 135 编辑器

135编辑器是一个微信文章美化工具，操作简单方便，旨在提供丰富的样式、精美的模板。编辑文章时，就像拼积木一样，如果你想用到关于标题的素材，就在菜单找到标题，查找自己想要的内容，挑选样式调整文字，搭配颜色，最后形成优质排版的文章，让读者更赏心悦目。

2. 秀米编辑器

秀米界面很美观，有点小清新。秀米的特点是用精细化小模块制作，风格很突出，选取一个卡片，可以针对这个卡片进行修改，比如边框颜色、大小比例。在秀米上排好版可以共享给其他人，方便团队协作。

3. i 排版编辑器

整体风格轻松明快，页面也比较干净。i 排版的团队也很好，经常会推出一些实用教程。

2. 创意字体的设计方法

创意字是在文字传播和应用过程中的一种变形文字。为什么要使用创意字呢？因为普通文字创意有限，已经不能完全满足宣传和营销的需要，而好的创意字设计能让用户印象深刻，过目不忘。设计人员需具备较强的对文字形状的驾驭能力和对文字含义的理解能力，这样设计出的创意字才能出彩。下面为几种常见的创意字体设计方法。

1）替换法

替换法是在统一形态的文字元素中加入另类不同的图形元素或文字元素。其本质是根据文字的内容意思，用某一形象替代字体的某个部分或某一笔画，这些形象或写实或夸张。将文字的局部做替换，使文字的内涵外露，在形象和感官上都增加了一定的艺术感染力。

2）叠加法

叠加法是将文字的笔画互相重叠或将字与字、字与图形相互重叠的表现手法。叠加能使图形产生三度空间感，通过叠加处理的实形和虚形，增加了设计的内涵和意念，以图形的巧妙组合与表现，使单调的形象丰富起来。用叠加法创作的字体如图 2-18 所示。

图 2-18 用叠加法创作的字体

3）分解重构法

分解重构法是将熟悉的文字或图形打散后，通过不同的角度审视并重新组合处理，主要目的是破坏其基本规律并寻求新的设计生命。

4）俏皮设计法

把横中间拉成圆弧，角也用圆处理，这个方法还有重要的一点就是色彩，在字体处理上加上色彩的搭配才能制作出好的俏皮可爱字体。用俏皮设计法创作的字体如图 2-19 所示。

图 2-19　用俏皮设计法创作的字体

5）尖角法

把字的角变成直尖、弯尖、斜卷尖；可以是竖的角也可以是横的角，这样文字看起来会比较硬朗。

6）断肢法

把一些封合包围的字，适当地断开一口出来，或把左边断一截，或右边去一截。注意要在能识别的情况下适当断肢。

7）错落摆放法

错落摆放法是指原本并排的文字一边排高一边排低，让文字错落有致排列。

8）方方正正法

把所有文字笔画中的弯全改成横平竖直，四四方方的。

9）卷叶法

卷叶法是一种将字体边角进行圆润和拉伸处理的设计方法，旨在创造出独特的视觉效果。该字体的笔画好似叶子卷起来一样，如同蔓藤在自由生长。采用卷叶法设计的字体图案具有古典韵味，适合的行业有化妆品、女性服装等。卷叶法设计的文字如图 2-20 所示。

图 2-20　用卷叶法设计的字体

10）横细竖粗法

横细竖粗法是指选定一个字体后，把横笔画减细竖笔画加粗。这种字体类似传统宋体字，横细竖粗撇如刀。

11）上下拉长法

上下拉长法是先把字变细，然后上下拉长，生成的字体类似条码的感觉。

此外，创意字体设计的方法还有共用法、减细法、结构转变法、画龙点睛法等，限于篇幅，这里不再详述。

3. 设计 H5 海报

H5 海报是利用 H5（H5 是 HTML5 的缩写，HTML 是 HyperText Markup Language 的缩写，其含义是超文本标记语言）制作而成的海报，可随意置入图片、文字、链接和音频、视频等，更具营销性。下面将使用 H5 海报的制作平台——MAKA 提供的模板设计 H5 海报，具体操作如下。

（1）进入并登录 MAKA 官方网站，打开 MAKA 首页，单击左侧导航栏的"模板中心"选项，打开 MAKA 的模板页面。

（2）选择"分类"栏中的"翻页 H5"选项，再选择"场景"栏中的"商品介绍"选项，最后单击勾选显示模板右侧的"免费"复选框，在提供的模板中选择合适的 H5 模板，此处选择第 1 行的第 3 个模板，如图 2-21 所示。

图 2-21　选择模板

（3）进入模板预览页面，单击页面右侧的"开始编辑"按钮，进入编辑页面。单击页面右侧"替换背景"按钮，在打开的"背景"面板中单击"上传背景图片"按钮。打开"打开"对话框，选择背景图片后单击"打开（Q）"按钮，如图 2-22 所示。

图 2-22　上传背景图片

（4）图片上传成功，单击上传的图片，再单击页面右侧的"应用到所有页面"按钮，将该背景图片应用到所有页面。

（5）单击页面右侧的"图层管理"选项，下方即显示组成页面的所有图层。单击第 1 个图层，分别修改文字内容，如图 2-23 所示。

图 2-23　修改文字内容

（6）单击 🗑 按钮删除该页面，如图 2-24 所示，再按照同样的方法删除第 5、第 6、第 7 页。

图 2-24　删除页面

（7）单击上方图片所在的图层，再单击 ⇄ 替换图片按钮，MAKA 将自动打开"上传"面板，单击上传图片按钮，打开"打开"对话框，选择素材图片，单击打开（o）按钮，如图 2-25 所示。图片上传成功后，单击上传的图片即可替换图片。

图 2-25　替换图片

（8）按照同样的方法替换更改文字并替换图片。H5 海报制作完成，按 Ctrl+S 组合键保存作品，

任务实训

1. 实训目的

通过实训，掌握 H5 海报的设计与制作方法。

2. 实训内容及步骤

（1）以小组为单位组建任务实训团队。
（2）各小组自学 H5 海报的设计与制作软件。
（3）各小组选定 H5 海报的主题，并撰写文案。
（4）各小组根据文案内容，使用软件完成 H5 海报的设计与制作。
（5）提交作品，由授课教师进行点评。

3. 实训成果

实训作业：××H5 海报作品。

任务 2.4　熟悉新媒体短视频制作

任务引入

近年来，越来越多的短视频作品出现在新媒体用户的视野中，并取得了良好的传播效果。例如，2019 年 1 月 25 日，苹果官方发布了贾樟柯导演用 iPhone XS 拍摄的一部春节后离乡主题的短视频作品《一个桶》，唤起了每个人心中离不开的"家味"。仅一个上午，这部作品在苹果官方公众号的点击率就超过了 10 万次，在微信朋友圈中也引起了广泛的反响。

问题：贾樟柯导演的新媒体短视频作品为何能引起广泛反响？新媒体短视频制作的要点有哪些？

相关知识

1. 编写短视频脚本

与长视频有较长的表达时间不同，短视频因时长较短，在镜头表达上有很多局限，所以短视频脚本要求精益求精，需要处理好演员台词和演技、场景布置、服化道（服装、化妆、道具）、音乐和剪辑效果等细节，还需要安排好剧情的节奏和进程，张弛有度，保证在 3~5s 内就能快速吸引观众，让其有继续看下去的欲望。

短视频脚本按照拍摄内容的不同可以分为 3 种类型：拍摄提纲、文学脚本和分镜头脚本。

1）拍摄提纲

拍摄提纲罗列了短视频的拍摄要点，对拍摄内容起到了简要的提示作用，使短视频创作者具有较大的自由发挥空间，缺点是对后期剪辑的指导作用微乎其微。

拍摄提纲的创作一般包括 6 个步骤，下面以拍摄一个关于裁员的小视频为例，展示如何创作拍摄提纲，如表 2-1 所示。

表 2-1　拍摄提纲

序号	步骤	本次拍摄提纲的内容
1	选题和创作方向	选题：职场故事。创作方向：关于裁员
2	选题角度及切入点	选题角度及切入点：两个员工午餐期间的对话
3	表现技巧、创作手法	表现技巧：通过对话及内心戏来表现故事情节。创作手法：现实主义、浪漫主义等
4	构图、光线和节奏	构图：人物在画面中央。光线：中等。节奏：中等
5	场景的转换、结构	场景的转换：7 个场景。结构：总—分—总
6	剪辑、音乐、解说、配音	剪辑：由剪辑师使用 App 剪辑。音乐：采用舒缓的背景音乐。解说：无。配音：由剧中人物自己配音

2）文学脚本

文学脚本需要短视频创作者写出主要的拍摄思路，不需要像分镜头脚本那样细致，只需要写明镜号、景别、画面、台词。文学脚本不仅适用于剧情类短视频，而且适用于非剧情类短视频，如美妆类和测评类短视频等。表 2-2 是某剧情类短视频的文学脚本示例。

表 2-2　某剧情类短视频的文学脚本示例

镜号	景别	画面	台词
1	中景	老张和小孙分别坐在饭桌两侧，低头吃饭	

镜号	景别	画面	台词
2	近景	小孙紧张不安	老张，我最近犯错比较多，被经理批评了好多次，这次裁员会不会有我啊
3	特写	老张看着小孙	（内心独白）还真有可能啊，最近她犯了好多简单的错误
4	特写	老张露出微笑	不会的，你业务能力那么强
5	近景	小孙露出疑惑的表情	是吗？难道是我感觉错了
6	特写	老张保持微笑	是啊，你这么优秀，放心好了
7	全景	老张和小孙碰杯	

3）分镜头脚本

分镜头脚本是前期拍摄和后期制作的依据。视频长度和经费预算也可以以分镜头脚本作为参考。分镜头脚本主要包括镜号、景别、画面、分镜头长度、人物、台词等内容，属于比较具体的短视频脚本。制作团队依据分镜头脚本进行拍摄，可最大限度地表现短视频创作者的意图，因此分镜头脚本适用于故事性比较强的短视频。分镜头脚本示例如表 2-3 所示。

表 2-3　分镜头脚本示例

镜号	景别	画面	分镜头长度	人物	台词
1	中景	老张和小孙分别坐在饭桌两侧，低头吃饭	2s	老张、小孙	
2	近景	小孙紧张不安	3s	小孙	老张，我最近犯错比较多，被经理批评了好多次，这次裁员会不会有我啊
3	特写	老张看着小孙	2s	老张	（内心独白）还真有可能啊，最近她犯了好多简单的错误
4	特写	老张露出微笑	2s	老张	不会的，你业务能力那么强
5	近景	小孙露出疑惑的表情	1s	小孙	是吗？难道是我感觉错了
6	特写	老张保持微笑	2s	老张	是啊，你这么优秀，放心好了
7	全景	老张和小孙碰杯	3s	老张、小孙	

要想写出比较优秀的短视频脚本，还需要关注以下几个事项。

（1）明确整体写作架构。在编写文学脚本时，需要提前确定整体的写作架构，以"总—分—总"结构居多，这样可以让短视频有头有尾、前后呼应。

（2）进行人设搭建。除了人物的台词，人物的动作和表情也是人设搭建的重要内容。

（3）进行场景设定。场景设定可以起到渲染故事情节和强化主题的作用，场景需要根据剧情来设定，场景的使用次数要适宜，不能过多。

2. 拍摄短视频

短视频拍摄前期的准备包括拍摄场景准备、视频制作素材准备、视频制作器材准备。

1）短视频拍摄场景准备

要想把短视频拍摄出好的效果，能够让用户产生代入感，场景的搭建与还原是非常关键的。通常而言，场景的搭建与视频内容以及目标用户属性有关。由于短视频以及直播等素材绝大部分来源于生活中的灵感，因此，场景搭建不需要太过专业的设备，尝试挖掘生活中源于草根的事物或环境，稍加润色即可。具体可以从以下几个方面进行准备。

（1）拍摄固定物体的场景准备。在拍摄固定物体时，应准备一张水平的桌面并适当搭配小饰品。桌子可以用来摆放商品，面积不需要太大，颜色不宜太花太杂，可以准备一些桌布，以便根据商品风格进行替换。一般白色是最好的选择，这样拍摄出来的画面会显得简洁明快。

（2）拍摄人物或外景的场景准备。在拍摄人物或外景时，应更多选择和细节有关的场景。拍摄地的场景要与人物身份、衣着等互相协调和衬托。拍摄建筑时，可以关注内部结构、房屋特色、特定的设施等，如果再能结合当地风景特色和文化民俗进行拍摄，则会给观众带来更大的视觉冲击。

（3）背景的布置。对于短视频的背景，最简单易行的办法就是以干净整洁的白墙为依托，也可以选择带有复古或简约风格的壁纸。如果预算较充裕，可以考虑白纱帘或背景布与灯光匹配，这样可以模拟自然光效果，而且布置简单且方便。

对于一些特定的拍摄主题，背景布置需要符合短视频的主题。比如亲情类短视频需要温馨而舒适的背景，而搞笑类短视频则可以将背景布置得轻松随意。

（4）灯光的布置。在视频拍摄的前期，如何布置灯光是非常重要的，如果运用得当，就可以让人物光彩照人、让产品色泽明亮，反之则达不到这种效果。一般不建议使用纯自然光，推荐通过性价比较高的补光灯达到拍摄目的。

基础布光法是指采用三点布光，主光打亮产品主题和周围区域；辅光用于填充阴影区域和主光没有打亮的地方，一般比主光稍弱，这样可以形成景深和层次感；背光打向背景方向，借助背景反射的光线塑造产品轮廓。

2）视频制作素材准备

后期制作视频内容所需要的素材主要包括自己录制或他人拍摄的视频片段、现场音频与背景音乐、脚本、字幕文字等。

3）视频制作器材准备

（1）手机或摄像机。随着技术发展，绝大部分现代智能手机都能胜任视频拍摄任务。一般配备 F20 左右大小光圈的镜头，（1/3）～（1/2.5）英寸大小的 CMOS 感光元件，可以输出 4K 分辨率视频的手机就足够使用了。当然，预算充裕一点的，可以准备专业级摄像机，如单反相机等。

一般在拍摄中，应该准备至少两个机位进行配合，条件允许最好是选三个机位。三个机位拍摄，不仅能更有利于画面的呈现，也便于后期进行视频剪辑。如果仅布置一个机位进行拍摄，就会使得后期剪辑时没有过渡镜头或可切换角度，而使画面显得单调。

（2）稳定拍摄的工具。拍摄视频时画面要平稳，这是视频内容脱颖而出的一个关键。如果视频抖动太厉害，会影响用户观看体验。如果是双手端着机器拍摄，最好依靠桌子或墙壁等物体让身体保持稳定。首选三脚架或手机支架等稳定拍摄的设备，这样无论是拍摄静止镜头还是移动镜头，稳定效果都不错。对于直播等需要通过走动完成的拍摄，建议选择手持云台，这样即便摄影师在走动的时候拍摄，也会防抖，后期画面的稳定性也可以得到很好的保证。

（3）灯光道具。灯光准备包括主光、辅光、背光、侧光、反光板以及相关实用光源。在有条件的摄影现场，主光一般由柔光箱发出。这样的光源易于控制且均匀，能够凸显出对象或人物的轮廓，尤其对于反光物件，可以起到很好的漫射作用，使拍摄光线显得更柔美、色彩更鲜艳。但需要注意的是，应尽量避免摄像机靠近主光源。

辅光一般放置在与主光相反的一面，主要对主光未覆盖的阴影进行补充照明，从而使阴影变浅变淡。辅助光源搭建如图2-26所示。

图2-26　辅助光源搭建

大多数情况下，被拍摄者都会与背景拉开一段距离，背景比被拍摄者距离光源更远，因此在亮度上会暗很多。如果没有背光，则容易造成被摄对象与黑暗的背景融为一体；如果有背光，则可以很好地勾勒出主体，使画面立体感更强。使用背光时可以运用一些技巧，以实现不同的拍摄目的。

侧光是来自被摄对象两侧平行的光源，它可以让被摄主体产生明显的明暗对比，被摄主体受光面会很清晰，背光面会产生明显的阴影效果，所以侧光更适合营造戏剧般的场景，赋予观众的代入感更强。

反光板是照明的辅助工具，通常可由锡箔纸或白布等材料制成。一般而言，反光板常用于改善光线，使平淡画面变得饱满和立体。

在一些特定的场景中，台灯、电视、蜡烛等灯具或光源可以成为很好的实用光源，起到突出主题、渲染气氛的作用。

3. 剪辑短视频

短视频剪辑需要专业剪辑软件，下面就以会声会影软件的使用为例介绍如何操作。

1）会声会影软件介绍

会声会影是 Corel 公司制作的一款功能强大的视频编辑软件，具有图像抓取和编修功能，提供超过 100 种编制功能与效果，可导出多种常见的视频格式，甚至可以直接制作成 DVD 和 VCD 光盘。该软件应用非常广泛，既可以刻录光盘，制作电子相册、节日贺卡、广告、栏目片头、宣传视频、课件等，又操作简单、适合家庭日常使用，可提供完整的影片编辑流程解决方案，非常适合新媒体营销的视频编辑工作。会声会影软件的操作界面如图 2-27 所示。

图 2-27　会声会影软件的操作界面

2）短视频素材的剪辑

会声会影剪辑视频有以下几种方法。

（1）分割素材修剪法。

①将短片导入会声会影中，并将其拖到覆叠轨上。

②观看短片，拖动鼠标，将鼠标放在需要剪辑的视频开头，然后单击预览框中的"剪刀"按钮，如图 2-28 所示，片段就被剪辑成两段了。

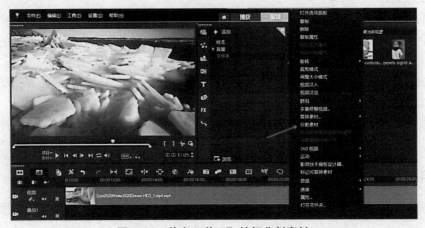

图 2-28　单击"剪刀"按钮分割素材

③在需要剪辑的末尾剪断，精彩的部分就被剪辑出来了，随后将不需要的片段删除就可以了。

（2）按场景分割法。

①将视频素材添加到视频轨上，然后在击鼠标，选择"按场景分割"选项。

②在弹出的"场景"对话框中，单击"扫描"按钮，如图2-29所示，扫描完成后，单击"确定"按钮。

图2-29　自动扫描素材并进行分割

③整个视频就按照镜头剪辑出来了，之后即可在片段中选择有用的片段，将无用的片段删除即可。

任务实训

1. 实训目的

通过实训，掌握新媒体视频内容策划、脚本设计、视频拍摄与剪辑等技能，并掌握新媒体视频的发布策略。

2. 实训内容及步骤

（1）以5~8人为小组，组成任务团队。

（2）各小组通过搜索引擎等工具，分析"00后"用户心理与行为特征，选择一个"00后"关注度较高的新媒体视频平台并注册会员。

（3）各小组针对目标用户特征，明确视频内容主题，撰写视频内容策划书，编制脚本，完成视频拍摄。

（4）剪辑视频并完成视频上传。

（5）发布完成后，小组通过平台视频点击量与用户反馈等指标，总结视频曝光效果，教师对各个小组的实训结果做出评价，展示优秀实训结果。

3. 实训成果

实训作业："新媒体视频营销策划、制作与实施"报告。

📖 练习题

一、单选题

1. 新媒体文案创作的第一步是（　　　）。
   　A. 搜集信息　　　　　B. 撰写初稿　　　　　C. 了解用户需求　　　D. 分发测试

2. 创作新媒体文案的最终目的是（　　　）。
   　A. 达成营销目标　　　B. 便于分享　　　　　C. 提升阅读量　　　　D. 以上均不正确

3. （　　　）很大程度上决定了新媒体营销文章的阅读率。
   　A. 标题　　　　　　　B. 正文　　　　　　　C. 图片　　　　　　　D. 排版

4. 标题"今年18，明年20的秘密"属于（　　　）。
   　A. 警示型标题　　　　B. 夸张型标题　　　　C. 情怀型标题　　　　D. 利益型标题

5. 将（　　　）就是将文章分段，用可以概括段落大意的文字拟出小标题。
   　A. 内容等级化　　　　B. 格式规范化　　　　C. 正文模块化　　　　D. 段落标准化

二、多选题

1. 产品详情页文案创作应遵循的原则有（　　　）。
   　A. 紧贴品牌定位　　　　　　　　　　　　B. 明确对象，从痛点下手
   　C. 去抽象化　　　　　　　　　　　　　　D. 可视化表达
   　E. 用语平白朴实

2. 创意字体的设计方法包括（　　　）。
   　A. 替换法　　　　　B. 叠加法　　　　　C. 分解重构法　　　D. 俏皮设计法
   　E. 错落摆放法

3. 新媒体文字排版的要点有（　　　）。
   　A. 正文模块化　　　B. 格式规范化　　　C. 内容等级化　　　D. 段落标准化
   　E. 主题简洁化

4. 短视频脚本按照拍摄内容的不同可以分为（　　　）。
   　A. 拍摄内容　　　　B. 文学脚本　　　　C. 分镜头脚本　　　D. 拍摄提纲
   　E. 拍摄策划

5. 以下属于分镜头脚本的有（　　　）。
   　A. 镜号　　　　　　B. 景别　　　　　　C. 画面　　　　　　D. 人物
   　E. 台词

三、名词解释

1. 新媒体文案　　2. 正文模块化　　3. 段落标准化　　4. H5海报　　5. 信息长图

四、简答及论述题

1. 新媒体文案创作包含哪几种类型？
2. 制作并发布动态创意九宫格图的简要步骤是什么？
3. 活动海报内容的创作方法主要有哪几种？
4. 试论述新媒体导购文案的创作要点。
5. 试论述短视频拍摄的场景准备。

📖 **案例讨论**

小米的新 logo

在 2021 年 3 月底的小米新品发布会上，小米正式公布了新 logo。据官方介绍，新 logo 由日本国际著名设计师原研哉操刀设计并打造，将小米品牌视觉融入东方哲学的思考，提出全新的设计理念——Alive，生命感设计。

但小米新 logo 一经发布，就引发了大众的群嘲，因为这款新 logo，和小米原来的 logo 太过相似。小米的新旧 logo 如图 2-30 所示。一时间，"小米换 logo"一事成为大众议论的焦点，大家的言论都围绕着小米新旧 logo、设计师、雷军展开，吐槽派认为新 logo 丑、贵，甚至用变装的 logo 开玩笑，支持派则认为新 logo 代表了一种东方哲学，传递了品牌新理念。

图 2-30 小米的新 logo 与旧 logo

其实，小米此次换新 logo 绝不是表面上这么简单，此次 logo 换新实际上是一次事件营销造势，从表层上看是视觉美学的提升，从深层次看是品牌形象提升和公司战略变化的需要。

思考讨论题

1. 请对小米此次更新 logo 事件进行评述。
2. 结合本案例，请谈谈新媒体图文设计的技巧。

项目 2　新媒体运营必备的技能

任务	借助剪映 App 剪辑短视频				
班级		学号		姓名	

本任务要达到的目标要求：
1. 掌握短视频剪辑的方法。
2. 掌握添加转场效果、字幕和背景音乐的操作方法。

能力训练

　　登录剪映 App，导入自己拍摄的短视频素材，然后根据需要剪辑视频素材。同时要求为短视频添加转场效果，并为短视频添加字幕和背景音乐。

学生评述

我的心得：

教师评价

实务篇

第2篇

　　导语： 本篇为实务篇，也是全书的核心篇章，主要介绍新媒体营销的各种应用工具、推广策略及运营方法。本篇共 7 个学习项目，下含 22 个具体学习任务。具体学习内容为社交媒体营销、新媒体广告营销、新媒体事件营销、大数据营销、直播营销、短视频营销和 App 营销。通过对本篇的学习，可使我们认识新媒体营销的各种应用工具，熟悉新媒体营销的推广策略，掌握新媒体营销运营的主要方法，从而为今后从事新媒体营销实践奠定坚实的基础。

学习目标

【知识目标】

(1) 理解社交媒体营销的含义与类别。

(2) 掌握社交媒体营销的策略与技巧。

(3) 熟悉微信营销的含义与特点。

(4) 掌握微信营销的方法、技巧与模式。

(5) 熟悉微博营销与博客营销的含义与特点。

(6) 熟悉小红书与知乎社区营销的含义与特点。

【技能目标】

(1) 能够为企业实施微信营销提供策划方案。

(2) 能够完成微博营销活动的策划并实施。

(3) 能够为企业设计小红书社区营销策划并实施。

(4) 能够为企业设计知乎社区营销策划并实施。

【素质目标】

(1) 培养关注直播社交媒体营销发展的积极意识。

(2) 培养对新生事物的敏感度和洞察力。

(3) 建立社交媒体营销的思维模式。

项目情境导入

在饮品行业瑞幸咖啡和蜜雪冰城的网络流量几乎是最顶尖的，2023年两个公司在互联网上的一番你来我往，也让网友直呼"第一次直观地看到了商战的朴实无华"。

起因是有顾客在自媒体上控诉瑞幸咖啡只用两口就喝完，剩下的冰块几乎占据了三分之二的体积，评论区里出现了不少披着蜜雪冰城马甲的账号留言，"小瑞怎么回事啊，应该不是故意的吧""小瑞怎么放那么多冰，想冷死顾客吗"等（见图3-1）。

图 3-1　蜜雪冰城在社交媒体的留言

虽然这些账号的真实性值得怀疑，但社交媒体上不友好的评论，还是随即遭到了瑞幸咖啡的反击。一网友买了杯蜜雪冰城，由于袋子不结实，导致饮料洒了一地，评论区底下就出现了瑞幸咖啡的身影（见图 3-2）。

图 3-2　瑞幸咖啡在评论区展开反击

出现这样的现象，其实不足为奇，因为归根结底，瑞幸咖啡和蜜雪冰城争夺的是同一类消费者的注意力。瑞幸开始卖茶饮的同时，蜜雪冰城、CoCo 等奶茶品牌也已开始卖咖啡，大家的眼里都写满了相同的渴望，不仅要在社交媒体中争夺流量和话题度，更要在线下争夺门店布局。

有人认为，这是一种短视和无效的营销策略，不仅损害了两个品牌的形象，也忽视了消费者的需求和喜好。

问题：你认为蜜雪冰城和瑞幸咖啡之间的社交媒体之争对于品牌的发展是利还是弊？请说明你的理由。

项目分析

社交媒体营销是新媒体时代企业重要的营销方式。社交媒体上的用户可以随时发布自己的观点、想法以及对企业的反馈，这为企业改进产品和服务提供了宝贵的信息，从而帮助企业更直接地联系和了解客户。企业实施社交媒体营销，可以有效降低宣传成本，精准定位用户群体，提升用户转化率，还可以增强用户黏性，提升企业品牌及产品形象。

那么，什么是社交媒体营销？它有哪些类别？如何开展社交媒体营销？本项目将分别对以上问题进行解答。

任务 3.1 初识社交媒体营销

任务引入

新西兰海岸附近某处，G 公司正在这里拍摄新产品发布的宣传视频。视频中，被拍摄的演员划着皮划艇在海上漂流。这时，一只海豹突然从旁边跳出水面，而它的身上还缠着一条大章鱼，章鱼的触手打到了演员的脸上。整个场面都被正在拍摄的 G 公司摄像机捕捉到了。当 G 公司将剪辑好的这个视频发布到社交平台时，视频被用户们自发地大量转发，很快变成了当时的大热门，收到了非常好的宣传效果。

问题：结合上述案例，请谈谈你对社交媒体营销的认识。

相关知识

1. 社交媒体营销的含义

社交媒体营销是指通过社交媒体发布特定的信息和内容来吸引消费者的注意，使商品产生曝光，从而达成提升销量目的的营销方法。它是利用社交媒体网站和社交网络来推销公司的产品和服务的一种营销模式，是为每个社交媒体平台创建定制内容的过程。

延伸学习

社交媒体营销的优势

1. 提高品牌知名度

通过在社交媒体上发布有价值的内容和广告，企业可以将品牌推向更广泛的受众，提高品牌知名度。

2. 创建和维护客户关系

通过社交媒体互动，企业可以与目标客户建立良好的关系，增加客户忠诚度，并吸引新客户。

3. 提高销售额

通过社交媒体上的广告，企业可以向潜在客户推销产品或服务，提高销售额。

4. 低成本

相对于一些传统的营销方式，如电视广告、报纸广告等，社交媒体营销成本相对较低，适合小型企业和新创公司。

5. 扩大目标受众

通过社交媒体，企业可以将其品牌和产品推向更广泛的受众，包括全球各地的人们。

6. 提高网站流量

通过在社交媒体上分享有价值的内容，企业可以吸引更多的目标客户访问其网站，提高网站流量。

2. 社交媒体营销的流程

1) 确定营销目标

营销目标是指企业开展营销活动所要达成的具体指标。确定营销目标是开展社交媒体营销的第一步。在确定社交媒体营销目标时，企业需考虑品牌形象、市场环境、产品状况、目标用户、社交媒体的特性等诸多因素。制定清晰、具体、可衡量的营销目标是开展社交媒体营销的关键。它不仅是企业制定社交媒体营销策略的基础，也是评营销活动成功与否的标准。

2) 明确目标受众

基于研究和数据确定受众，明确目标受众的年龄段、目标受众的平均年收入、更喜欢使用哪些社交平台等信息，这些信息能够成为确定目标受众工作的指导中心，与目标受众建立联系，能够第一时间满足受众的需求。

3) 注重内容优化

无论社交媒体营销处于哪个阶段，都需要及时对内容进行优化。对品牌的核心竞争力进行评估，找出品牌的优势所在，对社交媒体营销中涉及品牌内容的信息进行优化。优化首先要关注以下两个关键方面：第一是这些内容是已经证实对用户有效的，第二是为对用户影响不大的问题提出解决方案。

4) 及时调整营销策略

社交媒体营销策略应根据实际情况及时调整。在营销策略实施一段时间后，选择某一特定时间来审核社交媒体营销策略取得的成效，并根据结果及时调整营销策略。

3. 社交媒体营销的技巧

1) 使用视觉呈现内容

在社交媒体营销中，用视觉呈现内容不仅能够传达品牌的价值和使命，还可以通过精巧的视觉设计在众多的广告、帖子等信息中吸引用户。差异化的视觉内容呈现可以使社交媒体营销的效果事半功倍。

2) 内容真实可信

宣传内容的真实性，是建立用户信任、实现后期宣传效果转化的关键。商家社交媒体的名字和头像一定要真实，名字使用该品牌的名字，头像要设置为自己品牌的 logo，同时该账号信息也要填写完善，并尽快获得该社交媒介的官方认定。日常的内容更新要多分享传递一些用户感兴趣的内容，以及与生活相关的内容，传递的内容一定要准确、可靠，同时，不能全部以广告为主，这样会使用户丧失关注该账号的兴趣。

3) 保持社交媒体更新

为了在社交媒体营销中持续获得流量，保持观看领先，商家在社交媒体上的更新一定要持续不断，要不断更新最新的内容和信息。

4) 积极与用户互动

社交媒体营销中，将用户转化为忠实用户的过程，实际上就是人际关系建立和加深的过程。因此，若商家仅仅每天发布内容却不与用户互动，用户会认为该商家对自己并不重视，那么会使用户对评论该内容的兴趣大大降低，导致流量的减少。因此，商家应该对用户的评论给予一定的回应，即使不用每条评论都给予回复，也能够使他们感受到自己被重视，从而增加用户的黏性。

5) 关注负面信息进行危机公关

社交媒体中信息传播是非常迅速的，尤其是负面信息，经过社交媒体的发酵，将会给企业带来非常恶劣的影响，因此企业需要及时关注社交媒体中的舆情，遇到用户反馈的负面信息需要进行及时的反馈和处理，以免造成更大影响。而且企业对负面消息进行及时有效并且真诚的处理，还能够增加用户对企业的信任感。

6) 多渠道联动

社交媒体营销要想获得更好的宣传效果，就需要将多个社交媒体联动起来，实现全社交媒体的信息覆盖，这样能够帮助企业获得更多的曝光和流量，从而最终实现流量的转化。这样就需要企业将自己所有的社交媒体全部关联，同步更新所有信息，还要加强自己与其他网站的交流，实现互相引流，在闭环中实现更多用户的转化。

7) 做好数据分析

社交媒体营销效果的提升得益于营销策略的不断调整和完善，这就需要定期对社交媒体营销数据进行具体分析，要明确这一段时间内文章或视频的阅读量或观看量、粉丝增长数量、流量转化情况。通过分析这些信息，来对下一步的营销方案进行调整和规划。

任务实训

1. 实训目的

熟悉社交媒体营销的策略与技巧，能够对社交媒体营销案例进行分析。

2. 实训内容及步骤

（1）阅读下列材料。2023年最火的烧烤当属淄博烧烤，因为烧烤，淄博成为一个热门城市，"进淄赶烤"成为社交媒体上的刷屏词汇。经济复苏的机遇被淄博市政府牢牢把握住了。为了吸引游客，淄博市政府在吃、住、行方面提供全方位服务，全面提升了游客出行及消费体验，淄博政府与当地人以诚意在全国刷足了好感。

淄博成为2023年五一假期的最大赢家，在淄博政府的推动下也一举建立起了城市文旅品牌，"淄博烧烤"（烧烤配小葱卷饼）亦成为烧烤新吃法，大量淄博烧烤店出现在全国各地。

（2）根据上述材料，分析淄博烧烤爆火的背后社交媒体营销发挥了哪些作用？你还能为淄博烧烤提供哪些社交媒体营销的策略？

3. 实训成果

实训作业：淄博烧烤社交媒体策略分析。

任务 3.2 掌握微信营销

任务引入

"谁先占领了用户的手机，谁将占得市场的先机"。微信是目前最大的社交网络平台，根据腾讯发布的数据，截至 2023 年 6 月 30 日，微信及 WeChat 的合并月活跃账户数达 13.27 亿。如今微信已不仅仅是一款社交通信软件，它的商业价值早已渗透到我们生活的各个层面，日益成为企业抢占移动端市场的利器。

问题：你觉得微信的商业价值有哪些？

相关知识

1. 微信营销的含义与特点

1）微信营销的含义

微信是腾讯公司 2011 年推出的一个为智能终端提供即时通信服务的免费应用程序，它已从最初的社交通信工具发展为连接人与人、人与商业的平台。微信营销是一种创新的网络营销模式，主要利用手机、平板电脑中的微信进行区域定位营销，并借助微官网、微信公众平台、微会员、微推送、微活动、微支付等来开展营销活动。

2）微信营销的特点

微信营销是基于微信的兴起而出现的一种全新的营销方式，微信拥有庞大的用户群，微信平台上会产生大量用户数据，因而微信营销也包含着微信的特色，微信营销主要有以下特点。

（1）点对点精准营销。微信拥有庞大的用户群，商家能够通过移动终端、社交网络和 LBS 定位等优势为用户推送所需的信息。由于用户在微信上的互动是"点对点"的，能够让每个个体都有机会接收到这个信息，继而帮助商家实现点对点精准化营销。

（2）形式多样性。微信不仅支持文字、图片、表情符号的发送，还支持语音、视频等的传播，并且可以一键群发消息，向目标客户一键推送专题信息。微信还可以利用 LBS 实施精准定位，通过搜索周围的人，找到身边的朋友。通过微信开放平台，应用开发者可以接入第三方应用，还可以将应用的 logo 放入微信附件栏，使用户可以方便地在会话中调用第三方应用进行内容选择与分享。利用二维码功能，用户可以通过扫描识别二维码身份来添加朋友、关注企业账号；企业则可以设定自己品牌的二维码，用折扣和优惠来吸引用户关注，充分利用移动互联网来开拓 O2O 的营销模式。

（3）曝光率高。由于微信是由移动即时通信工具衍生而来，天生具有很强的提醒力度，可以随时提醒用户收到未阅读的信息。微信营销能够通过微信将企业的活动信息完整准确地发送给用户，并且手机移动终端通过铃声通知中心消息提醒用户，用户也可以随时读取推送信息，因此微信营销的曝光率很高。

（4）强关系的营销。微信的点对点产品形态注定了其能够通过互动的形式将普通关系发展成强关系，从而产生更大的价值。通过互动的形式与用户建立联系，用一切形式让企业与消费者形成朋友的关系，你不会相信陌生人，但是会信任你的"朋友"。

（5）营销成本低。微信账户免费注册使用，与电视媒体、纸质媒体等传统媒体相比，微信具有超低的传播成本，因此开展营销活动成本较低。

2. 微信营销的方法

微信营销平台主要包括微信个人账号、微信公众平台两大部分，其中，微信公众平台又包含了订阅号、服务号和企业号，同时微信还支持接入第三方平台，如图3-3所示。下面将对企业如何利用微信营销平台开展营销活动进行具体的介绍。

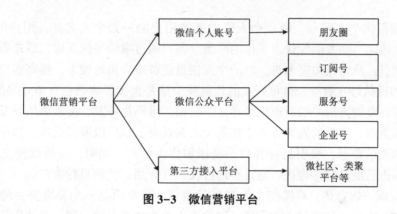

图3-3 微信营销平台

1）微信个人账号营销

开展微信个人账号营销需按以下步骤进行，即注册微信账号、装饰微信个人账号、增加微信好友数量、朋友圈广告宣传、客户沟通达成交易，如图3-4所示。

图3-4 微信个人账号营销步骤

（1）注册微信账号。只要有手机号或者QQ号，就可以免费注册微信账号。首先需要下载微信软件，安装后，单击"注册"按钮就可以选择用手机号注册微信，还可以选择用QQ号或者邮箱直接登录。微信登录界面如图3-5所示。

图 3-5　微信登录界面

（2）装饰微信个人账号。微信个人账户就像用户的一张个人名片，用户的微信头像、昵称、签名、地区、朋友圈等代表了他的形象。客户通过微信与你交流，最先看到的就是你的个人账号信息。从营销角度来讲，好的个人信息能够减少沟通成本，提高客户的信任度。

（3）增加微信好友数量。微信好友的数量及质量是直接影响微信营销效果的关键因素。商家增加微信好友的方法一般有通讯录导入、扫描二维码加好友、搜索添加好友，或采取微信摇一摇、漂流瓶、附近的人等方式添加陌生人为好友，也可以通过微博、知乎、社群等媒介宣传自己的微信账号，吸引目标客户主动添加你为好友。同时，还可以建立专门的微信群，在群里面进行商品信息推送，通过群内好友相互介绍，找到目标客户。

（4）朋友圈广告宣传。在微信个人账号营销中，朋友圈是一个非常重要的商品推送窗口，好的朋友圈内容会加速对方的信任，因为大多数人加好友后，第一个动作就是翻看朋友圈，这是了解对方的第一步，甚至可以直接判断对方是什么样的人，可见朋友圈建设的重要性。

（5）客户沟通达成交易。如果微信好友喜欢某个产品，一般会进行微信联系，进一步询问产品价格等信息，商家可以通过微信窗口进行回复，从而帮助客户下单购买，利用微信支付功能完成支付，最终达成交易。

2）微信公众平台营销

微信公众平台相当于一个自媒体平台，个人和企业均可申请公众平台账号，在公众平台上可以群发信息、图片、语音、视频和图文等信息。企业可以利用公众平台账号进行自媒体活动，通过后台的用户分组和地域控制，实现精准的产品信息推送。通过申请公众微信服务号，利用二次开发展示商家微官网、微会员、微推送、微支付、微活动、微报名、微分享、微名片等，微信公众平台营销已经形成了一种主流的线上线下微信互动营销方式。微信公众平台界面如图 3-6 所示。

图 3-6　微信公众平台界面

目前，微信公众平台主要包括服务号、订阅号和企业号 3 种类型，具体功能差异如表3-1所示。

表 3-1　微信公众平台账号类型

账号类型	功能类型	具体功能
服务号	是公众平台的一种账号类型，旨在为用户提供服务	这是为企业提供更多的服务，提高商家用户管理能力，帮助企业实现全新的公众号服务平台。具体功能如下 （1）1 个月（自然月）内仅可以发送 4 条群发消息。 （2）发给订阅用户（粉丝）的消息，会显示在对方的聊天列表中，对应微信的首页。 （3）服务号会在订阅用户（粉丝）的通讯录中。通讯录中有一个公众号的文件夹，点开可以查看所有服务号。 （4）服务号可申请自定义菜单
订阅号	是公众平台的一种账号类型，旨在为用户提供信息	商家可以通过订阅号向用户传达资讯，便于商家与用户构建更好的沟通模式。具体内容包括以下 4 点。 （1）每天（24h 内）可以发送 1 条群发消息。 （2）发给订阅用户（粉丝）的消息，将显示在对方的订阅号文件夹中，单击两次才可以打开。 （3）在订阅用户（粉丝）的通讯录中，订阅号将被放入订阅号文件夹中。 （4）个人申请，只能申请订阅号
企业号	是公众平台的一种账号类型，主要用于企业内部通信使用	旨在帮助企业、政府机关、学校、医院等事业单位和非政府组织建立与员工、上下游合作伙伴及内部 IT 系统间的连接，并能有效地简化管理流程、提高信息的沟通和协同效率、提升对一线员工的服务及管理能力

服务号主要用于为客户提供服务，同时可以销售产品。例如，中国移动服务号，将个人手机号与该服务号绑定后，可以查阅相关业务，变更业务套餐以及给手机充值等，服务方便快捷。客户服务需求高的企业在开通订阅号的同时，也会再开通服务号。

订阅号主要用于企业产品信息传播。企业可以通过订阅号，每天推送一条相关信息来展示自己的企业文化、理念和特色，做宣传推广活动，从而树立品牌形象。很多企业和媒体都使用订阅号开展营销活动。

企业号主要是帮助企业进行内部管理，面向的是企业内部员工、团队以及企业上下游合作伙伴。

因此，企业用于宣传、营销的微信公众号主要包括服务公众号和订阅公众号两种类型，企业号常用于内部管理。下面将分别对企业运用服务公众号和订阅公众号的方法进行具体介绍。

（1）利用服务号提供客户服务。众所周知，企业的发展和生存离不开消费者，因此，企业只有不断地探求消费者的需求、满足消费者的需求，才能使消费者满意，赢得更多的用户。企业微信服务号正是这样一种方便的工具，通过建立服务导向系统、便捷的服务体系、杰出的服务组织等为用户提供优质服务，满足客户的个性化需求，从而提高客户的满意度和维护长期客户关系。

微信服务号旨在为用户提供服务，其核心功能包括客户关系管理应用、智能客户服务中心应用、定制的"扫一扫""口口相传"活动等。通过微信服务号，企业可以建立与高成本呼叫中心媲美的智能客户服务中心，利用微信发送文字、视频、语音等信息为客户服务，支持客户排队自动接入功能，并在回复客户问题的同时，实现对客户分组统计等功能，实现高效的社会化客户关系管理。例如，通过南航微信公众号，用户不仅可以查询票价、查询里程、机票预订、查询登机口、验证机票等，还可以快速办理登机牌。微信客服依托于微信领先的技术条件，具有无可比拟的优势，受到企业及用户的一致推崇。目前，很多企业都开设了微信服务号，涉及航空、政府、教育、金融、快递等与普通用户密切相关的领域。

（2）利用订阅号为客户提供增值服务。订阅号旨在为用户提供信息，本质是通过一系列的内容展示来吸引客户、获得客户，与客户互动，宣传企业形象。其方法主要是通过微信订阅号的功能——每日一条、每条多栏的文本、图片、视频等方式，配合优秀的内容策划、推送策略以及互动设计等，向粉丝进行高质量的内容展示，通过客户关系的维持进行销售。目前，微信订阅销售模式已经被应用在各种行业，从美食、衣服、出行到休闲娱乐，都取得了很大的成功。

然而，企业想要做好微信订阅号，还必须把"给用户带来价值"放在第一位，而把"给自己带来价值"放在之后，要做到让消费者在众多的公众账号当中，寻找你的公众账号、阅读文章、关注账号。要做到这一点，企业微信订阅号必须不断加强对市场和消费者的研究，为客户创造更多的增值服务，做足文章，才能保留更多的忠实用户。所谓的增值服务，其实就是对用户进行细分，为用户提供个性化的、创新性的差异化服务，即用"个性化的商品"去满足"个性化的市场需求"。

案例分析

小夫妻开微店

如今，微信朋友圈多了一群卖货的人，可在卖的多，卖出去的少；赚钱的不多，赚大钱的更少。这是因为朋友圈电商存在流量有限、转化率无法持续等问题。如何充分利用微信开展营销活动？一家由夫妻俩创办的微店的做法值得借鉴。

首先夫妻俩通过发布绘本、育儿的微信内容吸引粉丝关注，一年间积累了3万多高黏性粉丝。有了精准粉丝就有了精准流量，为今后的微信营销奠定了基础。接下来夫妻俩申请了微信认证和微店，开通了微信菜单，将微店放在显眼的自定义菜单上面，制作商品推介页面，利用订阅号图文消息的支持，在进行团购促销打折时，吸引了粉丝的关注，一次促销就可轻松带来几百份订单。小小的微店在夫妻俩的用心经营下取得了不错的业绩。

案例分析： 本案例中微店营销成功的关键是夫妻俩深谙育儿之道和年轻父母的心理，以内容吸引粉丝，并通过持续的高质量内容输出增强用户的黏性。夫妻俩通过内容分享牢牢抓住年轻父母的心，实现了为微店引流的目标，再辅以适度的促销，最终将粉丝转化为微店商品的用户。

3）微信接入第三方应用

微信开放平台是微信 4.0 版本推出的新功能，应用开发者可通过微信开放接口接入第三方应用，并且可以将应用的 logo 放入微信附件栏中，让微信用户方便地在会话中调用第三方应用进行内容选择与分析。例如，消费者将企业自建网络的内容分享到微信中，由于微信用户彼此间具有更加亲密的关系，当企业自建网络中的商品被某个用户分享给其他好友后，相当于完成了一个有效到达的口碑营销。常用的第三方接口有微社区、类聚平台等，下面对其功能进行简单的介绍。

（1）微社区。微社区是基于微信公众号的互动社区，可以应用于微信服务号和订阅号，解决了同一微信公众号下用户无法直接交流、互动的难题，将信息推送方式变为用户与用户、用户与平台之间的"多对多"的沟通模式，给用户带来了更好的互动体验。

（2）类聚平台。类聚平台是集数据交易、技术工具、行业应用、众包服务于一身的大数据综合服务平台，软件开发者或者创业者可以使用平台开放的大数据基础设施、技术工具、跨行业的数据 API 接口进行数据研究、生产以及大数据分析、挖掘等工作。该应用具有数千万的全国会员大数据功能，可以把商家的服务、产品等直接搬到微信公众平台，只要客户关注微信公众平台就可以看到商家店里相对应的产品信息。

3. 微信营销的模式与技巧

微课堂
微信营销的
模式与技巧

1）微信营销的模式

随着微信营销的快速发展，众多企业将目光聚集在这个快速发展的营销方式中，选择合适的微信营销模式对于企业来说至关重要。下面将对微信营销的模式予以介绍。

（1）草根广告式——查看附近的人。草根广告式是指微信中基于 LBS 的功能插件查看附近的人便可以使更多陌生人看到这种强制性广告。基于地理位置权限的开放，当用户点击查看附近的人后，能够看到周围的其他微信用户。因此便可以利用用户签名的内容，免费为自己的产品打广告。使用附近的人功能如果足够多，那么这个广告位将会产生不错的营销效果。

（2）O2O 折扣式——扫一扫。O2O 折扣式是指用户通过商家提供的二维码获得优惠的模式。二维码发展至今其商业用途越来越多，所以微信也就顺应潮流结合 O2O 展开商业活动。通过扫描商家放置的二维码，能够找到该商家的公众号或企业微信等信息，通过内置的各种活动能够获得商家优惠、折扣活动等资讯信息。这对于拥有上亿用户且活跃度足够高的微信来说，O2O 折扣式的营销模式具有重要价值。

（3）互动营销式——微信公众平台。对于大众化媒体、企业而言，平台+朋友圈的社交分享功能的开放，已经使得微信成为一种移动互联网上不可忽视的营销渠道，那么微信公众平台的上线，则使这种互动式营销的渠道能够直接面向用户，并且通过大数据分析使推送的信息更加精准。

2）微信营销的技巧

（1）吸引粉丝，拉动宣传。微信营销的核心就是用户价值。高质量的粉丝不仅可以转化为企业的利润，还有可能成为企业品牌的"代言人"，帮助企业进行宣传。企业可以充分利用老顾客、二维码关注有礼物、微信会员卡、漂流瓶活动、点赞、查找附近人等尽可能多地吸引潜在客户。

（2）社交分享，激励转发。企业要充分利用消费者分享的力量，学会激励用户在朋友圈分享、转发。同时，企业应该注意提高产品和服务的质量，只有好的产品和服务才会不断地被微信用户分享及评论，使产品被更多的消费者关注。

（3）个性推荐，俘获客户。俗话说"攻心为上，攻城为下"。如何俘获客户的"心"，对企业来说至关重要。企业可以通过微信分组功能和地域控制，对客户进行精准的消息推送。例如，当客户去陌生城市旅游或者出差，可以根据客户签到的地理位置，提供就近的商家信息。商家还可以根据海量的客户信息，利用大数据分析工具分析客户购物习惯，进行更加精准的营销。

（4）互动营销，如火如荼。微信平台具有基本活动会话功能，通过一对一推送，企业可以与粉丝开展个性化的互动活动，提供更加直接的互动体验，根据用户的需求发送品牌信息，使品牌在短时间内即可获得一定的知名度。

（5）促销活动，优惠不断。企业可以通过微信平台定期开展发放优惠券、转发有奖、抽奖、拉粉奖励等活动来促进销售。

（6）内容为王，妙趣横生。如果微信营销的内容有趣、实用、贴近用户生活，并满足用户分享的赞同感，微信营销就成功了一半。因此企业在开展微信营销时，写好微信营销的内容十分关键。

3）微信营销应注意的问题

微信营销已成为一种重要的营销方式，但不同于传统营销，它不能过于注重企业品牌的推广。企业在开展微信营销时，内容要有趣实用、贴近生活，切不可盲目纯粹地推销产品，否则容易引起用户的反感，从而失去用户的信任。

微信营销过程中，应注意以下问题：①"装饰"好自己的微信，使之完整、有趣。②注重粉丝质量。只有高质量的粉丝才有价值，才能转化为企业利润。③推送长度适中且实用、有趣的内容。④适度营销。一味地群发消息会令人反感，群发过多的无聊内容就是骚扰用户。因此，企业不可滥用群发功能，只需在适当的时候利用群发功能提醒用户即可。⑤拒绝道德绑架或奖励用户把信息分享到朋友圈。⑥不可将微信好友当成营销工具。朋友圈是基于熟人的关系，如果在朋友圈中发带有广告性质的内容，或者将微信好友当成了营销工具，往往会引起微信好友的反感甚至厌恶，不但起不到营销的目的，反而会失去微信好友。⑦不可乱发广告。用户添加微信号或关注公众号是因为对该号所发布的产品本身感兴趣，而不是为了看广告。因此，不可乱发广告，更不可发与微信号无关的垃圾广告。⑧及时回复用户信息。及时互动是微信营销的一大优点，企业可以与用户通过微信进行有效的沟通。⑨不可只专注于微信营销。与传统营销相比，微信营销具有互动、快捷、成本低等诸多优势，但并不意味着微信营销是万能的。对于企业来讲，营销是多元的，只有打组合拳，才能招招见长。企业还可以开展线上线下营销、微博与微信互动、微电影与微信互动等。

任务实训

1. 实训目的

通过实训掌握微信群营销的方法与技巧。

2. 实训内容及步骤

（1）以小组为单位组建任务实训团队。
（2）每个小组各自创建一个微信群，要求有群名、群 logo、群成员分工等。
（3）确定微信群运营规则，如信息发布规则、微信群管理规则等。
（4）确定微信群营销的产品和营销策略。
（5）确定"吸粉"方案，邀请目标用户人群，同时在群里开展营销活动。
（6）总结微信群营销活动，提交实训总结。

3. 实训成果

实训作业：微信群营销实训总结。

任务 3.3　掌握博客与微博营销

任务引入

小张与小李是一对情侣，两人都毕业于天津某所大学。毕业时两人求职都非常不顺，于是选择了自主创业。

小张的老家在江西婺源，这里生态环境优美、文化底蕴深厚，被誉为"中国最美的乡村"。当地的乡村旅游业十分发达，小张和小李决定回乡先从乡村民宿做起，开启他们的创业征程。

小张和小李上大学时虽然学的都不是营销专业，但都选修过网络营销与策划的课程，他们对博客与微博营销很感兴趣，并认为要想使自己的民宿能够为更多的游客所熟知，开展博客与微博营销是一种很好的营销方法。

问题：小张和小李该如何做好博客与微博营销？

相关知识

1. 博客营销

1）认识博客

（1）博客的含义。博客（blog）即网络日志，是一种特别的网络个人出版形式。博客形式从理念上说是一种媒体——强调个体，由个体来完成全部构思、创作、编审、出版流程的媒体。通常博客专注在特定的主题上提供评论或新闻，随着网络技术的发展，博客的形式越来越多，它可以包含文字、图像、其他博客或网站的链接、视频及音乐等。大部分的博客内容以文字为主，部分博客专注于艺术、摄影、视频、音乐等各种主题，比较著名的有新浪博客（见图 3-7）、博客园、CSDN 博客等。

图 3-7　新浪博客首页

（2）博客平台的分类。

①博客平台。博客平台一般是免费注册和使用的，目前博客平台的选择有很多，如新浪博客、博客园、CSDN 博客、LOFTER 等，每个博客平台都各具特色。

②独立搭建博客。虽然目前很多网站都提供免费博客的服务，但是不少博主选择搭建一个自己的独立博客。独立博客是在域名、空间、内容上独立自主的博客，与免费博客相比，独立博客具有更自由、更灵活等特点。独立博客相当于一个独立的网站，其必须具备的硬件基础为域名、空间、源代码等。

2）博客营销的含义与特点

（1）博客营销的含义。博客营销是利用博客作者个人的知识、兴趣和生活体验等，通过撰写博客文章来传播企业或商品信息的营销活动，目的是运用博客宣传自己或宣传企业。通常所做的博客营销有两层含义，第一层含义指的是发布原创博客帖子，建立权威度，进而影响用户购买；第二层含义是企业付费聘请其他博客写手撰写博客帖子，评论企业产品。

（2）博客营销的特点。

①影响范围广。博客作为高端人群所形成的评论意见，其影响面和影响力度越来越大，博客引导着网民舆论潮流，渐渐成为网民的"意见领袖"，因此会对企业品牌的传播造成巨大的影响。如新浪博客排名前十的博客点击量均在 4 亿以上，最高的接近 25 亿。在这些博客中，有的有企业广告商直接在其首页做展示；有的通过发表个人产品体验的文章为广告客户发布软文广告。

②受众明确稳定。一般来说，由于每个博主都有自己特定的撰写内容，因此，每个博客都有相对比较稳定的阅读群体。由于每个阅读群体所具有的在某方面的高度一致性，其细分程度远高于其他信息传播沟通渠道。因此，博客的信息传递受众明确稳定，非常具有针

对性。

③可信度高。每个博客都有确定的博主，博主发出的文章可以追根溯源。同时，博客在信息传递过程中，能够很好地把媒体传播和粉丝的人际传播结合起来，因此具有较高的可信度。这对博客营销功能的实现极其有帮助。

④传播自主性强。企业采用博客开展营销传播，不必像借助传统媒体进行传播而付出巨额的广告费用，也可省去了复杂的审批程序。只要有电脑并连接互联网，博主就能通过撰写博文在网络上传播和接收相关信息。

⑤互动性强。通过博客开展营销活动，博主可以与博客阅读者保持互动，根据博客阅读者的反应及时采取应对措施。这种互动可以帮助企业掌握市场变化趋势，了解用户的感受及思想的变化，便于企业及时调整营销策略，更好地满足用户的需求。

3）博客营销的主要策略

（1）博客营销的形式。企业因实力、知名度及所在行业等各方面的不同，所采用的博客营销形式也不尽相同。从博客在营销中的具体应用来看，企业开展博客营销常见的形式主要有企业网站博客频道模式、第三方企业解决方案提供者（business service provider，BSP）公开平台模式、建立在第三方企业博客平台的博客营销模式、个人独立博客网站模式、博客营销外包模式、博客广告模式6种。

（2）企业博客营销的实施。

①制定博客营销目标。企业的营销目标是多种多样的，品牌知名度的提高、销售额的增加、市场占有率的提高、分销覆盖面的扩大、客户渗透率的提高等都可能成为企业某个阶段营销活动的首要目标，而每个具体的营销目标都需要有相应的营销活动支撑。因此，企业想通过博客获得较好的营销传播效果，首先就要为博客营销设立明确的目标。例如，企业要提高其产品及服务的网络可见度，可以通过博客营销提高企业的产品或服务的关键词在搜索引擎中的可见性及排名，从而达到促进搜索引擎营销的效果。此外，企业还可以通过博客向阅读者发布信息，从而影响其购买决策。

②博客平台的选择。目前有3种博客平台供企业选择：一是把博客放在博客服务商的托管平台上，二是把博客建立在自己的域名和服务器上，三是在企业原有的网站上开辟博客空间。这3种博客平台各具优势。首先，博客服务商托管平台往往拥有大量的用户，每个博客服务商托管平台用户的量和质都是有差别的，企业要根据自己的产品及服务的特点，结合自身的营销目标选择恰当的博客服务商托管平台，使企业的博客营销取得事半功倍的效果。把博客建立在自己的域名和服务器上，往往很难有较高的曝光率，尤其是博客刚刚建立的时候。然而此种博客一旦受到搜索引擎认可，在搜索引擎上会很有优势。企业选择在自己的网站上开辟博客空间，在用户的量上很难与博客服务商的托管平台相比，但是可以使博客内容与网站上的其他相关内容形成互补。

③博主的选择。企业开展博客营销，可以由企业营销人员建立博客，也可以选择知名博主的博客。企业营销人员自主建立博客有很多优点，如博主对企业的营销理念，对企业的产品、服务及顾客都很熟悉，博客内容较为专业且有说服力，并且成本较低，更新速度快，便于即时沟通等。利用知名博主的博客开展营销活动则可利用其博客的巨大访问量，通过展示广告或者软文广告的方式开展营销活动。此种方式的优点是传播速度快、使用方便，名人的

示范效应还可能使营销传播效果更为明显。

④博客内容的管理。博客内容的质量直接关系到博客营销的效果。目前，博客的数量很多，但是绝大多数的博客内容质量不高。博客内容的质量决定了阅读者的数量及阅读后对其产生的影响。质量的高低首先取决于博客内容是不是目标受众关注的内容，因此我们要明确目标受众的需求，投其所好，发布其感兴趣的内容，吸引其阅读，如将行业信息、行业发展动态、行业最新研究动向、企业研发成果等同行或顾客关心的内容作为博客内容。企业开展博客营销要注意博文的形式，要选择目标受众比较容易接受的形式开展博客营销，如软文就比一般的广告更容易吸引阅读者。博主要注意与阅读者的沟通，尤其是对阅读者的咨询及评论及时回复，及时解决存在的问题，加强与阅读者之间的联系，从而获得更高的满意度，树立良好的口碑。博客内容还要注意及时更新，企业偶尔发几篇博文是很难达到营销的目的和效果的，因此，博客营销需要博主长期不断地更新，以吸引目标受众阅读。

⑤对博客营销的效果进行评估。博客营销与其他营销方式一样，需要进行效果评估。企业要及时发现博客营销中存在的问题，并不断地修正博客营销计划，力求博客营销能发挥更好的营销作用。

4）企业博客营销的技巧

（1）博客写作管理。企业采取博客开展营销活动，要指定专人负责博客文章的撰写与回复等维护工作，保证博客的内容时常更新，以吸引更多的阅读者。同时，博客文章的发表要有计划性，企业要对博客文章的内容范围、写作及更新频率进行管理，以确保博客营销活动顺利开展。高质量的博文是吸引阅读者的根本。撰写高质量博文不仅要注意选题、文字技巧，同时还要注意博文与企业营销目标的关系。

（2）个人观点与企业立场。企业开展博客营销需要注意处理个人观点和企业立场的关系，企业应允许和鼓励作者表明个人立场和观点。此外，企业的博文应从个人角度出发，官方感很强的博文是很难被大众接受的。博文作者的署名一般都是某个员工而不是某个企业，点对点的信息传播更会让阅读者感到亲切。

（3）沟通和反馈。企业博客是与用户沟通、收集反馈意见的方式之一。用户常常能给企业提供很有价值的产品意见。所以，很多人认为对话、交流、具有社区的感觉是博客的最大特点之一。

（4）谨慎处理负面评论。企业对博客留言中的负面评论需要采取正确、谨慎的态度，尤其不要轻易删除负面评论。只要用户留言中没有谩骂、诽谤，对产品的批评意见都应该保留，并且由专人给予回复和跟踪。

没有理由地删除负面评论，常常会激怒用户。如果这些用户到其他博客、论坛广泛传播批评言论被删除的事情，反而会使企业陷入被动局面。

阅读资料

新形势下博客的商业价值

个人博客能为微信公众号带来一个强大的支撑。微信固然强大，但是却失之于纵深，并且与通常意义上的搜索引擎是绝缘的。微信朋友圈和QQ空间里面有海量的文章，但是基于百度和腾讯的竞争以及技术问题，这些文章只在腾讯体系内流通。微信中哪怕是质量再高的文章，也不可能从搜索引擎中获得一点流量。而对于众多没有资金实力的企业来说，以博客来发展粉丝是一个长久稳定的方法。例如，现在的月光博客和卢松松博客，它们想要发展粉丝的难度必然是远低于普通用户的。

在 IM、SNS 等各种以互动营销方式为主流的今天，电子邮件营销仍能获得较好的效果。只要是精准而有效的营销方式，哪怕是受到新形式的冲击，仍然能保持固有的价值。例如，某人经过 4 年的积累，通过博客和论坛发展了 13 万 QQ 邮箱订阅用户，他的邮箱一个星期发送 3 次邮件。微信中有 QQ 邮箱提醒功能，他每发送一次邮件，订阅用户会在 QQ 中看到一次，在微信中看到一次，并且在登录邮箱后会再看到一次，相当于一个星期他的邮件被阅读 100 多万次。博客带给订阅用户的最大优势就是精准度高，因为博客本身是某一类人的聚集场所。他们怀着相同的目的来到博客，又被相同的内容引导到订阅邮箱。

个人博客就流量来说，必然是无法和大型网站相比的。个人博客或企业博客的文章数量是有限的，而大型网站特别是资讯类网站配有众多专业编辑，一天发布的文章数量是个人博客或企业博客难以企及的。所以从搜索引擎引流来说，个人博客的流量必然不如大型网站。但是，博客有一个特点，即当博客的文章质量足够高且有独特价值的时候，该博客就会有相当数量的用户。这种用户的黏性超过了搜索引擎带来的用户。很多站长花了很大的力气做搜索引擎优化，却很少注重用户感受。结果虽然在优化方面取得了成绩，有了不少的搜索引擎流量，可是这样的流量缺乏黏性，不可靠。博客可以通过文章带来忠诚的流量。

2. 微博营销

微博是微型博客（MicroBlog）的简称，即一句话博客，是一种通过关注机制分享简短、实时信息的广播式的社交网络平台。微博是由博客演变而来的，在 2009 年 9 月至 2010 年 5 月，国内四大微博（新浪微博、网易微博、搜狐微博、腾讯微博）先后上线，但后来网易微博、搜狐微博、腾讯微博逐渐淡出人们的视野。2014 年 3 月 27 日晚间，在微博领域一枝独秀的新浪微博宣布改名为"微博"。

微博营销是随着微博的广泛使用而产生的利用微博平台实现企业信息交互的一种新型营销方式，是企业借助微博这一平台开展的包括企业宣传、品牌推广、活动策划及产品介绍等一系列的市场营销活动。

1）微博营销的特点

（1）营销成本低。截至 2023 年 9 月底，微博的月度活跃用户为 6.05 亿，用户数量极为庞大，这为企业开展微博营销提供了坚实的基础。微博发布的信息一般短小精悍，因此用户能轻松灵活、随时随地地发布信息，与传统的大众媒体如报纸、电视等相比，不仅前期成本投入较少，后期维护成本也更加低廉。

（2）针对性强且传播速度快。关注企业微博的用户大多是对企业及其产品或服务感兴趣的人，企业在发布关于其产品或服务的微博时，这些信息会立刻被关注者接收。信息传递及时且有非常强的针对性，往往能实现较好的营销传播效果。

（3）灵活性强。企业可以利用文字、图片、视频等灵活多变的表现形式，使微博营销更富有表现力。同时，微博的话题选择也具有很强的灵活性，企业可以自由选择用户感兴趣的话题，吸引其阅读和参与。微博最大限度地开放给用户，可以有效地提高用户的参与度，增强营销沟通效果。

（4）互动性强。微博营销具有很强的互动性，企业或个人通过微博能与关注者实现实时沟通，能及时有效地获得信息反馈。

课堂讨论

微博营销与微信营销及博客营销的主要区别有哪些？

2）微博营销的主要任务与实施技巧

（1）传递产品及活动信息。很多企业都会通过微博发布产品信息，吸引消费者购买。例如，李佳琦常用微博推广产品，并通过微博传递产品的活动信息。

（2）开展互动营销活动。微博营销的本质是微博发布者与其他用户之间的互动。互动营销意味着企业与客户之间有更近的距离、更多的交流。企业通过与客户的互动可以传递相关信息，了解客户的想法，解决客户的难题，从而获得客户的信任。微博具有快速传播的特点，企业利用微博与客户互动会更方便、更精准。企业可以在微博上发布有奖活动、促销信息、新产品通知、公司活动、特色服务、企业文化、知识问答、话题讨论、媒体报道等内容。在微博上，人情味、趣味性、利益性、个性化是引发微博用户互动的关键点。在微博上，企业要尽可能地以个人的身份与客户进行"朋友式的交流"。

（3）开展客户服务与管理。微博为企业打开了一个全新的窗口，通过微博开展在线客户服务的优点主要包括成本低、服务方式灵活、传播效应强等，非常符合现代客户尤其是年轻客户群体的需求。苏宁易购就利用微博这一新型在线客户服务平台开展在线客户服务，通过微博私信让客户轻松、便捷地享受企业提供的在线客户服务。在微博上，苏宁易购启用"苏宁客服中心"这个已取得官方认证的微博账号为消费者提供在线客户服务，消费者可24h通过微博评论、发私信等多种方式获取苏宁易购官方专业的服务。

此外，微博比SNS、BBS和博客的传播速度快，且覆盖范围和影响力都要更大。通过微博，企业可以收集客户信息，加强与客户之间的沟通，持续发展良好的客户关系。企业利用微博开展客户关系管理，将客户资源、销售、市场、客服和决策等集为一身，既能规范营销行为、了解新老客户需求、提升客户资源整体价值，又能跟踪订单、有序控制订单的执行过程，还有助于避免销售隔阂，调整营销策略。

（4）舆论反应监测。社会化媒体时代的到来，使信息传播模式发生了根本性变化，微博成为公众关注公共事件、表达利益观点的主要渠道，因此微博也成了舆情汇集和分析的重要阵地。舆情管理对企业来说至关重要，它不仅可以为企业经营过程中产品和服务内容的定位提供基础，更可以帮助企业趋利避害，减轻负面舆论压力，强化正向品牌力量。越来越多的企业开始在微博上追踪客户对其品牌的评价，监测舆论反应情况，从而迅速了解客户对产品的感受以及最新的需求。

（5）危机公关。企业在危机发生后及时通过微博公布信息，可以减少公众的无关猜测，有效地提高危机公关的效率。在面对危机时，企业可通过微博第一时间发布危机处理的计划，体现企业急切处理问题的决心和积极性，稳定公众情绪。同时，迅速落实初步处理举措，能体现企业在处理危机上的雷厉风行。将初步处理举措的实施细节及结果公布于微博之上不但能够表明企业已经开始行动，而且还能强化企业"积极应对""积极解决"的正面形象。

📖 思政园地

"网信郑州"微博传播正能量

2021年3月，全国政务新媒体代表、网络大V、媒体记者60余人相聚郑州，开启"出彩郑州·美好郑在发生"体验式采风活动。活动期间，以"网信郑州"微博账号首发主账号，微博5个全国账号矩阵助力传播，近10个区域账号矩阵联动扩散，带动全国1234个政务媒体蓝V联动参与互动，多领域博主跨界接力，形成了"以点带面、辐射全国"的宣传报道阵营。由"网信郑州"主持#美好郑在发生#美好郑在四月天#话题，一度位居全网热榜第三。

"郑州"成为网络热词。不仅带动#郑州好网民#话题阅读量达1.1亿次，讨论1.2万条，更突破地域范围，辐射到全国亿万网友，观点词云高度聚焦郑州文化、历史、各区亮点、数字引领政务服务等内容，大家纷纷为郑州点赞。

3）微博营销的实施

（1）微博营销实施的程序。

①明确企业开展微博营销的目标。微博营销通常是企业整体营销计划的一个组成部分，因此企业在开展微博营销之前，首先要在企业整体营销目标的基础上制定明确的微博营销目标。在一定时期内，企业的微博营销目标可以是激发客户的需求，提高企业的市场份额；也可以是加深客户对企业的印象，树立企业的形象，为其产品今后占领市场、提高市场竞争力奠定基础。微博营销的目标不同，微博营销策略的实施，包括微博内容和形式的选择等都应该有所差异。

②制订企业微博营销活动计划。微博营销活动计划是指在企业微博营销目标的指导下，微博营销活动的具体实施计划。微博营销活动计划包括微博平台的选择与安排、微博写作计划、微博营销内容发布周期、微博互动计划等相关内容。微博营销活动计划是企业长期开展微博营销活动的蓝图。

③发布微博营销内容。企业撰写并发布微博营销的内容要注意选择能引起客户及潜在客户兴趣的话题，要注意微博内容的丰富多彩及形式的多样化。发布的每篇微博除文字外最好能带有图片、视频等多媒体信息，这样可以给浏览者带来更好的浏览体验。企业发布微博内容应选择有价值的信息，如提供特价或打折信息、限时商品打折活动等都可以带来不错的传播效果。

④评估微博营销效果。企业应对微博营销的效果进行跟踪评估，可以从量和质两个方面进行。在量的评估方面可以选择的指标主要包括微博发布数量、粉丝数量、微博被转发次数、微博评论数量、品牌关键词提及次数等。在质量评估方面可以选择的指标主要包括微博粉丝的质量、微博粉丝与企业的相关性、被活跃用户关注的数量及比例等。

（2）微博营销的实施技巧。

①打造个性化微博。企业要将微博打造成有感情、有思考、有回应、有特点的个性化微博，切忌将企业微博打造成一个冷冰冰的官方发布消息的窗口。打造个性化的企业微博是为

了将企业的微博与其他微博区分开，如果企业的微博没有特点和个性，就很难引起微博用户的关注。因此，企业需要从各个层面塑造微博的差异化，打造个性，这样的微博才能具有较强的吸引力，才能持续积累粉丝，从而实现更好的营销传播效果。

②坚持微博更新。要想吸引用户关注微博，养成其浏览企业微博的习惯，企业就必须定时更新微博，同时要保证微博内容的质量，大量低质的微博内容会让浏览者失望。缺乏有价值信息的企业微博，不仅达不到传播的目的，还可能会有相反的效果。

③快速增加目标对象。微博粉丝的快速增加是目标对象快速增加的基础。企业要达到微博粉丝快速增加的目标，应注意以下几点：第一，微博的个人资料一定要完整；第二，微博发布的内容要能吸引人阅读，前期尽可能少发宣传语，多发布一些热点新闻评论或者小笑话来吸引更多人的关注；第三，博主应主动和目标对象沟通；第四，多参与一些热门话题的讨论来增加曝光度。仅增加粉丝数量还不够，企业还要想办法从众多的粉丝里准确找到目标对象，并不断促使目标对象数量的增加。只有这样，企业才能通过微博有效地开展营销活动。

④强化微博互动。互动性是企业微博可持续发展的关键。要想提高微博互动性，企业就要提高微博内容中粉丝感兴趣的内容所占的比例，也就是企业宣传信息所占比例不能过高。"活动+奖品+关注+评论+转发"是目前微博互动的主要方式，但实质上，绝大多数人关注的是奖品，对企业的宣传内容并不关心。另外，与赠送奖品相比，博主积极与留言者互动，认真回复留言，更能增强粉丝的情感认同。

任务实训

1. 实训目的

通过实训，掌握微博营销实施的流程与技巧。

2. 实训内容及步骤

（1）以小组为单位，组成任务团队。
（2）注册微博账号，制定微博营销方案，制定微博营销进度计划书。
（3）编辑、发布微博营销内容，采取措施促进微博与粉丝的互动。
（4）实训结束后撰写微博营销实训心得。

3. 实训成果

实训作业：微博营销实训心得总结。

任务 3.4　熟悉网络社区营销

任务引入

网络社区是当前网络用户沟通的重要平台，也是很多人的精神家园。利用网络社区开展营销活动，是一种新型的营销方式。网络社区将具有共同兴趣的访问者集中在一起，以达到成员相互沟通的目的，由于有众多用户的参与，网络社区不仅具备交流的功能，还蕴含着巨大的营销价值。

问题：你所熟悉的网络社区有哪些？各有何特点？企业该如何利用社区开展营销活动？

相关知识

1. 小红书社区营销

小红书成立于 2013 年，最早是作为一个 UGC（用户创造内容）购物笔记分享社区进入用户视野的，早期内容大多为出境游购物分享及推荐，随着用户对海外购物的需求日渐增多，小红书逐渐拓展了美妆、时尚、美食等社区种类。在小红书社区里，用户分享自己的商品使用体验，也可以阅读他人分享的优质内容。随着分享社区的发展，用户自然产生了对于社区中分享产品的购买需求，于是小红书上线了购物功能，并由单纯的 UGC 社区发展成为以社区型电商为特色的跨境购物平台。

1）小红书的发展历程

（1）引入期（2013—2014 年）。市场探索期时，小红书致力于建立一个能够分享优质境外购物经验笔记和攻略的 UGC 社区，在满足用户对于获得境外购物攻略的需求后还加入了自制的表情、优化相机、改进搜索功能和优化页面交互，提高用户体验并进一步增加用户黏性。

在这一阶段，小红书主要围绕着社交、攻略分享来展开。同时，社区内沉淀了大量优质的海外购物笔记和攻略。为下一步商业化尝试和社区边界拓展打下了良好的基础。

（2）成长期（2013—2016 年）。在此阶段小红书进入了快速发展期，由于引入了大量新用户，用户不再满足于仅仅获得海外购物的经验和攻略，一部分没有出国计划或条件的用户产生了希望海淘的需求。2014 年 7 月国家正式在政策上承认了跨境电商这一商业模式，借着政策的风口，也为了满足用户对于海淘的需求，小红书推出了福利社这一购物渠道，正式涉足跨境电商领域。

这一阶段的重点在于逐步加强电商（福利社）板块的权重，优化发现页面，使用户搜索更方便，同时优化了笔记的排版使得视觉效果更简洁。得益于前期在社区优质产出的深厚积累，小红书在这一阶段的商业尝试获得了极大的成功。

2015 年 5 月小红书独创了小鲜肉送货模式，在 2015 年周年庆这一天达到了 5 000 万的销售额，周年庆期间共新增了 300 万用户，在 App 使用中的排名发生了一次垂直式提升，一度达到总榜第四名。自此，小红书不再是小众圈子的独宠，正式进入了大众圈子的视野。

（3）成熟期（2016 年至今）。经过上一个阶段对于商业模式的摸索，小红书成功找到了自己的定位：社交型电商平台。相对于老牌电商平台如淘宝、京东等，小红书的优势在于通过交流社区拥有了大量的社区用户，小红书通过用户分享的感性体验和使用心得来吸引用户"种草""拔草"，这实际上与现在网红粉丝文化无异，使产品通过粉丝效应获得更大的话题性和更高的转化率。同时随着小红书引入了第三方商家和品牌的入驻，社区的生态氛围也扩展到了护肤、美妆、美食、服装等品类，不断扩大的社区圈子对引入新用户有很大帮助但同时小红书也要维持好社区氛围，增强用户体验从而提高用户黏性。

这一阶段的重点在于维持现有用户不流失并引入新用户，由于短视频 App 的大热，因此在这一阶段社区笔记支持发布短视频，并且围绕着短视频的优化进行了多次迭代，如增加背景音乐、更换滤镜、增加贴纸等。

得益于上一阶段运营手段的成功，小红书在这一阶段加大了运营力度，2016 年开始引入多个明星进驻小红书，营造了很大的粉丝效应。在 2018 年小红书又赞助了多部综艺节目，极大地增加了曝光量的同时把小红书的用户量推上了 7 000 万。

截至 2019 年 7 月小红书的用户量已经超过 3 亿。同时从 2018 年 7 月小红书开始弱化电商属性，不再强调从内容到电商的消费闭环，而转为强调自己身为一个生活方式分享社区的定位。截至 2023 年 1 月，小红书用户超过 3.5 亿，主要面向高消费者、都市白领、"90后"、"00 后"等年轻群体，其中 24 岁以下人群占比达 58.3%，女性占比达 87%，高线上消费人群占比 51%，高消费力人群聚集造就了小红书强大的电商属性。

2）小红书社区营销的特点

社区氛围突出的小红书，已经成为影响年轻人生活方式和消费决策的重要入口。从用户画像来看，小红书月活用户超过 1 亿，聚集了约 3 000 万 KOC（key opinion consumer，关键意见消费者）。破亿的月活用户中，有七成为"90 后"，70% 用户居住在一、二线城市。分享者全年发布约 3 亿篇笔记，其中超过 110 万篇笔记与新品相关，200 万篇笔记与试用评测有关。用户之间分享内容相互影响，完成从"种草"到"拔草"的转化。小红书社区营销的特点主要表现在以下几个方面。

（1）社交功能强大。小红书利用信息聚集用户，并利用用户引导消费。小红书起初是为满足海外购人员的需求而发起的，但随着覆盖的信息面的增大，小红书的流量迅速增大，具有相同需求的用户利用小红书交流沟通之后，可为用户提供关于商品的隐形信息，方便用户买到心仪的商品。

（2）方便快捷。小红书在信息分享的过程中，解决了信息不对称、语言交流障碍等问题，给用户提供了极大的便利。小红书"自营+第三方电商平台"的社区营销，丰富了市场的交易渠道，扩大了市场的就业机会，为海漂人员提供分享外国购物经验的机会，增大了国内外的市场交易额，满足了创始人、第三方电商平台、用户、外商、物流等多方需求，一举多得。

（3）信息分享多元化。小红书具有多元化的信息分享途径，用户可通过笔记、视频直播、动画编辑等形式进行分享。博主可通过直播形式增加自己的粉丝，博主拥有的粉丝量越多，越容易满足商家的营销条件。

3）小红书社区营销的策略

（1）KOL 营销策略。对平台关键意见领袖的优势资源的整合不需要倚重头部达人的输出，而可以凭借中部达人为主、尾部达人为辅的战略进行推进。其中，中部达人以意见领袖的角色对话题进行创建，而尾部达人以话题推广的辅助角色对话题进行扩散，吸引自己的粉丝和路人，形成独特的 UGC 氛围。与此同时，平台可顺势推出粉丝互动、热榜排名、关键词推荐等活动，借助粉丝的力量进行链式传播。在此过程中，消费者从购买到体验到认可再到传播形成一个新的消费体系并与其他消费者交互，取代传统上封闭的、单独的购买—评价的消费体系。用户在这个过程中，受关键意见领袖的影响，潜移默化地被产品植入第一印象，在与同类商品的竞争中脱颖而出。同时，小红书以低成本获得新用户的加入与日活的用户提升，进一步提升平台影响力。这将有利于品牌方、商家或者机构在小红书上进行资源的投放和平台的运营，进一步提升资源收益。

（2）明星效应。明星的优势在于自带流量、话题性高、传播范围广，能为品牌带来更多的关注。很多明星粉丝的购买力强，他们认为只要能够与自己的偶像在某一方面有所关联，就会愿意做出相应的行为，比如愿意为了自己的偶像而花钱购买产品、购买周边产品。小红书正是抓住这一点，大力邀请明星入驻，从而获取粉丝经济。

（3）个性化推荐策略。在网络社区环境中，社交平台可以通过与用户的紧密接触，精确地掌握用户的消费偏好，用户在其中也可以根据自己的使用偏好对信息进行快速的识别和过滤。小红书对于平台所发布的内容，在进行标签化的同时，让用户所发布的产品笔记拥有了相较传统平台的差异化优势。这方便了商家对产品按目标受众进行划分，提高了其向潜在消费者推送产品的准确性和有效性。消费者也在搜索产品或者了解产品体验的同时，节约了获取信息的成本与时间。不仅如此，小红书也对消费者的评论，包括点赞、心愿单等信息进行了整理和分析，通过算法的升级和迭代，实现更加精准的产品推荐，以个性化的产品推荐和社交氛围，满足消费者的需求。

（4）种草营销。相较于传统的营销模式，小红书的 UGC 营销模式与众不同。它采用了社交平台来激发相当数量的用户进行生活和商品的分享，从而达到商品信息的传播，再进一步激发其他用户进行购买。该类分享用户在不断分享商品的过程中会成为头部用户。粉丝在看到头部用户分享宣传商品时，会激发他们的消费意愿，从而产生大量的流量，进而提升消费额。这一过程可以被定义为"种草"。小红书的宣传群体并不是网红，而是普通用户，通过他们对生活好物的分享来进行口碑宣传，给年轻群体提供了一个"种草"的社区，既满足了消费者购物后的分享欲望，同时也能获取其他消费者的信任。小红书的功能性更像是百科全书。小红书的用户不仅可以得到自己想要获取的信息，还不会将小红书看作传统电商平台，从而不会产生厌倦心理和抵触情绪，降低了营销成本，吸引了更多粉丝，获得了更大的经济价值。

2. 知乎社区营销

知乎成立于 2010 年，是一个标志性的问答社区，用户可以在知乎上共享知识、经验和见解，并找到自己的答案，而图文内容是用户在知乎上生产和消费的主要内容形式。截至 2020 年 12 月 31 日，知乎社区累计拥有 3.532 亿条内容，其中 3.153 亿条问答多元化的内容涵盖了 1 000 多个垂直行业和 571 000 个主题。在知乎平台上的内容创作者累计达到 4 310 万人。

1）知乎的发展历程

（1）创立期（2010—2012 年）。知乎的创立期也称为邀请制时期，这一时期知乎维持着小众、分享高质量知识内容的社区氛围，同时这段时期也是知乎进行产品打磨、内容与用户关系沉淀的关键时期。

（2）成长期（2013—2016 年）。2013 年 4 月，知乎开放注册后，用户数快速增长，从 2012 年年底的 40 万注册用户猛增至 2013 年年底的 400 万，增长近十倍，这一时期的知乎无论是用户圈层还是内容领域都在快速地扩张，社区也步入加速成长时期。

（3）成熟期（2016 年至今）。2016 年，随着知识付费概念的兴起，知乎也推出了如"值乎""知乎 Live"等多项知识付费功能，之后同时搭建起从"超级会员"到"盐选会员"的会员体系。此外，知乎也在 2018 年参考微博热搜推出了知乎"热榜"功能。2019 年年底，知乎开始向商家和品牌提供"内容商务解决方案"的营销体系，进一步扩充平台的广告价值。多项功能及服务的推出加速了知乎的商业化进程。

2) 知乎社区营销的特点

知乎社区营销是一种新兴的网络营销模式，它将传统的营销理念与知乎社区的特性相结合，充分利用知乎的互联网技术和海量的社区用户，创造出独特的营销机制，实现高效营销的目的。知乎社区营销优势主要体现在以下两个方面。

（1）知乎营销能够有效提高品牌的知名度和美誉度并培养忠诚客户。知乎对文章质量有着极高的要求，只有通过审核的文章才能被发布。这也就意味着，用户在知乎上阅读到的企业品牌营销软文大都是能够引发用户共鸣的精品佳作，从而有效提高品牌的知名度和美誉度，帮助企业在互联网上形成强大的口碑效应，提升用户的品牌忠诚度，进而培养更多的忠诚客户。

（2）知乎社区营销能够有效联系受众，实现高效互动营销。通过知乎社区营销，企业可以与知乎社区用户进行实时互动，让用户融入其中，进而帮助企业了解其受众需求，接受最新信息，促进受众参与营销活动，提升营销成效。

3) 知乎社区营销的策略

知乎社区是一个极具潜力的网络营销平台，借助它可以帮助企业增加用户黏性，提升品牌知名度，让更多用户了解企业的产品和服务，从而实现企业的营销目标。在知乎上开展营销活动，可采取以下营销策略。

（1）有针对性地传递营销信息。开展知乎社区营销，企业要熟悉知乎的功能，把握知乎的最新发展动向，理解不同类别用户的行为习惯，有针对性地把企业的营销信息传递给目标用户。

（2）注重扩大知名度和品牌力。企业要在知乎上建立自己的企业宣传页面或专栏，并不断更新内容，以专业、新鲜的话题和内容吸引用户的关注。企业可以发布有深度的专业知识、有趣的产品广告、有益的行业新闻，不断扩大企业的知名度和品牌力。

（3）充分利用内容营销手段。知乎的内容展现形式多样，既可以是文字，也可以是视频、图片和图文，如图3-8所示。内容营销是知乎营销的一种有效手段。通过内容营销，企业专注于创作有价值、与品牌有关联、始终如一的内容，能够吸引和保留目标受众，并最终带来客户收益。

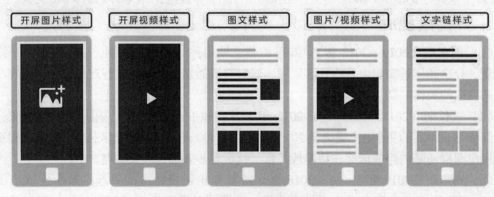

图3-8 知乎的内容展现形式

知乎内容营销的具体方法如下。

①通过热门话题提问精准识别用户。知乎社区以问答为主，大量热门话题的访问量很高，对于企业和品牌商来说，通过分析热门话题参与者有助于精准地识别用户。

②注重关键词营销。在知乎社区平台上只要回答问题，内容就可以永久存在，普通用户通过搜索关键词可以找到自己的回答。

③采用多种营销模式。知乎平台上的营销模式有回答问题、撰写文案、"知+"广告服务等，都可以为企业的营销目标服务。

④采用有效的促销方式。在知乎社区，企业也可以通过多种促销方式将品牌和产品推荐给目标用户，如以赠品或优惠的形式吸引用户参与，从而提升企业的营销效果。

任务实训

1. 实训目的

熟悉主要的社区营销平台，能够完成社区营销策划方案。

2. 实训内容及步骤

(1) 自由组队，以小组为单位组建任务实训团队。
(2) 各团队自由选择一个品牌，为该品牌撰写社区营销策划书。
(3) 制作 PPT，对策划书内容进行提炼。
(4) 各团队在班级汇报实训情况，由授课教师进行点评。

3. 实训成果

实训作业：×品牌社区营销策划书。

-------------------- 练习题 --------------------

一、单选题

1. （　　）不属于网络社交媒体。
　　A. 微博　　　　　　　　B. 微信　　　　　　　C. 博客　　　　　　　D. 广播
2. 微信中的朋友圈属于（　　）。
　　A. 微信公众平台　　　B. 第三方接入平台　　C. 微信个人账号　　D. 以上都不是
3. 利用微信个人账号开展营销活动的第一步是（　　）。
　　A. 确定营销目标　　　　　　　　　　B. 分析微信营销环境
　　C. 注册微信账号　　　　　　　　　　D. 与客户事先沟通
4. 下列选项中不属于微博营销特点的是（　　）。
　　A. 成本低廉　　　　B. 针对性强　　　　C. 灵活性　　　　D. 互动性不好
5. 企业博客营销实施的首要程序是（　　）。
　　A. 制定博客营销目标　　　　　　　　B. 选择博主
　　C. 选择博客营销平台　　　　　　　　D. 管理博客内容

二、多选题

1. 下列属于微信公众平台的有（ ）。
   A. 微信个人账号　　　B. 企业号　　　　C. 服务号
   D. 订阅号　　　　　　E. 第三方接入平台

2. 常用的微信第三方接口有（ ）。
   A. 微社区　　　　　　B. 类聚平台　　　C. 微信商城
   D. 企业号　　　　　　E. 朋友圈

3. 按照博主的知名度、博客文章受欢迎的程度，博客可以分为（ ）。
   A. 个人博客　　　　　B. 一般博客　　　C. 名人博客
   D. 热门博客　　　　　E. 企业博客

4. 下面选项中不属于博客营销的特点的有（ ）。
   A. 影响范围广　　　　B. 创新交互方式　C. 非原创性
   D. 受众不稳定　　　　E. 互动性

5. 企业可以在微博上发布的内容包括（ ）。
   A. 有奖活动　　　　　B. 促销信息　　　C. 特色服务
   D. 企业文化　　　　　E. 领导喜好

三、名词解释

1. 网络社交媒体　　2. 网络社交媒体营销　　3. 微信营销　　4. 博客营销　　5. 微博营销

四、简答及论述题

1. 博客营销的特点主要有哪些？
2. 微信营销需要注意哪些问题？
3. 博客营销的主要任务是什么？
4. 试论述微博营销实施的程序。
5. 试论述小红书社区营销策略。

📖 案例讨论

L 品牌的新媒体营销

L 品牌诞生于 1998 年，是瑜伽爱好者狂热追捧的"运动休闲"品牌，也是运动休闲风（athleisure）的缔造者之一。L 品牌自 2013 年进入中国市场以来发展迅速。财报显示，2023年第二季度，L 品牌中国市场的营收为 2.77 亿美元（约合 20 亿元人民币），同比增长 61%。另外，L 品牌在中国的门店总量上升至 126 个，成为 2023 年内新增门店最多的国家。L 品牌之所以能在中国市场快速崛起，与其成功的新媒体营销策略密不可分。

1. 三年精耕社群培育，无销售实现名声大噪

L 品牌 2013 年开始进军中国市场，仅在上海新天地、上海商城和北京三里屯开设 3 家展示厅（show room），而在进入中国市场的前 3 年，这 3 家展示厅没有兼具零售店的作用，仅仅用于课程体验，它们每周会有瑜伽课，用以吸引当地的瑜伽爱好者，有时还会组织骑行、跑步、舞蹈等各类运动课程。

2013—2016 年 3 年间，虽然 L 品牌未在中国市场开设实体门店，但 3 家展示厅的社群

营销令 L 品牌名声大噪，培育了大量潜在客户。因此，当 2016 年年底 L 品牌先后在北京三里屯、上海浦东国金中心、上海静安嘉里中心开设 3 家实体店时，立即取得了"开门红"。

2. 打造微信社群，贯通线上线下社群

如今，微信已经成为社群建设和圈层管理必不可少的工具。深谙社群营销的 L 品牌通过微信建立线上社群，微信公众号成为 L 品牌开展线上社群业务的入口。当用户关注 L 品牌公众号时，系统即会自动发送"欢迎加入 L 品牌社群"的消息，并邀请用户领取自己的专属会员卡。同时，线上社群也在为线下社群进行引流，用户可以在微信公众号里发现不同城市的课程，并直接预约上课。另外，用户还可以通过微信公众号直接跳转至微信商城进行购买。借助微信公众号，L 品牌将原本线下的社群转移至线上，通过线上预约、线下体验、线上（线下）购物的模式打造移动互联网中的营销闭环。

3. 与意见领袖合作影响目标消费者，为线下引流

移动互联网的发展使各大平台上聚集了大量专注垂直领域的意见领袖，凭借权威性和专业性，这些意见领袖拥有众多粉丝，并具有很强的号召力和影响力。L 品牌与社交媒体头部平台微博和小红书上的意见领袖们合作，通过课程活动、穿搭指导、功能讲解等方式影响目标消费者，为实体店和展示厅引流。

思考讨论题

1. L 品牌新媒体营销为何能取得成功？

2. 结合本案例，请谈谈企业该如何开展新媒体营销。

项目3 社交媒体营销

任务	分析《喜茶与 FENDI 擦出火花：一场名利双收的联手》案例			
班级		学号		姓名	

本任务要达到的目标要求：
1. 掌握社交媒体营销的策略与技巧。
2. 熟悉微信营销、微博营销和社区营销的营销方法。

能力训练

扫描二维码，阅读《喜茶与 FENDI 擦出火花：一场名利双收的联手》的新媒体营销实例，完成工作任务。

二维码材料
喜茶与 FENDI 擦出火花：
一场名利双收的联手

1. 对于新茶饮赛道来说，你认为联名玩法有什么优势？

2. 你认为在新茶饮扩张加速的今天，如何打造差异化优势来推动品牌发展？

3. 结合案例，请思考如何利用社交媒体营销来推动新茶饮的发展。

学生评述

我的心得：

教师评价

新媒体广告营销

◆学习目标▶

【知识目标】

(1) 熟悉广告及新媒体广告的概念与特点。
(2) 了解新媒体广告的类型。
(3) 熟悉新媒体广告策划的基本流程。
(4) 掌握选择广告媒体的影响因素。
(5) 熟悉新媒体广告创意表达策略。

【技能目标】

(1) 能够界定各类新媒体，并合理运用新媒体完成广告活动。
(2) 能够根据不同新媒体平台特点开展广告创意。
(3) 能够利用创意技巧为企业发布高质量的新媒体广告。
(4) 能够准确分析市场，针对新媒体广告受众有效展示产品卖点。

【素质目标】

(1) 能够对社会发展有一定敏感度，正确认识创新在现在经济发展中的重要性。
(2) 遵守与新媒体广告相关的法律、法规及广告职业道德。
(3) 从广告的产生和发展了解中国媒体的新特点和新趋势，感受中国的发展速度及变革。

项目情境导入

情境1：在移动广告方面，自2015年起，网络媒体将其广告产品研发、业务推广的重心进一步向移动端转移，如百度于2016年专门设置移动服务事业群组部门；腾讯于2015年将广点通（移动App广告平台）与微信广告中心的业务统一管理，统一为广告主提供微信公众号广告、微信朋友圈广告、手机QQ空间信息流广告、腾讯移动联盟广告等多项业务。这直接带动移动端的收入在网络媒体营收的占比不断提升，2015年，百度移动端收入占比超过50%，腾讯网络营销收入中有高达65%来自移动端。2020年，移动端的广告投入在总体互联网广告投入中的占比已接近90%。

情境2：在广告方面，社交媒体为迎合广告主的要求，一方面，开发出更多形式的广告，其中广告体验更好、互动效果更多的信息流广告成为众多社交媒体的发力点，如 QQ 空间与微博先后推出信息流视频广告，广告时长不超过 15s，且只在 Wi-Fi 条件下自动播放；另一方面，推出了一些创新的广告计费模式，如 CPC（cost per click，按点击计费）模式、CPA（cost per action，按行动付费）模式、CPS（cost per sales，按实际销售额付费）等，这使得广告收费与广告效果直接关联，收费更加科学、合理，提升了企业广告投入的意愿。

情境 3： 在视频广告方面，网络媒体的主要创新点是与视频内容密切相关的内容原生广告、互动营销、场景营销，以及针对用户行为特征的精准营销。例如，爱奇艺的"群英荟"可供广告主利用百度地理信息搜索数据锁定高档写字楼和高档住宅楼定位人群，进行贴片投放。又如，优酷在 2015 年 4 月上线的"边看边买"，为网民提供"边看视频，边购买视频中商品"的消费体验。短视频广告凭借其低门槛的创作机制，与用户协同展演，达成"病毒式"传播效果。在碎片化、移动化的媒体接触环境中，与移动端单手握持方式更加适配的竖屏影像优势凸显，也由此催生竖屏广告。

情境 4： 在直播电商广告方面，新冠疫情在一定程度上"重塑"了人们的消费方式，网上零售、直播带货等新模式全面爆发。直播带货广告交易模式越发成熟，得益于包括销售数据、用户属性数据、现场交易数据、用户反馈数据等在内的商业挖掘技术的应用。昔日电商的价格战已转变为以构建消费场景为主要营销手段的能力比拼，互联网广告与营销的边界得到进一步融合与拓展。嵌入了"人、货、场"品效合一的内生机理的直播电商广告，把传播与销售捆绑在同一环节。广告主通过与网红或意见领袖的合作，利用他们自身携带的可观流量影响粉丝，拉近与消费者的心理距离，将营销重点从对商品的销售转变成对人的情感经营，其显著的转化效果备受广告主青睐。

问题：以上四个情境分别描述了哪种新媒体广告形式？请谈谈你对上述广告形式的了解和认识。

项目分析

网络媒体在继续深耕细作自身广告资源的基础上，针对移动互联网、社交媒体、视频网站等快速发展的新环境，有意识地布局移动广告、社交媒体广告、视频广告，以求获得市场竞争优势。新媒体广告需要激发受众的执行力，也就是说要尽可能地吸引受众的参与和分享，这既是新媒体本身的特质，也是新媒体传播的要求。目前，受众可以通过点赞、评论、留言与广告发布者深入互动，也可以借助分享观点、转发、弹幕留言等方式在微信、微博、视频网站、SNS 网站等社交媒体进行圈层传播，还能基于 AR、VR 等互动技术参与广告活动，感受"沉浸式"的互动体验。此外，针对增强现实（AR）、虚拟现实（VR）等新技术，网络媒体也结合自身优势及发展规划积极跟进。例如，百度延续"入口"模式，于 2016 年 9 月推出 VR 浏览器；阿里于 2016 年 1 月将 VR/AR 列入 10 亿元资金资源支持的创业加速计划，并于同年 4 月提出 VR 购物服务"Buy+"；2015 年 12 月，腾讯结合社交及游戏领域布局，公布了 TencentVRSDK 及开发者支持计划。随着网络信息技术的飞速发展，企业开始借助新媒体网络平台，通过创意表达为企业发布高质量的新媒体广告。

那么，该如何理解上述新媒体广告形式？如何进行广告创意表达？企业该如何借助新媒体平台开展广告活动？本项目将对以上问题分别进行解答。

任务 4.1　认识新媒体广告

任务引入

2019 年，以"火烤风味"为特色的快餐品牌汉堡王在巴西推出了 AR 广告 *Burn that Ad*，其 App 中增加了 AR 功能，用户在户外时，只需要打开手机摄像头就能用 App 识别如麦当劳等竞争对手的广告牌，并产生火焰特效"燃烧"它们。用户参与活动之后会得到一张可立刻在 App 上使用的免费的汉堡王优惠券。这一广告借 AR 互动产生的"燃烧"效果强化了汉堡王产品"火烧"的特征，让用户体验趣味活动的同时还对其购买行为形成正向引导。汉堡王 AR 广告 *Burn that Ad* 如图 4-1 所示。

图 4-1　汉堡王 AR 广告 *Burn that Ad*

问题：不同的媒体有不同特点，也有不同的受众和目标消费者，这属于新媒体广告的哪一类型？展现了新媒体广告的哪些特征？

相关知识

1. 新媒体广告的含义

随着互联网的日益普及，基于互联网的新媒体广告也获得了迅速发展。相比于传统媒体广告，新媒体广告具备传播范围广、互动性强、广告对象精准、广告效果可精确测量等突出优点，其中尤为重要的是新媒体广告的互动功能。当网民被一则网络广告吸引之后，就会通过点击该广告进入一个新的网页，进而深入了解到更多的广告内容，甚至是直接在线订购相关产品或服务，这种广告效果是传统媒体广告难以实现的。而且近年来，随着移动互联网的日益成熟和普及，基于智能移动终端的各种新媒体 App 也拥有了庞大的用户群体，这些新媒体 App 的广告价值也日益受到企业的重视。

新媒体是一个不断发展变化的概念。大众传播媒体的出现顺序依次是报刊、广播、电视，每种新出现并取得大量用户的媒体，都可以被称为"新媒体"。这里新媒体是特指在互联网出现并逐渐普及之后的媒体，主要的新媒体终端包括个人电脑、智能手机、平板电脑、智能电视等。参照我国 2021 年修正的《中华人民共和国广告法》以及 2023 年施行的《互联网广告管理办法》的相关规定，将新媒体广告定义为通过各类新媒体渠道（包括网站、网页、互联网应用程序等互联网媒介），以文字、图片、音频、视频或者其他形式，直接或者间接地推销商品或者服务的商业广告。

2. 新媒体广告的特点

与传统广告相比，新媒体广告具有广告形式新颖、广告位尺寸较小等特点。

一方面，新媒体广告形式更为新颖。由于新媒体广告是基于 App 展现，因此出现了信息流广告、开屏广告等多种形式新颖的广告形式。在新媒体 App 中出现了一种特殊的广告形式——信息流广告（feeds advertisements），是最为主流的移动广告类型。此类广告借助互联网技术，依托用户数据，以社交、新闻、视频为载体，对用户进行个性化信息推送。广告位不再固定，而是按一定规则动态呈现在网民浏览的信息流之中，这与传统网站采取固定位置的广告位方式有所不同。信息流广告的典型代表有今日头条、腾讯新闻、抖音、快手等新媒体 App 中的广告。为了让广告更加精准地投放到目标受众面前，新媒体平台会根据复杂的算法规则，对每个用户的特征和需求进行研判，然后为其推送展示相关企业产品的广告，这种模式有效地满足了企业和消费者的需求。除此之外，还有开屏广告等其他广告形式。开屏广告在进行广告信息传播时，可以独占整个手机屏幕，画面冲击力较强，而且可以综合运用视频、图片、文字、声音等多种媒体形式，容易取得理想的广告传播效果。

另一方面，新媒体广告位尺寸相对较小。新媒体 App 的用户界面通常较小，限制了其上所展示的广告尺寸，进而对广告的创意产生制约。这就要求广告在策划和创意的时候，需要利用狭小的广告位置充分吸引眼球，并使受众产生点击的欲望，同时利用广告链接的第二个页面进一步发挥广告创意。

✎ 延伸学习

新媒体广告的发展

新媒体广告的发展受网络媒体、广告主、广告公司这些内部因素及国际和国内新媒体行业这些外界因素的共同影响。综合新媒体广告的特点变化和关键节点，可将其发展历程分为起步期、调整期、跨越期、猛进期和主导期五个阶段。

经过了起步期低基数下的高增长，互联网行业度过了 2001 年前后的艰难时期，在阵痛之后于 2003 年开始了跨越式发展，新媒体广告在产品、定价、推广等方面都实现突破，广告主数量逐年递增，广告代理市场生机勃发，市场格局由门户独大的局面转向多元竞争，广告监管与自律开始发挥作用。2007 年以后，新媒体广告在"大国崛起"的宏大背景下迈入了"猛进期"，网络媒体创造出了许多新的营销产品和营销手段，更有一些行业的领先者形成了自己独特的营销理念和营销体系；广告公司谋求数字化时代的转型和变革成为趋势，行业呈现高基数、高增长的状态，市场出现了许多新生力量，市场结构得到进一步优化；此外，行政监管力度也持续加强，有力地促进了行业的健康发展。至 2015 年，移动终端兴起，诸多新兴的网络媒体问世，互联网的社会影响范围、影响程度均在不断提升。在此背景下新媒体广告也迈入了发展的新阶段，其产品设计与运营方式不断革新，收入规模持续增长且市场趋于成熟，逐步发展成为拉动广告行业增长的主导力量。

3. 新媒体广告的类型

1997年我国第一条互联网广告出现，这可视作新媒体广告的发端。经过20余年的发展，新媒体广告的形式已丰富多样。若按照演进过程划分，除了最初的按钮广告、横幅广告、文字链接广告，以及后来的电子邮件广告、关键词搜索广告、富媒体广告、视频广告、植入广告，还有随着移动应用程序日渐兴起的开屏广告、插屏广告、信息流广告等。如果以触发方式及呈现形式划分，新媒体广告大致可分为展示类（品牌图形广告、富媒体广告、视频贴片广告）、搜索类（通用搜索广告、垂直搜索广告）、交互类（微信摇一摇或滑动式朋友圈广告、短视频定制创意社交话题广告）和其他类（分类广告、电子邮件广告、植入广告等）。

新媒体主要包括以下5种主要形式：手机媒体、社交媒体、移动电视、IPTV（交互网络电视）、互联网媒体。基于新媒体的5种形式，下面将介绍新媒体广告的5种类型及其优缺点。

1) 手机媒体广告

随着我国手机用户普及率逐渐提高，手机作为一种新媒体其应用价值日益凸显。手机信息由移动通信网承载，具有网络媒体的一切特征，但其移动性使用户能随时随地接收信息，所以比互联网更具优势，手机因而也成为一种最常用的新型广告媒体。手机媒体具有分众性、定向性、随时性、交互性、可测性、形式多样性6个特征。

早期的手机媒体广告主要通过短信、彩信等形式发送到受众手机里；目前的手机媒体广告还包括所有以网络为基础发布的广告信息，如手机网站（WAP）站点、应用程序广告和终端嵌入等。移动媒体广告是指通过移动设备，如手机、平板电脑等，访问移动应用或移动网页时显示的广告。

按照广告素材投放形式来看，手机媒体广告包括视频、图片、图标以及纯文案。数据显示，在全网在投的手机媒体广告中，视频投放数量最多，其后依次是图片投放、图标投放、纯文案投放。按照广告表现形式，手机媒体广告包括图标广告、开屏广告、插屏广告、信息流广告、积分墙广告、激励视频广告（适用于游戏类App）、竞价排名广告（搜索类广告）、LBS（基于位置定位服务）广告等。其中，信息流广告与其他广告形式相比，除了有很强的互动性，如转发、点赞、评论等，还可以进行二次传播，即用户可以推送给好友，形成口碑传播效果，进一步扩大广告的影响力和覆盖面，广告主因而对信息流广告青睐有加。

发布手机媒体广告的优势：贴身性；多功能；信息收费价格低廉；具有极强的隐私性；可以有针对性地设计个性化信息；可追踪性；时效性更强；互动性；融合性。发布手机媒体广告的劣势：广告内容与表现手法受限，创意空间相对狭小；接收率高，但接受率相对来讲较低，消费者会产生"被干扰"的感觉；法律监管不够完善，运作模式不够规范，不良内容经常会混在正常手机媒体广告之中，造成消费者对手机媒体广告的负面看法，甚至不信任在手机上发布的广告。

2) 社交媒体广告

社交媒体（social media），也称社会化媒体，指的是互联网上基于用户关系的内容生产与交换平台，是人们用来创作，分享，交流意见、观点及经验的虚拟社区和网络平台。社交媒体广告是基于社交平台展现的一种广告形式，其中，交换平台包括微信、微博、社交网站、知识变现平台、论坛等。与传统媒体相比，社交媒体既是人际沟通的桥梁，也是大众传播的工具。人们在社交媒体上用视频或文字交流，实现了面对面、一对一的实时交流。同时，社交媒体可以实现一对一、一对多、多对一的交流形态，形成巨大的传播网络。社交媒体传播的是微内容，适合碎片化阅读，具有移动化、便捷化和智能化特征。

社交媒体广告具有两方面优势，一方面是精准性，用户的大数据可以帮助广告主在投放广告的时候实现精准定向，同时，广告主也可以根据社交平台上用户的观看、评论以及转发等情况进行广告投入的调整，有效提升广告效益；另一方面是互动性，广告主和用户可以在社交平台上即时交流、留言互动、发表建议、反馈问题等，同时具有可分享性，用户看到感兴趣的广告内容可以即时分享给自己的好友，强化了广告内容的传播性。

3）移动电视广告

移动电视可以在电梯、公交车、轻轨、地铁、火车、轮渡、机场及各类流动人群集中的移动载体上广泛使用，其目标受众就是移动过程中短暂停留的观众，如等乘电梯的上班族、公交车上的乘客等。移动电视广告同样是被动接收，即受众对移动电视预设好的传播内容基本上没有"遥控"的选择性，但与普通的被动曝光广告相比，移动电视具备在封闭和碎片化的场景下曝光的特点，能够更好地锁定用户的注意力，从而实现较高的用户到达率，使广告传播的效果得到保障。

移动电视广告的优势包括：全天播出，受众可以全天候收看；受众面广，直击最有价值的人群；反应迅速，移动性强等。除了传统媒体的宣传和欣赏功能，还具备城市应急信息发布的功能。但移动电视广告也具有一些缺点：与其他户外类广告相似，移动电视广告的覆盖面相对较小、区域性强，仅针对使用这些空间的用户。

4）IPTV 广告

IPTV 即交互网络电视，一般是指通过互联网络，特别是宽带互联网络传播视频节目的服务形式。个性化和主动性是 IPTV 的重要特征。IPTV 的用户不再是传统媒体下被动的信息接收者，而是可以根据个性化需求主动选择节目内容。

5）互联网媒体广告

互联网并不仅仅是技术的产物，更是人们沟通的工具，同时也是增速最快的新型广告媒体。互联网广告的类型非常丰富，从发布网络广告发展到自建网站，从静态的旗帜广告发展到动态、交互的游戏式网络广告，新的网络广告形式层出不穷，随着网络环境的变化，新技术、新手段的出现，互联网媒体广告类型也日新月异，下面选择了最主要的 3 种类型进行介绍。

（1）基于他人网页的互联网广告。这种类型的互联网广告主要选择在权威性较高、日访问量较大的门户网站上发布，如新浪、网易、头条等。这是目前应用最广、最有效的广告形式，也构成了门户网站内容的一部分，其常见类型有以下 7 种。

①旗帜广告（banner advertisement）也称横幅或网幅广告，是目前最常见的网络广告形式之一，它经常出现在页面上方首要位置或底部中央，通过显示一句话或者一个标题的方式

用作提示，引导浏览者点击进入以了解更多信息。旗帜广告有静态旗帜广告、动态旗帜广告和交互式旗帜广告 3 类。

●静态旗帜广告。静态旗帜广告在网页上显示一幅固定的图片，这也是早年网络广告常用的一种方式，制作简单，容易被所有的网站接受，但有时会显得呆板和枯燥。

●动态旗帜广告。动态旗帜广告拥有运动的元素，或移动或闪烁，通过不同的画面，可以传递给消费者更多的信息，也可以通过动画的效果来加深浏览者的印象，点击率比静态旗帜广告高。

●交互式旗帜广告。交互式旗帜广告的形式多种多样，比如游戏、插播式、回答问题、下拉菜单、填写表格等。这类广告需要更加直接的交互，比单纯地点击包含更多的内容。

②浮动广告（floating advertisement）。其大小与旗帜广告相似，但位置不固定，而是在整个页面上随机游动，非常吸引用户的视线。

③文字链接广告（text link advertisement）。这种广告采用文字超级链接的形式。

④关键字广告（keyword advertisement）。广告主购买著名搜索引擎的流行关键字，在用户输入关键字进行检索时，就可能会被吸引到广告主的网站。

⑤弹窗广告（pop-up advertisement），是指打开网站后自动弹出的广告，该广告具有一定的强迫性，无论用户点击与否，广告都会出现在用户的面前。弹窗广告被广泛应用于品牌宣传、产品促销、招生或咨询等活动，但需要注意的是由于弹窗广告大都具有强制性，网络用户对此都很厌恶，一般都会主动下载插件屏蔽该类广告。

⑥巨幅广告（large rectangle advertisement），此类广告最大的特点是占用网页较大的空间面积，广告篇幅较大，广告干扰度低，信息传达面广，广告记忆度明显，视觉冲击范围较大，非常引人注目。一般出现在产品新闻或者热点内容的页面，与新闻或信息紧密结合。

（2）基于企业官方网站的互联网广告。企业利用自行建立和运营的官网、微博公众号、微信公众号、微信小程序等平台发布企业广告和促销信息，对于企业来说，建立自己可以有效控制的平台能够更好地树立企业形象、宣传企业产品、发布广告信息，但是在日常投放中，应该注意避免广告投放过多，过多的广告会干扰用户使用的流畅性，也会引起用户对广告和企业的反感。此外，应避免广告类型过于单一，过于单一的广告类型对消费者的刺激过低，消费者易感到厌烦，不利于对产品广告信息的接收。

（3）其他形式的互联网广告。

①墙纸式广告（wallpaper advertisement）。即将所要表现的广告内容体现在墙纸上，放在具有墙纸内容的网站上，以供感兴趣的人下载并作为个人电脑的墙纸与桌面使用。

②互动游戏式广告（interactive games advertisement），又称嵌入式广告，即广告出现在页面游戏之中，可以是游戏开始、中间或者结束之时，互动游戏式广告的形式多种多样，利用这种形式，还可以根据广告产品的特点，量身定制广告。

③分类广告（classified advertisement）。分类广告又被称为主动广告，它不同于我们日常在电视、报刊上所看到的广告，分类广告不主动强加给受众。例如，58 同城网上有众多的分类广告，大都与老百姓的生活密切相关，如出租、出售、家政、搬迁、招聘、二手货买卖等商品信息，58 同城网上的分类广告如图 4-2 所示。

图 4-2　58 同城网的分类广告页面

④电子公告板广告（bulletin board advertisements）。电子公告板是一种以文本为主的网上讨论组织，其气氛自由、宽松，而且参与者有种公约式的自觉。在这里可以阅读或发布信息，但不可大量、强制式地发布纯营利性的广告，需注意以比较隐蔽的方式，从帮助他人的角度进行有利于自己的传播。

⑤评论式广告（review advertisements）。评论式广告已经成为网络广告的有力工具。广告主把自己的商品、品牌或名称编进网页或刊物文章中，借此建立信用、扩大影响。这些评论式广告可以进行各方面的宣传，如果运用得当，不会让人厌烦，甚至有可能培养出自己的忠实读者。

思政园地

公益宣传 H5 案例，以爱之名，聚光而行

为摆脱传统的口号式、说教式宣传，很多公益组织、设计师、学生等都会采用可交互的 H5 来传递各种公益理念。相对于商业 H5 广告而言，公益 H5 广告更注重真善美的提倡，其宣传题材通常与食品安全、环境保护、反诈防骗、关爱家乡、城市文明等相关。下面我们来欣赏一下其中的一则优秀广告。

主题：为家乡种希望

出品：99 公益日、腾讯公益

实现方式：定制开发

创意特色：视频、网页跳转

内容简介：该 H5 广告旨在邀请用户助力家乡公益，见图 4-3。

用户进入首页后，可通过提示按钮浏览一段过渡视频，进而选择自己的家乡，并保存一份专属海报。此外，用户还可通过海报页的"我的家乡公益"按钮跳转至相关专题页，从

而了解家乡的各种公益榜单排名。

任务实训

1. 实训目的

通过实训掌握新媒体广告的特点、优缺点及类型。

2. 实训内容及步骤

（1）以小组为单位组建任务实训团队。

（2）各团队通过自主学习，了解新媒体广告与传统媒体广告的异同。

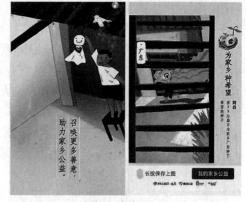

图4-3　《为家乡种希望》H5广告

（3）结合相关文献资料，辨析新媒体广告的不同类型及其优缺点。

（4）结合新媒体广告的不同类型，为某产品选择新媒体广告的形式，可以是一种或多种形式。

（5）撰写实训报告，提交给授课老师批阅。

3. 实训成果

实训作业：新媒体广告认知报告。

任务4.2　熟悉新媒体广告的创意与策划

任务引入

天津蓟州区有一家在当地颇有名气的农家院。该农家院位于风景优美的盘山脚下，地理位置得天独厚。该农家院干净整洁，设施一流，提供的美食也很有特色。以前竞争对手少，民宿的生意大都不错，该农家院经常是一房难求。但随着竞争对手越来越多，民宿间的竞争日趋激烈，该农家院的入住游客大为减少。为吸引更多的游客光临，该农家院决定在新媒体上投放广告。

问题：你觉得该农家院该如何策划新媒体广告？应采取什么样的创意策略？

相关知识

如任务4.1所描述的那样，与传统媒体广告相比，新媒体广告具有多项优势，然而新媒体广告能否达成告知、劝服、提示、引导等目标，很大程度上依然取决于它的创意水平。这里讲的创意不仅是广告作品表现上的求新图异，还包括新媒体跨界融合的创意、与用户互动对话的创意，乃至统领整个广告活动的"大创意"。任务4.2聚焦新媒体广告创意和策划，除了介绍广告创意的概念、特点等内容，还结合新媒体时代营销传播的特征和趋势，阐述新媒体广告的创意技巧及注意事项。

1. 新媒体广告的创意

1）新媒体广告创意的概念

"创意"指的是"创立新意"的过程，这一过程赋予广告强大的魅力，使消费者在拍案叫绝的同时产生购买的欲望。广告人大卫·奥格威曾说过，"没有创意的广告犹如在黑夜里悄无声息驶过海面的船只，无人知晓"。创意的英文为 creative，意为"具有新颖性和创造性的想法"。在广告活动中，创意是旧元素的新组合，它来源于对不同事物之间的关联的洞察，这些"旧元素"就是与产品和消费者相关的特殊素材、日常生活与时事的普通素材。人们在进行消费决策时会听取和参考他人的建议，因此广告创意便是连接品牌与消费者的枢纽和中介，好的创意能够让广告更加生动形象，进而帮助产品定位、创造广告氛围、决定消费者的感受；它还能赋予产品鲜活的形象，让其在消费者的心目中保持较高的地位，改变他们的态度和行为；好创意还可使广告在海量信息中脱颖而出，不仅吸引人们主动关注，也会引发互动、形成共鸣，激发消费者参与、分享和传播的热情。广告创意也是一个"戴着镣铐跳舞"的过程，来自法律法规、广告主、广告媒介的不同要求都会为创意设定框架，限制它发挥的范围。

综上所述，我们可将新媒体广告创意看作是根据新媒体的特点及广告主的广告目标要求，广告创意人员围绕着核心的销售信息进行具体的、形象化的广告诉求和表现的创造性思维活动，它负责解决广告"怎么说"的问题。

阅读资料

广告不得具有的情形

根据《中华人民共和国广告法》第九条的规定，广告不得有下列情形：

（一）使用或者变相使用中华人民共和国的国旗、国歌、国徽，军旗、军歌、军徽；

（二）使用或者变相使用国家机关、国家机关工作人员的名义或者形象；

（三）使用"国家级"、"最高级"、"最佳"等用语；

（四）损害国家的尊严或者利益，泄露国家秘密；

（五）妨碍社会安定，损害社会公共利益；

（六）危害人身、财产安全，泄露个人隐私；

（七）妨碍社会公共秩序或者违背社会良好风尚；

（八）含有淫秽、色情、赌博、迷信、恐怖、暴力的内容；

（九）含有民族、种族、宗教、性别歧视的内容；

（十）妨碍环境、自然资源或者文化遗产保护；

（十一）法律、行政法规规定禁止的其他情形。

解读：引起注意是广告被消费者接受的第一环，也是广告成功的基础。也就是说，在广告创作中，必须有意识地遵循引人注目、使人感兴趣、产生购买欲望、形成记忆、转变为购买行动的原则，这样才能创作出最有效的广告。一项关于广告作品的评价标准的研究表明，吸引力是消费者对广告作品好坏评价的一个重要因素，不论是报纸广告还是电视广告都是如此。然而，引起注意并不是广告的目的，只是广告成功的手段之一。因为如果将引起注意作为目的，将不可避免地给广告实践带来危害。例如，以含有淫秽、色情、赌博、迷信、恐怖、暴力等因素的内容来吸引消费者对广告的注意，这就偏离了广告的真正目的，转移了消费者对广告信息本身的注意，达不到促销产品的效果。因此，引起注意只能是广告成功的手段，而不是目的。

2) 新媒体广告创意的特点

借助新技术、新应用、新形态，新媒体广告的创意范畴更广、创意空间更大，不仅与内容环境、媒介环境和营销场景相融合，还更注重对受众行动力的激发。营销者据此可通过寻找关联等方式使自己的新媒体广告创意既有章可循又与众不同。虽然目的都是创立新意以提升广告效果，但由于媒体属性的差异和传播模式的不同，新媒体广告的创意与传统媒体广告的创意相比，主要具有以下特点。

（1）创意范畴更广泛。传统的广告创意大多集中于广告作品的表现层面。而新媒体因为具有"超链接""富媒体""融媒体"等特性，故而广告信息容量更大、内容表现更丰富、渠道组合更多样、对吸引受众互动的要求也更高。这使得新媒体广告在诉求表现、展现时机、呈现方式、互动形式、媒体联动方案等方面都要有创造性的设计，从而大大延展了创意的范畴。例如，为了增强广告的吸引力，家居品牌宜家的新媒体互动广告使消费者通过移动并单击鼠标，就能

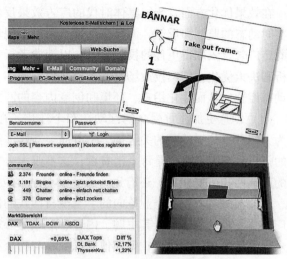

图4-4 宜家的互动广告

在电脑屏幕上按步骤从网页上预设的箱子里取出某款家具的组件并加以组装（见图4-4）。

（2）技术为创意融入环境提供更多可能。与内容环境、媒介环境和营销场景相融合是新媒体广告的核心特征，而这也是新媒体广告创意的关键。在融入内容环境方面，新媒体广告需要更加"原生""自然"，成为文章、游戏、视频等内容的有机组成。在融入媒介环境方面，新媒体广告则要更好地与信息流、页面、互动条件（如"摇一摇"和"扫一扫"）以及营销方案中的其他信息接触点结合、呼应。在融入营销场景方面，新媒体广告又需在洞察目标受众心理和行为的基础上，了解他们在什么时间、什么地点（包括虚拟空间）、做什么事、遇到什么情况、产生什么心理、希望什么支持或改变，并据此设定或创造场景将广告信息或产品功能加以融合。

此外，依托于新媒体的广告创意与技术的应用密不可分。比如，二维码技术催生了以二维码为桥梁的互动广告，用户使用手机等移动终端扫描二维码即可获得产品、品牌或推广信息，两性健康品牌杜蕾斯的互动营销"宝贝计划"就是将二维码设置成一个激励用户的因素。又如，在手机重力感应技术的基础上，用户可以通过"摇一摇"等途径参与到广告互动中，汽车品牌别克在H5广告《动我试试》中就运用了这一技术，用户只有使劲摇动手机才能唤醒画面中的主人公，让呆坐的他神采飞扬，一路奔跑，直到跳入别克威朗汽车中，随后界面转入汽车购买的链接，希望以此唤醒受众那颗"不甘沉寂的心"。

（3）创意更契合程序化运作需求。与传统媒体广告相比，新媒体广告在用户匹配、素材组合以及效果优化等方面与算法等智能技术的关联越发密切，更加契合程序化运作的需求。

在用户匹配方面，传统广告多以笼统的用户画像进行创意投放，而新媒体广告能够依托

智能算法，将创意内容随着时间、场景和用户需求的变化加以精准匹配和个性化展示，实现"千人千面"乃至"一人千面"的创意呈现，力求创意内容是用户真正感兴趣、有需求的。

在素材组合方面，传统广告创意生产是将广告内容和形式等多种创意元素进行人工筛选，以相对固定的方式单一呈现给受众。而程序化创意系统可以迅速实现对广告标题、广告图片（图标、模板、图片、颜色）及视频等创意素材的多元组合，并自动生成适配不同投放场景和消费需求的多版本创意，有效提升广告创意的效率。

在效果优化方面，传统媒体时代的广告效果反馈多为"事后监测"，很难对创意效果进行实时动态的监测和反馈。而程序化创意则可实现动态数据监测、动态调整和动态优化，促使既定广告投入取得更佳的投放效果。以消费者行为等大数据为基础，由推荐算法进行智能分析和决策优化，依据投放场景的差异对广告大小、色彩、文案等创意要素以极快的速度进行动态组合，从而优化用户、环境和创意内容的匹配效果。

（4）创意更加注重受众的互动性和个性化。在新媒体时代，"参与"和"分享"已经成为人们日常传播活动的关键词。一方面，新媒体给了企业与目标受众便捷沟通的平台，企业的创意来源完全可以是每个消费者，这不仅大大丰富了新媒体广告的创意方案，加强了创意的灵活性和应变能力，还有助于新媒体广告的创意真正契合目标群体的需求、期待、审美、价值。另一方面，企业单向的、自说自话式的信息输出如今已经陷入困境，若想使新媒体广告真正具有传播力，其主题、内容、形式等必须具有创造力和话题性，这样才可能引起受众规模化的关注和讨论，促使他们积极参与到企业的营销活动中去，在延展创意、共创价值的同时，将新媒体广告和自己的所感、所思、所想分享至庞大的社交网络。

传统媒体时代的广告创意以"展示"和"告知"为核心目标。进入新媒体时代，正如科特勒所提出的"营销3.0"理念——营销的目标是要"深入挖掘消费者内心的主动需求"。基于新媒体互动的技术逻辑，新媒体为消费者提供了可以表达差异化自我、呈现个人特质的空间，在满足消费者追求展现个性需求的同时，也利于广告主进一步洞察消费者的内心世界，产出更具吸引力和感染力的个性化新媒体广告创意，实现从"广而告之"到"准而告之"、从"广告主告知"到"用户告知"的转变，也让消费者成为广告创意的参与者、传播者。

案例分析

××果园，一"石"三"鸟"

××果园某电视广告画面：

一对身着沙滩装的胖父子在一家饮料店前购买饮料。

看见××果园的宣传画上写着"农夫果园，喝前摇一摇"，父子举起双手滑稽地扭动着身体，售货员满脸狐疑地看着他俩。

（口播：××果园由3种水果调制而成，喝前摇一摇。）

这对继续扭动着身体的父子走远。

××果园的广告以一个动作——"摇一摇"作为其独特的品牌识别。

"摇一摇"是一句绝妙的潜台词，它形象地体现出果汁是由3种水果调制而成，"摇一摇"可以使口味统一。另外，更绝妙的是，它传达了果汁含量高这样一个概念，因为果汁含量高，"摇一摇"可以将较浓稠的物质摇匀。"摇一摇"就是"我有货"的潜台词。

在××果园打出这句广告词之前，许多果汁饮料的产品包装上均会有这样一行小字："如有沉淀，为果肉沉淀，摇匀后请放心饮用。"这行小字本意是消除消费者的误会，其实也是一个很好的卖点，它证明产品的果汁含量高，但多年来没有人关注过角落里的"丑小鸭"，而农夫果园发现了，并把它包装成了一句绝妙的广告语"喝前摇一摇"，变成了一个独特的卖点。同时，在感性认同上，"摇一摇"使得宣传诉求与同类果汁产品迥然不同，以其独有的趣味性、娱乐性强化了消费者的记忆度。

案例分析：本案例体现出，广告创意就是要创造出切合公众心理，能与公众有效沟通的形象和美好意境，使广告内容与广告形式达到完美的统一，去感染公众，引发共鸣，使广告商品和企业形象深深地印在公众的心中。

2. 新媒体广告的策划

1) 新媒体广告策划的基本流程

广告活动依附于企业的营销计划而进行，服务于企业的整体营销目标，通常由专业的广告公司或营销传播策划机构负责实施。策划一个广告，通常包括确定广告目标、明确广告对象、提炼广告主题、选择广告媒体和广告创意制作五个环节。

（1）确定广告目标。进行广告策划，首先需要明确广告活动的目标。广告目标通常包括提高品牌知名度、保持品牌知名度和提高销量等方面，不同的目标和企业产品所处的市场营销阶段有关。当一个新品牌或新产品投放市场时，需要通过广告迅速提升品牌在消费者中的知名度；当一个老品牌在市场中占据较为稳定的市场份额后，需要通过广告加深消费者对品牌的认知和记忆；当企业需要与竞争对手争夺市场和消费者时，需要通过广告来传达产品的核心优势，以迅速提高销量。

（2）明确广告对象。广告是一种"向特定的对象"进行的信息传播活动，其中的特定对象通常是指企业产品或服务的目标消费者。例如，某幼儿英语培训机构的目标消费者是该城市范围内学龄前幼儿，并且其家庭收入处于中等或较高水平。因为此类消费决策通常由幼儿的母亲进行，所以应以该城市内中、高等收入家庭中的幼儿母亲为主要广告对象。

（3）提炼广告主题。广告主题是广告传达的中心思想，也被称为广告诉求，即在广告中向广告对象"说些什么"，是综合目标消费者的需求与心理、企业品牌形象、产品特点，竞争对手的产品特点与广告诉求等方面而形成的，确定广告主题的依据是能够充分吸引和打动目标消费者。

（4）选择广告媒体。虽然媒体投放通常是广告活动的后期环节，但是媒体投放的根本原则是选择最能够到达目标消费者的合适媒体，所以一旦广告对象被锁定，广告媒体就基本上被确定。就新媒体广告而言，广告对象在哪个新媒体平台使用频率越高、时长越长，这个平台通常就是最合适的广告媒体。每个广告媒体都会有对应的广告形式要求和指定的尺寸，并对文字、图片、视频等有相关要求，广告创意也需要符合媒体的特点。

（5）广告创意制作。根据所确定的广告主题，以及所选择广告媒体的要求，广告策划人员开始进行广告创意与制作，包括文案的创作、画面或视频情节的创意、互动环节的设计等，甚至包括是否邀请明星代言。广告创意水平的高低，直接影响广告的效果，好的广告能够一鸣惊人，而质量低下的广告就会石沉大海。

2) 新媒体广告策划的创意技巧

（1）文案和图案要适合狭小空间展现。新媒体 App 通常基于智能手机或平板电脑，相比于传统的电视广告、报纸广告和普通网站广告而言，其本身展示信息的空间就比较小。在狭小空间内传播广告信息，就要求广告文案中字数要尽可能少，同时字号尽可能大，另外在图案素材的选择上尽量用细节特写照片，这样才能够有效地传达信息并吸引网民的注意力。有些企业在投放新媒体广告时往往会陷入一个误区，即广告文案字数过多导致字号太小，这会让广告受众看不清楚或不能引起他们的注意。

（2）让广告外观模仿正常资讯内容。网民使用新媒体 App 的主要动机是从中获取自己所需要的信息，所以对广告通常存在排斥心理，不会有意去阅读广告内容。在信息流广告中，要想获得更好的传播效果，可以让广告内容模仿该新媒体 App 正常资讯内容的标题和风格。在腾讯新闻 App 中，曹操出行和京东商城的广告内容，无论是"左标题+右图"的形式，还是"标题+三张图"的形式，都与腾讯新闻 App 中正常新闻资讯的内容高度相似，用户在浏览新闻资讯的时候，不经意间就接收到了广告信息。

曹操出行和京东商城广告如图 4-5 所示。

图 4-5 曹操出行和京东商城广告

（3）充分利用新媒体广告的互动性特点。智能手机的一大操作特点是触摸屏操作，因此新媒体 App 上的广告可以通过触摸点击引发互动内容或者打开一个新的页面，这个特点意味着在展示的广告中，不一定必须传达广告的核心内容，而只需要成功吸引用户注意力，能够让用户产生点击的欲望就足够了。更多的广告文案和图片、视频等内容，可以在点击广告后打开的新页面中进行全方位展示。用户在向上划动屏幕、浏览新闻标题列表时，广告视频会开始播放，如果点击广告区域，就会进入一个新的广告页面，可以详细地了解广告的图文详情。

（4）把品牌营销信息"无声"融入正文之中。前文已经提到，消费者对广告是相当排斥的，如果他们在点开一篇文章之前就已经知道这是一篇软文，那么就肯定会放弃阅读。当他们被标题吸引后点击文章阅读时，若读到一半发现这是一篇广告软文，通常也会选择停止阅读该文章。如果发生这种情况，显然很难实现企业推送软广告的目的，这就要求在撰写软广告时，把品牌信息、产品信息等营销内容，巧妙而"无声"地融入正文之中，让消费者毫无觉察。而且，如果消费者不仅没有察觉到软文中的广告内容，同时觉得该文章很不错而进行转发时，将会使软广告的营销效果实现最大化。在短视频和直播等平台中，主播身上的穿戴、镜头画面中出现的物品，或者主播不经意间使用的某些品牌产品，都会给观众留下一定的印象，从而可以实现相关品牌的宣传和销售促进。很多时候，这其实就是经过认真策划和实施的软广告。

任务实训

1. 实训目的

通过头脑风暴会议围绕广告策划和创意这个主题，产生尽可能多的想法，创造出优秀的新媒体广告创意。

2. 实训内容及步骤

（1）确定新媒体广告的主题。

（2）头脑风暴会议一般是 10~15 人参加，召开时间控制在 20~60min，设置 1 名主持人，1~2 名记录员，主持人只负责主持会议，不对发言做评论，记录员负责把每条与会人员的想法记录下来。

（3）在召开会议之前，主持人需将会议主题提前通报给与会人员，让与会人员有一定准备，成员之间一律平等，提倡自由思考，畅所欲言；禁止与会人员之间的批评，鼓励在他人想法基础上创新，会议中不允许私下交谈。

（4）会议结束后的一两天内，主持人应向与会人员了解会后的新想法和新思路，以此补充会议记录，然后将大家的想法整理成若干方案，最后择优确定出最佳方案。

3. 实训成果

实训作业：××新媒体广告的创意。

任务 4.3　掌握新媒体广告的策略

任务引入

如今，越来越多的热门话题在新媒体平台被广泛传播，加速成为人们关注和热议的焦点。因此，企业完全可以借助新媒体平台的这一特质，主动对网络热点进行动态、持续的关注，以及时捕捉那些具有传播价值的话题，进而开展借势传播。如耐克官方微博借势伦敦奥运会的诸多焦点事件，发布了一系列以"活出你的伟大"为主题的成功广告。再如，在里约奥运会上，游泳运动员傅园慧的经典名句"我已经用了洪荒之力"被网络热传之后，不少企业迅速以"洪荒之力"为元素创作并发布了新媒体广告。一时间"洪荒之力般的性能"

"洪荒之力般的品质"等广告语广为流行。

问题：上述案例采用了哪些新媒体广告策略？该如何有效地选择媒体，并有效地利用媒体将广告信息传递至目标顾客呢？

相关知识

1. 新媒体广告的媒体选择策略

广告是通过媒体进行传播的，在整个传播过程中，不同的媒体有不同的特点。正确而恰当地选择媒体可以体现广告主题、展示广告创意和表现手法以及准确触达目标人群，同时选择好媒体也是广告经济效益的有力保障。因此，在以下部分内容中，首先介绍选择媒体应该考量的因素，之后介绍具体的媒体选择策略。

1）媒体选择的影响因素

（1）媒体的传播范围与传播对象。广告媒体的传播范围决定了广告所能覆盖的受众数量和地域广度。不同的媒体具有不同的传播范围，在选择广告媒体时，需要根据目标受众的地理分布和覆盖范围来选择合适的媒体，以确保广告能够精准触达目标受众。此外，不同的媒体的受众具有不同的特征，例如新媒体的受众通常更年轻、思维更活跃，而传统媒体的受众则更为年长、更遵循传统。因此，为确保广告投放有的放矢，企业在选择广告媒体时，应综合考虑广告媒体的传播范围与传播对象。

（2）媒体收听与收看情况。传播范围广但收听、收看率低的媒体是不能选择的，因为这会影响广告信息真正触达目标人群。获取媒体收听率与收看率对于选择广告媒体是必要的也是重要的，但是往往需要通过科学的抽样调研方法和专家预测法才能获得这些数据。在各种新媒体快速发展的今天，消费者的媒体接触数量和频率显著增加，结果导致单一媒体的收听率与收看率大幅下降。所以企业很少采用单一的新媒体投放广告，而是采用媒体组合投放的策略。

（3）媒体费用。媒体费用分为绝对费用和相对费用两类。其中，绝对费用是指购买该媒体版面或者播放时间的费用总额，相对费用中的每千人印象成本是新媒体广告费用核算最常使用的指标。其计算公式为每千人印象成本 = （广告媒体的绝对费用/预计传播对象的人数）×1000。

每千人印象成本清楚表明在某媒体上做广告平摊到千人身上的花费是多少。只看广告绝对费用是非常片面的，因为很多时候广告绝对费用高并不等于相对费用高。以门户网站的旗帜广告为例，虽然绝对费用较高，但由于传播对象数量众多，所以其相对费用成本很可能低于其他媒体。

（4）媒体威信。媒体威信是指媒体在受众心目中的形象和地位，包括媒体的性质、可信度、知名度、影响力等，它对广告有很大影响，也称作媒体的"光环效应"。所以在新媒体广告投放时，必须要对媒体的威信进行事先考核。

（5）媒体的适用性。媒体的适用性主要是指媒体适合投放哪种类型的广告，一般报纸、杂志适合说明型广告，因为印刷媒体的读者是积极的，通过投入脑力（认知资源）去处理信息。当广告内容务实、富有说明性时，选择印刷媒体往往会取得良好的效果，而且印刷媒体也有足够的篇幅发布足够多的内容。视听媒体更适合印象型广告，因为视听媒体的听众与观众是被动接收信息的，不付诸脑力处理信息，因此印象型广告效果更好。新媒体广告相对来讲比较融合，即一方面它们具有印刷媒体广告的优势，即可以采用文字和图片，但是往往偏好较为精练的文字；另一方面也具有视听媒体的优势，即可以利用画面、音乐、人声等讲述产品信息、进行使用展示以及吸引注意力等，但是新媒体广告往往会伴随海量的其他网络信息而影响效果。

2）媒体选择策略

（1）媒体分配策略。如何进行媒体分配是实践中经常遇到的问题，如某一产品，主要消费者是儿童，但主要购买者是女性，少数购买者为成年男性，或某一产品的消费群体既有男性又有女性，但主要消费者为男性等。这些都涉及媒体分配问题，媒体分配策略的关键在于对目标对象的媒体接触情况有准确的估计，媒体分配总的原则是根据消费者的重要程度（以消费量为标准）来确定媒体的比重。在消费者与购买者严重分离的情况下，一般应按同等比重投放广告，但所选用的广告主题要有所区别。

（2）媒体受众策略。媒体受众策略解决的是媒体传播对象的问题，媒体投放要以目标受众为依据。首先，根据人口统计学特征和消费者行为确定目标受众。其次，对目标受众进行结构描述，此时应考虑媒体投放的重点及目标受众和产品之间的关系。最后，考察目标受众的新媒体接触特征，以确定媒体投放策略。

案例分析

穿越故宫来看你

2016年7月，一个《穿越故宫来看你》的H5页面在微信朋友圈中传播开来。页面中一个萌萌的皇帝形象吸引了不少网友，他唱着Rap，配合着又蹦又跳的舞蹈不停地进行自拍、刷朋友圈、QQ互动等，见图4-6。

图4-6　《穿越故宫来看你》广告截图

该页面是故宫创新大赛的一幅"宣传广告"，目的是让更多有创意的人参与大赛，通过文化创新扩大故宫在新时代的影响力。故宫，作为我国历史上优秀的皇家宫殿，移动互联网时代一改"迟暮老者"的公众形象，展现出逆生长的"萌"，更加适合了年轻人的"口味"。

随着移动互联网的发展，微信、微博、App等新媒体的广泛使用，故宫成立了自己的文创团队，用移动互联网思维，开发适合"互联网+"时代的传播方式。故宫除了采用《穿越故宫来看你》这样富有创意的H5页面宣传方式，还有微信、微博、App等众多方式。充分利用移动工具、移动广告的优势，来打造故宫别具一格的魅力。

例如，微信公众平台"故宫淘宝"上一篇名为《雍正：感觉自己萌萌哒》的文章，成为第一篇阅读量 10 万+的爆款文章。

官方微博"故宫博物院"拥有 770 多万粉丝，一条微博转发量高达万次。2017 年 7 月 1 日发布的一条"你好，七月"的微博，被转发了一万多次。高转发量的原因是配图——一只站在紫禁城宫灯上的喜鹊，却被微博网友们称为"穿校服的披发少女"。与此同时，与"故宫出品"有关的系列 App 也大受欢迎。

多种形式的移动广告给故宫的文创产品带来了巨大的收益。据统计，2016 年，故宫博物院研发的文创产品已经超过 9 000 件，各种渠道的销售收入总额突破 10 亿元。2017 年，故宫博物院出品了 9 170 种文创产品、上百个系列，收益可观。

然而，在故宫官方看来，移动互联网最大的作用不是带来了多少经济效益，而是弥补了博物馆服务能力不强的劣势，让更多的年轻人通过文物感受到了中国传统文化的博大精深，创造了更大的社会收益。

案例分析：故宫借助移动互联网、移动广告重新焕发了"新颜"，并在继续创新的道路上大踏步前进。

移动广告是移动互联网广告的简称，简单理解就是移动端的网络广告。其学术定义是指在移动设备（手机、PSP、平板电脑）上某个移动应用（如微信、移动 App、手机 QQ 等）或某移动网页（如微网站、微商城、微店）中所展示的广告。较简单的有图片、文字、链接等形式的广告，复杂的有 HTML5、视频等形式。

（3）媒体时机策略。

①依据产品生命周期。根据产品的生命周期把握广告传播的媒体时机。一般情况下，在产品导入期运用媒体组合加大宣传力度，成长期选择几个重点媒体投放，成熟期再度提高媒体投放的密度和力度，衰退期相应减少媒体的类别和投放的频次。

②依据季节。根据产品销售季节把握广告传播的时机。一般情况下，广告应抢在产品进入销售季节前投放，让受众在视觉上先进入销售期，但有些反季节广告媒体策略也取得了成功。

③依据事件。利用重大事件、赛事等大众广泛关注的事件进行广告宣传。

（4）媒体选择策略。媒体选择策略是解决如何在众多媒体中选择合适的媒体的问题。广告主在选择新媒体时需要注意以下几点。

一是所选媒体要能够锁定目标受众。选择媒体时不仅要看媒体覆盖的目标受众，更重要的是看媒体拉动区域销售的能力，即锁定目标受众的能力。

二是要看媒体的沟通能力，如媒体信息的清晰度、覆盖宽度、信息强度等。

三是要根据广告预算进行选择，做到量力而行。

（5）参考竞争品牌的媒体投放策略。新媒体策划者需要清楚地了解竞争对手以往和现在的媒体策略，包括媒体预算、媒体选择策略，媒体组合策略及投放策略等。此外，在媒体的策略运用中，还需要富有创意性的策略来协助获得成功。

（6）媒体的投放频率策略。媒体投放频率是指一定时间内广告的投放次数，包括集中型、连续型和间断型。

集中型一般适用于以下情况：①需要迅速开拓市场；②须抢在竞争者之前占据领导者位置；③有明确时间和效果要求的广告；④由多种媒体组合发起的广告运动等。

连续型一般适用于以下情况：①处于竞争过程中的产品或服务；②经常购买的产品或服务；③目标对象范围比较狭窄的产品或服务等。

间断型一般适用于以下情况：①广告费用预算较少；②季节性产品或服务；③长期或战略性广告等。

2. 新媒体广告的创意表达策略

总体而言，广告创意表达策略就是根据广告产品的内容、目标市场的需求变化、目标对象的差异采取不同的对策。常见的广告创意策略包括以下9种。

1）示范型策略

示范型策略，是指通过实物的实验、表演、操作、使用等来证实商品品质的优良，从而激发消费者的购买欲望，推动产品销售。目前，国内广告界采用此类创意策略的广告有很多，常见的是日用品广告。例如，某品牌洗衣粉广告，现场洗涤油渍斑斑的白色衣物给消费者做示范，使用该洗衣粉后，污渍无存，效果很好，给消费者留下了深刻印象。

2）语言型策略

语言型策略，是指援引有关专家、教授、学者的证词来证明商品的特点、功能或作用，或者援引有关荣誉证书、奖杯、奖状、历史资料、鉴定证书、事实等，使广告商品具有威信，获得广大消费者的信任。采用这种创意策略的广告很多，如某品牌牙膏引用牙科专家证言、部分工业品采用ISO认证标准等证言的广告。

3）情感型策略

情感型策略，是指把商品的特点、功能和用途，融入人的情感，进行人格化、情感化和心理化的定位和渲染，以喜怒哀乐的形式在广告中表现出来。

4）定式型策略

定式型策略，是指广告人员根据特定时机人们所特有的定式心理或人们已形成的定式观念，策划出相应的诉求意境，进行广告创意的一种策略。这种创意策略，一方面可以根据特定时机，策划出符合社会心理的文化性宣传活动，主题具有很强的文化性；另一方面可以根据人们的定式观念，通过提倡对社会进步、人类发展具有促进意义的意境来宣传商品，树立企业良好形象。在社会生活中，可用作广告创作素材的时机有很多，例如，主要的节假日，如国庆节、春节、情人节、中秋节等；重大的社会活动举办期间，如奥运会、亚运会、大型展览会等；公众关注热点期，如自然灾害、重大社会事件等发生后。

5）联想型策略

所谓联想型策略，是指利用人们的联想心理，发现其他事物与广告商品的相同属性，借以表达广告主所要表达的意念。例如，某品牌巧克力用丝绸的元素来表现其丝滑的特点，这使观众即使隔着屏幕也能感受到这个品牌的巧克力美妙的口感。

6) 对比型策略

对比型策略，是指通过比较的方式，表明某一商品或服务优于其同类竞争商品或服务。对比型广告创意策略的具体应用就是比较广告。我国对比较广告有严格的规定和要求，在进行广告创意时一定要慎之又慎，不要引起不必要的麻烦或纠纷。

7) 情境型策略

情境型策略，是指在广告作品中，有意设置符合商品基本消费途径的日常生活情境，增强感染力，使消费者在观看广告时，产生身临其境的感觉。例如，某品牌黑芝麻糊的广告，画面中是一条长长街巷，昏暗的灯影，伴着一阵"黑芝麻糊"的叫卖声，广告主题出现："××黑芝麻糊，抹不去的回忆。"该广告正是采用了情境型策略，使观众沉浸在美好的情境中，沉浸于精心制作的画面中，在被这份深醇的情怀感染的同时，也自然记住了这则广告中要推销的商品。

8) 悬念型策略

悬念型策略，是指通过设置悬念，让消费者产生好奇心理，然后将商品委婉地表现出来，从而给消费者留下难以磨灭的印象，这种类型的创意策略是以修辞手法调动和刺激受众的心理活动，使其产生疑惑、紧张、渴望、揣测、期待等一系列心理，并持续和延伸，以达到释疑团而寻根究源的效果。例如，菲律宾国家旅游公司曾以"到菲律宾旅游有十大危险"作为广告主题，利用悬念吸引读者进一步阅读广告的详细内容，从而让人们认识到菲律宾是世界上名副其实的旅游胜地。

9) 幽默型策略

幽默型策略，是指在广告中用可感受情趣的方式来表达自己的思想、感情、见解、态度及营销观念，使广告创意体现出风趣、机智和亲切的一种广告策略。

课堂讨论

除了上述 9 种新媒体广告创意策略，你所知道的广告创意策略还有哪些？

3. 新媒体广告的组合策略

1) 传统媒体组合策略

媒体组合是指同时在两种或两种以上媒体投放广告。不同的媒体有不同的受众对象，即使受众对象相同，其效果也不同，媒体组合是广告活动中最常遇到的问题。广告只选用一种媒体会使失败的概率增大，在媒体组合中，一般应有主要媒体和几个辅助媒体。主要媒体应根据营销需要选择确定，而对于辅助媒体的选择，如消费品一般选择销售现场媒体。通过媒体组合投放广告主要有以下优点。

（1）可以把说明型广告与印象型广告有效组合起来，如在电视、广播上投放印象型广告，同时在报纸上投放说明型广告。

（2）把短期广告与长期广告组合起来。

（3）把地区性广告和全国性广告组合起来。

（4）在增强广告冲击力的同时增强广告积累效果。

2）融媒体时代组合策略

融媒体是指充分利用互联网这个载体，把广播、电视、报纸、杂志这些既有独特性又存在互补性的不同媒体，在人力、内容、宣传等方面进行全面整合，实现"资源通融、内容兼容、宣传互融、利益共融"的新型媒体。融媒体具有以下主要特征：首先，融媒体是多功能的媒体，不仅可以提供内容产品、服务产品，还可以提供关系产品。其次，融媒体是互联网时代的产物，融媒体的产生依托于云计算、算法推荐等新技术。最后，融媒体的"融"不是简单的内容相加，它包括所有制、媒介组织、媒介资源等的多元融合，融媒体的这些特征有利于广告的创新性表达。

任务实训

1. 实训的目的

通过实训，掌握新媒体广告的策划流程。

2. 实训内容及步骤

（1）进一步阅读相关文献，熟悉新媒体广告策划的方法、技巧和注意事项。
（2）结合新媒体广告策略，为某产品策划新媒体广告。
（3）在研究的基础上选择适合的新媒体平台发布广告。
（4）分析新媒体广告的发布效果。

3. 实训成果

实训作业：×产品的新媒体广告策划。

-------------------- 练习题 --------------------

一、单选题

1. （　　）不属于互联网广告。
　　A. 旗帜广告　　　　B. 图标广告　　　　C. 巨幅广告　　　　D. 手机广告
2. 新媒体广告策划基本流程的第一步是（　　）。
　　A. 确定广告目标　　B. 明确广告对象　　C. 选择广告媒体　　D. 进行广告创意
3. 媒体播放频率中，集中型策略适用的情景是（　　）。
　　A. 处于竞争过程中的产品或服务　　　　B. 需要迅速开拓市场的产品或服务
　　C. 经常购买的产品或服务　　　　　　　D. 季节性产品或服务
4. （　　）是指广告人员根据特定时机人们所特有的定式心理或人们已形成的定式观念，策划出相应的诉求意境，进行广告创意的一种策略。
　　A. 情感性策略　　　B. 定式型策略　　　C. 示范型策略　　　D. 联想型策略
5. （　　）不属于融媒体特征。
　　A. 融媒体是多功能的媒体　　　　　　　B. 融媒体是互联网时代的产物
　　C. 有利于广告的创新性表达　　　　　　D. 广告费用预算较少

二、多选题

1. 新媒体广告类型有（　　　）。
   A. 手机媒体移动广告　　　　　　　　B. 社交媒体广告　　C. 移动电视广告
   D. IPTV 广告　　　　　　　　　　　E. 互联网广告

2. 与传统媒体广告相比，新媒体广告具有的特点有（　　　）。
   A. 广告形式新颖　　B. 广告位尺寸较小　C. 广而告之
   D. 推销商品　　　　E. 具有传播行为

3. 新媒体广告创意的特点包括（　　　）。
   A. 创意范畴更广泛　　　　B. 更契合程序化运作　　　C. 注重受众的互动性
   D. 注重受众的个性化　　　E. 技术为广告创意提供更多可能

4. 新媒体广告的策划流程包括（　　　）。
   A. 确定广告目标　　B. 明确广告对象　　C. 提炼广告主题
   D. 选择广告媒体　　E. 广告创意制作

5. 媒体时机策略包括（　　　）。
   A. 依据产品生命周期　B. 依据电商平台　　C. 依据事件
   D. 依据季节　　　　　E. 依据消费者口碑传播

三、名词解释

1. 新媒体广告　　2. 社交媒体广告　　3. 互动游戏广告　　4. 广告创意　　5. 融媒体

四、简答及论述题

1. 新媒体广告的特点是什么？
2. 新媒体广告主要有哪几种类型？
3. 新媒体广告创意的特点是什么？
4. 试论述新媒体广告策划的创意技巧。
5. 试论述新媒体广告的媒体选择策略。

📖 案例讨论

100 岁的五芳斋，广告比电影好看！

你知道吗？当别的品牌还在调侃"本店距离百年老店还有98年"的时候，五芳斋已经是一个实打实的百年老品牌了。作为一个似乎"越活越年轻"的百年老品牌，这些年来，五芳斋是如何一步步实现品牌焕新，并从地方金字招牌走向全国的？五芳斋品牌年轻化的背后，又做了哪些探索与尝试呢？

五芳斋是源自嘉兴的地方品牌，有着"粽子大王"的美誉。依靠老字号的口碑与影响力，就足以收获一大批品牌忠诚度极高的消费群体。因此，在很长一段时间内，五芳斋几乎不做广告。

但是，近些年来，随着互联网的发展，以及消费环境、消费人群的变化，五芳斋只靠产品口碑传播的方式，很难起到很好的效果。

终于在 2009 年，五芳斋确定了新的发展战略，走上电子商务之路，并将部分传播重点从线下转移到了线上。同时，开始尝试 KOL、短视频、H5、快闪店等新鲜玩法，从多个维度共同发力，想方设法地打动消费者。不过，内容大多是围绕品牌理念、产品介绍等做的一些常规宣传，并不能真正地吸引大部分消费者。

直到 2017 年，牵手代理商环时互动后，五芳斋才算打破自我，建立起全新的姿态，并顺利地在社交平台上崭露头角。

而这些，首先是从最小的语言变化开始的。在微信、微博等社交媒体上，五芳斋大量地运用了互联网热词、流行梗等与用户进行沟通互动，慢慢地培养起品牌的网感。

2017 年圣诞，五芳斋率先上线了一支关于裹粽大妈张改花的无厘头视频，用 7 个抖机灵场景，传递出了五芳斋"手工包粽"的产品特点。让人惊呼原来广告还能这么玩。

2018 年端午节前夕，五芳斋又推出了一支画风清奇的广告《白白胖胖才有明天》，用中二的文案讲述了糯米的一生，见图 4-7。

图 4-7　五芳斋广告短片《白白胖胖才有明天》

由于脑路清奇、文案又高深莫测，这个视频在社交平台上引起了很大的争论，同时让五芳影业一战成名。不少人甚至夸赞五芳斋广告比电影还好看。

紧接着，五芳斋再接再厉，先后推出了两个口碑还不错的复古短片：用老影像重新配音剪辑的《相约 1989》，以及用民国天后周璇演唱的《五芳斋》歌曲打造的一支一镜到底的黑白 MV。

通过展现旧时代的市井生活，在彰显五芳斋悠久的历史文化底蕴的同时，也让年轻人感受到了那个时代的文化气息，将怀旧情怀变成历久弥新的品牌好感。

此外，每逢传统佳节，也就是五芳斋产品销售的旺季，它都会相应地上线相关的节点宣传片。各个风格迥异的广告，有人大赞很有五芳斋特色，也有人直呼看不懂。但其实在线下门店，五芳斋重点展示的还是功能性的食材微距拍摄，上面的广告只是针对部分年轻群体，发布渠道也是微博、B站等社交平台。

另外，在产品形象包装上，五芳斋也没少花功夫，陆续与迪士尼、漫威、钟薛高、拉面说、元气森林、王者荣耀等进行了礼盒包装设计、产品口味等方面的跨界尝试。

可以看到，五芳斋选择联名的品牌大多是年轻人喜欢的强 IP 或网红品牌。两者合作，不仅能让五芳斋这个名称，频繁地出现在年轻人的视野中，同时设计出来的产品也能更加符合当下消费群体的审美需求。

而除了跨界做营销，五芳斋还特别善于搞品牌联动，花式"蹭"各家官网的热度。

2020 年端午前夕，五芳斋就以"帮朋友打打广告"之名，一连为 18 位品牌朋友发了独家海报。

2021 年中秋节，五芳斋还高调邀请各家品牌参与制作了"史上第一支共享广告"，并最终一口气联动了 26 个品牌。强大的品牌阵容加上颇有吸引力的转发抽奖，让这支中秋节共享广告收获了超 1 万的转发量和超 540 万的视频播放量。

整体来看，百年品牌五芳斋在顺应时代变化和品牌年轻化上，做出了较多的尝试与创新。

无论是时而复古、时而沙雕、时而治愈的"五芳影业"视频，还是联合网红品牌设计的脑洞包装，又或者是各个节点大胆推出的新品，都是在试图打破以往的传统形象，并通过各种手段探索年轻人的兴趣点，从而重新定义五芳斋在用户心中百年老字号的形象。

可以说，相对于同类品牌，五芳斋在年轻化营销这一块还是很出彩的。毕竟，有百年历史的品牌，没几个有它能搞事的；而年轻会玩的品牌，又没几个有它有历史底蕴的。

思考讨论题

1. 为什么说"100 岁的五芳斋，广告比电影好看"？
2. 结合本案例谈谈微电影广告的发布和传播技巧。

学生工作页

项目 4 新媒体广告营销				
任务	分析《新媒体时代可口可乐的广告表现》案例			
班级		学号		姓名	

本任务要达到的目标要求：

1. 了解近年来的广告媒体变化。
2. 掌握新媒体广告的创意策略。

能力训练

扫描二维码，阅读案例《新媒体时代可口可乐的广告表现》，完成工作任务。

二维码材料
新媒体时代可口可乐的广告表现

1. 在新媒体时代，可口可乐的广告表现发生了哪些变化？

2. 新媒体广告的创意要求有哪些？本案例给我们的启示是什么？

学生评述

我的心得：

教师评价

学习目标

【知识目标】

(1) 掌握新媒体事件营销的概念与特征。
(2) 熟悉新媒体事件营销的类型。
(3) 熟悉新媒体事件营销成功的关键因素。
(4) 掌握新媒体事件营销的策划方法。
(5) 熟悉新媒体事件营销的策划流程。

【技能目标】

(1) 能够根据企业实际情况完成新媒体事件营销策划。
(2) 能够为某一新媒体事件营销项目设计传播方案。
(3) 能够对某一新媒体事件营销活动进行评估，指出其问题所在。

【素质目标】

(1) 培养创新意识以及创新能力。
(2) 培养协调能力以及团队合作精神。
(3) 注重新媒体事件营销策划在正能量宣传中的应用，培养正确的价值观。

项目情境导入

情境 1：2021 年 7 月 20 日，河南普降历史上最强暴雨，引发洪涝灾害。洪灾发生后，多家企业、个人纷纷捐款捐物，援助河南。鸿星尔克于 7 月 21 日在其官方微博发文——"鸿星尔克心系灾区，通过郑州慈善总会、壹基金紧急捐赠 5 000 万元物资，驰援河南灾区，河南加油！"。鸿星尔克这种坚持不懈奉献爱心、支持民族国家发展的大爱精神引发了大规模的网友支持。22 日晚，鸿星尔克直播间超 200 万人下单，大部分人都从"支持国货之光"变成了"野性消费"。在当时捐助后的两天内，鸿星尔克就突破了 1 亿元的营收。鸿星尔克线下实体店也遭遇了排队打卡购买热潮，主播和鸿星尔克老板呼吁网友理性消费。

情境 2：从 2022 年 9 月到 2023 年 3 月，新疆棉事件不断发酵到最终爆发，H&M、优衣库、耐克、阿迪达斯等多个品牌在中国市场遭受重创。在这次事件爆发后，李宁却抓住了这次机遇。2023 年 3 月 25 日上午，李宁把新疆棉写在标签上冲上了热搜榜，让品牌圈了一波粉。

问题：以上两个情境描述了哪种新媒体营销方式？请谈谈你对上述营销方式的了解和认识。

项目分析

随着信息技术与互联网的不断发展，媒体形态也在发生变化。建立在数字技术和网络技术等信息技术基础之上的新媒体，承载着新的营销方式，其无法抗拒的市场力量展示了新经济模式对传统行业的巨大冲击。在新媒体传播媒介的协助下，新媒体事件营销方式成为企业及时、有效、全面地向大众宣传产品或服务的新型营销模式。

商场如战场，中小企业不能仅靠花费高额费用做广告或者利用无创新性的低成本推广方法而不讲求谋略。新媒体事件营销正是一种高谋略的营销推广方法，这种营销方式通过一个人物、一个事件就可以引起社会的广泛关注，成本低收益高，成为新媒体营销中广受欢迎的营销方式。近年来，在商界不乏利用新媒体事件营销方式来炒作、扩大产品知名度的成功案例。

那么，该如何理解新媒体事件营销方式？企业该如何策划和实施新媒体事件营销？本项目将对以上问题进行解答。

任务 5.1　认识新媒体事件营销

任务引入

小王在一个国家 4A 级景区市场部工作。该景区群山环抱，呈全封闭空间，集古洞、幽林、奇峰、秀水于一身，具有优美的森林环境、奇特的自然风光、丰富的人文景观、优越的地理位置，是一个独具特色的森林旅游区。但由于景区经费较少，宣传不够，来此旅游的消费者寥寥无几。经理要求小王尽快提出一套营销方案，以达到宣传景区的目的。小王欲借鉴"世界上最好的工作"这一事件营销的案例，通过设置一个有吸引力的工作岗位，利用微博、微信、抖音等方式进行宣传，期望获得大量消费者的关注。

问题：你觉得小王的想法是否可行？为什么？

相关知识

1. 新媒体事件营销的含义

事件营销是市场营销的重要方式之一，是由美国学者于 20 世纪 80 年代研究市场营销手段时提出的新概念。新媒体事件营销是事件营销的一个分支，是指企业通过策划、组织和利用具有新闻价值、社会影响以及名人效应的人物或事件，以新媒体为传播载体，吸引新媒体、社会团体和消费者的兴趣与关注，以求建立、提高企业或产品的知名度、美誉度，树立良好品牌形象，并最终促成产品或服务的销售手段和方式。企业利用好新媒体事件营销方式，往往可以快速、有效地宣传其产品和服务。

2. 新媒体事件营销的特征

新媒体事件营销一般具有以下特征。

（1）新媒体事件营销投入小、产出大。新媒体事件营销利用现代社会非常完善的新闻等媒介进行传播，达到对企业进行宣传的目的。由于所用的传播媒介都是免费的，制作过程中也没有利益倾向，因此，这种营销方式的投入成本较低。如果企业能够提出好的创意并选择最佳的时机，成功地运用新媒体事件营销方式，不仅可以得到超值回报，还可以迅速提升企业品牌的知名度。对于一些处于成长期的中小企业来说，无疑是一种低成本高效率的营销办法。

（2）新媒体事件营销影响面广、关注度高。新媒体的及时性和普及性使得信息传播的速度和广度都大为提升。事件一旦被关注，借助互联网的口碑传播效应，可以引发极高的社会关注度，甚至可由新媒体事件上升到被其他大众媒体关注的事件。例如，"封杀王老吉"的倡议帖在百度贴吧发出后，传播迅速，在短短 3h 内，百度贴吧就有 14 万条与其相关的帖子。

（3）新媒体事件营销具有隐蔽的目的性。企业策划的新媒体事件营销都有商业宣传的目的，但一般情况下该目的是隐蔽的，大量高明的新媒体事件营销都隐藏了自己的推广意图，消费者根本感觉不到该事件是在做产品推广。例如，联想的"红本女"新媒体事件，尽管在事件营销的网络平台选择、时间的把握等方面做得足够优秀，但忽略了新媒体事件隐蔽性传播、润物细无声的特点，多数网友看到后就知道是联想在做广告，没有达到预期目的，以失败告终。

（4）新媒体事件营销具有一定的风险性。新媒体事件营销是一把"双刃剑"。由于传播媒体的不可控制性及事件接受者对事件理解程度的不确定性，事件营销很可能引起公众的反感和质疑，不仅未达到营销的目的，反而可能使企业面临生存危机。例如，肯德基的"秒杀门"事件，不仅没有起到企业推广产品的目的，还暴露了企业信息化建设缺失，危机处理能力欠缺，不能与公众进行良好沟通等各方面的缺陷。

3. 新媒体事件营销的类型

根据事件性质的不同，新媒体事件营销一般可分为 5 种类型，如表 5-1 所示。

表 5-1　新媒体事件营销的类型

类型	说明
借用重大突发事件型	重大突发事件是指突然发生的、不在公众预料之中和没有心理准备的事件，重大突发性事件多以灾难为主，所以在利用重大突发事件进行事件营销时，企业要注意把握好尺度。例如，2008 年的汶川大地震牵动了全世界华人的心，新浪新闻迅速开设"地震"相关专题栏目，提高了美誉度
借用公众高关注事件型	公众高关注事件一般是指公众都了解、重视，但尚不知其结果如何的重大事件。例如，北京市申报 2008 年奥运会主办权、中国首次载人航天飞行等。企业通过借势"公众高关注事件"提高品牌知名度，如伊利赞助奥运，蒙牛公司赞助航天等

续表

类型	说明
借用公益活动型	公益事关公众的福祉和利益,借助公益活动开展事件营销,有助于提升企业形象,吸引公众关注并增加用户的黏性。例如,支付宝打造的蚂蚁森林项目,以公益入手,依附移动支付 App,使用户在使用支付宝的同时还能做节能减排的公益活动,极大地提高了用户的参与热情
借用社会问题型	社会发展的过程就是一个利益重新分配的过程。在这一过程中会产生许多新的矛盾,与这些矛盾相关的话题也是公众关注的中心。浙江纳爱斯公司就针对社会广泛关注的下岗职工再就业问题,策划了一系列电视广告,且在理性及感性的交融中力求为每个广告都赋予一种生命力、一种内涵,使全国消费者能与其产生共鸣

4. 新媒体事件营销成功的关键

新媒体事件营销获得成功需要具备以下 6 个要素。

1) 相关性

新媒体事件营销中的“热点事件”一定要与品牌的核心理念相关联,不能脱离品牌的核心价值,这是新媒体事件营销运作成功的关键因素。“热点事件”与品牌核心理念的关联度越高,就越容易让消费者把对事件营销的热情转移到企业品牌上来。

2) 创新性

新闻点是新闻宣传的噱头,新媒体事件营销要想取得成功就必须有新闻点,新奇有趣的新闻往往会受到众多受众的欢迎。新媒体事件营销的创意指数越高、趣味性越强,则公众和媒体的关注度越高,营销的效果也就越好。例如,可口可乐与优酷跨界合作,联合推出 49 款可口可乐“台词瓶”。网友还可以个性定制独一无二的专属“台

图 5-1 可口可乐的“台词瓶”

词瓶”,在“我们结婚吧”“如果爱,请深爱”等经典台词的前面加上恋人和朋友的名字,让优酷和可口可乐替网友表白。可口可乐的各种创意“台词瓶”如图 5-1 所示。由于创意独特,使用户产生了情感共鸣,该活动一经推出便迅速占领了微信朋友圈,成为人们津津乐道的话题,并最终让可口可乐获得了品牌、口碑和销量的进一步提升。

3) 重要性

事件的重要性是影响新媒体事件营销成功与否的重要因素。事件越重要对社会产生影响越大,价值也越大,因此,在新媒体事件营销策划过程中,如何增强事件的重要性,让更多的人参与到新媒体事件营销中来,成为企业必须考虑的问题。保加利亚万事达借势“欧洲冠军联赛”的做法值得我们借鉴。2018 年 6 月,欧洲冠军联赛举办时,保加利亚万事达组织了名叫“足球的团结力量”活动。万事达邀请不同年龄、支持不同球队的球迷到同一家酒吧,可以尽情为自己喜欢的球队呐喊而不用避讳其他球队球迷的感受。这一活动不仅为参与者带来了愉悦体验,更引发了人们对足球文化的反思。因此,这一活动在娱乐导向之外,

也带有社会导向的特征。

4）显著性

"山不在高，有仙则名，水不在深，有龙则灵"。新媒体事件中的人物、地点和内容越著名，新媒体事件就越容易引起公众的关注。因此，策划事件营销一定要善于"借势"与"造势"，多利用"名人""名山""名水"等来宣传企业品牌。

5）贴近性

"物以类聚，人以群分。"新媒体事件营销的策划需要充分考虑公众的趋同心理。在新媒体事件营销实施过程中，如果新媒体事件在心理上、利益上和地理上与受众接近和相关，激发公众的兴趣，让大量的公众参与到营销活动中，则更容易被公众接受，与企业单方面活动相比，会获得更多的关注度，取得更好的宣传效果。

6）公益性

公益性是影响新媒体事件营销获得成功的重要因素。"公益"是一种社会责任，只有具有公益意义的营销方案才会产生较好的社会意义和号召力。例如，辉瑞在推出戒烟辅助药——畅沛时，就成功地借助第22届世界无烟日的公益热点，推出了"戒烟亿小时，我能"系列大型公益活动，发起了"戒烟一小时，健康亿人行"的号召，借势"地球一小时"关灯活动和社会公益事件，成功提升了"戒烟我能"活动的公众知晓度，巧用有利的舆论环境，推广了新产品——畅沛。

📚 思政园地

"国货之光"鸿星尔克怎么就突然爆火了？

2021年，国民品牌鸿星尔克发布官方微博称公司心系灾区，已经通过郑州慈善总会、壹基金紧急捐款5 000万元物资，驰援河南灾区。此消息一出立即引爆了全网，这时候人们才记起这个已经慢慢被国人淡忘的品牌。

鸿星尔克在2020年的时候已经亏损了2.2亿元，仅2021年一季度就负债6 000多万元，由于财务问题，鸿星尔克的股票一度停止交易，尽管业绩不理想濒临倒闭，但却豪掷千金支援灾区，豪掷1亿元向福建省残疾人福利基金会捐款，此种大无畏精神可歌可泣，一时间，民间自发地组织起了支持国货鸿星尔克的各种活动，甚至有民众冲进鸿星尔克专卖店扫完钱就走。这个国民品牌成功激发了国人的爱国热情，抢购鸿星尔克成为万人空巷的局面，直到最后，鸿星尔克董事长吴荣照还专门出面呼吁大家理性消费。鸿星尔克从籍籍无名到突然爆火既是偶然也是必然，一个有强烈的社会责任感的企业是不会被民众忘记的，一个爱国的企业家是值得消费者尊敬的。

任务实训

1．实训目的

通过实训，熟悉新媒体事件营销的特点。

2. 实训内容及步骤

（1）搜集近 5 年来经典的新媒体事件营销案例，要求不少于 10 篇。

（2）根据创意的不同，对其进行分类。

（3）总结不同创意类型的新媒体事件营销的特点。

（3）提交总结报告，由老师进行评分，分数记为平时成绩。

3. 实训成果

实训作业：新媒体事件营销的特点总结。

任务 5.2　熟悉新媒体事件营销的策划

任务引入

新媒体事件营销有很多成功的案例，但一些借势公益活动、公众高度关注的事件开展新媒体事件营销翻车的案例也不少。典型的如"2023 年 7 月台风杜苏芮肆虐，多位明星配文'台风欢送''遇水则发'，配文翻车，冲上热搜引发争论"。

问题：你如何看待这个问题？成功的新媒体事件营销该如何去做？

相关知识

1. 良好的创意

良好的创意是新媒体事件营销成功的首要条件。近些年，很多成功的新媒体事件营销都有较好的创新性。通过"唱反调"、制造"悬念"等方式引起网民的广泛关注，为企业产品赚足眼球，提高了企业的关注度。

经典案例

法国队夺冠，华帝全额退款

四年一度的世界杯落幕后，法国队夺冠的消息瞬间刷爆朋友圈。这一次备受瞩目的除了最终夺冠的法国队，还有一家名叫华帝的中国企业。这个创办于 1992 年，从广东起家的厨电企业凭借"法国队夺冠，华帝退全款"这一出色的事件营销，成功地吸引了中外媒体的目光，并在广大消费者中引起了轰动。

在世界杯开赛前，厨电企业华帝发起了"法国队夺冠，华帝退全款"的劲爆促销（促销海报见图 5-2）。当法国队最终夺冠时，华帝受到了前所未有的关注。"法国队夺冠，华帝要上天台了！""这波搞大发了，华帝会不会兑现承诺，怎么兑现承诺？"各种猜测遍传围观群众。连平时不怎么关心足球的人也被这一闻所未闻的营销活动吸引。

图5-2　华帝的促销海报

在法国队夺冠当天，华帝的微信、微博搜索指数均暴涨30倍。促销活动期间华帝销售额达到了10亿元，销售增长率超过了20%，与总计不到8 000万元的退款额相比，华帝的这次新媒体事件营销无疑获得了巨大的成功。

2. 把握新媒体受众关注的动向

新媒体事件营销想做到有的放矢，就必须把握好受众关注的动向。大多数媒体受众都具有较强的好奇心，喜欢关注新奇、反常、有人情味的事件。麦当劳在巴西的做法就是牢牢抓住公众及媒体关注动向的典型案例。

图5-3　麦当劳（巴西）页面上的
金拱门图片

例如，2020年新冠疫情肆虐，保持距离成了人们防范病毒的重要措施。为了鼓励公众养成保持安全距离的习惯，麦当劳（巴西）在2020年3月20日更改了页面个人资料的照片，那个我们常见的金拱门分开了，如图5-3所示。

麦当劳的金色"M"标志可以说浓缩了麦当劳的品牌价值信息，承载了无数人童年的美好回忆。这次麦当劳标志的更改，一时间引发了网友的强烈关注。

虽然这个标志只是在新冠疫情特殊环境下暂时出现的产物，但是"患难见真情"，在这一时刻越愿意将公众利益放在优先地位的品牌，越能赢取人心。

麦当劳从标志入手，既达到了呼吁公众做好防护的目的，也进一步提升了品牌在大众心中的良好形象。

再如，"淄博烧烤"也是牢牢抓住公众及媒体关注动向的典型案例。火出圈的淄博烧烤，主打"人情味、烟火气"，全面周到地为消费者服务，开建全新万人"烤场"，开设"进淄赶烤"专列，局长专列送伴手礼、开通市内烧烤公交专线、开放全市200多家党政机关事业单位免费停车……面对不断释放的文旅消费需求，当地政府及有关部门先行一步，未雨绸缪，敏锐把握潜在需求与消费动向并及时跟进，在网络上广为流传，形成了一次新媒体事件营销。

淄博烧烤走红

桃红柳绿的时节，一张方桌前，三五好友或是家人团聚，在烧烤炉氤氲的烟火气与晚风中，惬意享受生活的美好，是不是让人分外向往？2023 年 3 月以来，"大学生组团坐高铁到淄博吃烧烤"成为热搜话题，迅速火遍全网，这让部分游客、市民和网友直呼"没有做足心理准备"。

简简单单的一顿烧烤，能让游客完成从"宾至如归"到"双向奔赴"的心路历程，淄博烧烤走红的背后，显然不是"小饼卷一切"这么简单。

为了让淄博烧烤持续成为现象级的文化符号、消费符号，巩固住"江湖地位"，也为了顺势壮大地方经济，淄博市政府在 2023 年"五一"前后举办了"淄博烧烤节"，并进行烧烤名店"金炉奖"推荐评选，还将 3 月至 11 月定为"淄博烧烤季"。五一节期间，去淄博吃烧烤的火爆场景如图 5-4 所示。

图 5-4　去淄博吃烧烤的火爆场景

一顿烧烤火出圈，一座城市被激活。作为一座正处于转型期的传统工业城市，近年来淄博发展既经历着难免的阵痛，也蕴含着无穷的机遇。权威数据显示：2022 年，淄博全市实现生产总值 4 402.6 亿元，比上年增长 4.7%。新旧动能转换"五年取得突破"背景下，淄博产业经济发展进入新的阶段。2022 年，淄博全市高新技术产业产值规模以上工业总产值比重达 47.1%，比上年提高 4.6 个百分点；附加值和技术含量较高的规模以上互联网和相关服务业、软件和信息技术服务业、商务服务业营业收入分别增长 22.8%、17.6% 和 73.1%。

3. 抓住时机，善于"借势"

所谓借势，是指企业及时地抓住广受公众关注的事件、社会新闻或者明星人物的光环效应等，结合企业或产品在传播上的目的而展开的一系列相关活动。企业如果可以充分调动公众的好奇心，新媒体事件营销的运作取得成功的概率则会变大。但是如果企业自身不具备引起互联网和社会关注的新闻价值时，需要采用"借势"的手段，利用已有的高关注度的事件，将网民及新闻媒体的视线带到本企业品牌上来。格力集团就曾选择社会普遍关注的活动来给自己企业的事件营销借势，这能更好地提升事件营销的关注度和曝光度，更好地发挥事件营销传播快的优势。2020 年 9 月 21 日，第八届中国（绵阳）科技城国际科技博览会在四川绵阳开幕，此次国际科技博览会受到了国内外的广泛关注。在此次科技博览会上，格力电器董事长兼总裁董明珠再次因为自己的发言上了热搜，"我们一个14亿人口的大国，为什么要完全依赖别人的技术。真正负责任的企业应该更多地创造国际领先的技术，从而服务全球""一个制造业企业如果纯粹为了赚钱，它的目光是短浅的"等言论吸引了众多新闻媒体和大众传媒的关注，让董明珠和格力电器再次成为焦点，相关报道层出不穷。

📎**阅读资料5-2**

海信赞助欧洲杯的事件营销

北京时间2021年6月12日凌晨，万众期待的欧洲杯揭幕战，蓝衣军团意大利队用一场酣畅淋漓的3:0比分，大胜土耳其队，彻底点燃了球迷的热情。作为本届欧洲杯全球顶级赞助商，海信代表中国企业出场，logo燃动球场的同时，吸引了全球亿万球迷的注意力，这是海信第二次大手笔赞助欧洲杯，也是中国企业以世界级企业的定位通过体育营销引爆全球市场的又一个战略行动。

早在2016年，欧足联邀约海信加入欧洲杯顶级赞助商这一事件就成为海信提升其品牌知名度和认知度的契机。在前期准备阶段，通过发布会等一系列活动的"轰炸"使海信品牌在事件营销中崭露头角。在欧洲杯进行阶段，"第一"的定位引起争议和二次传播，社交媒体和新闻媒体对海信进行密集式播报、开设球迷酒吧等事件也使海信收获了海量的曝光和热度。同时，海信积极与法国知名家电卖场Boulanger合作推出多种多样的套餐和优惠，激起消费者的兴趣，使海信的营销组合势头大涨。最终，量变成为质变，海信集团在此次事件营销中大幅提升了在全球范围的品牌知名度，不仅收获了超过5.7亿元常规直播的广告价值，还刺激了产品销售，使国内销量及市场份额飙升。至此，海信在世界舞台上脱颖而出，跃升为世界品牌。

自此，海信从2016年欧洲杯到2018年世界杯再到2020年欧洲杯，连续赞助全球顶级体育赛事，这在中国企业中前所未有。这种将赞助世界顶级赛事进行到底的坚持，表达了海信坚持做自主品牌并成为世界级品牌的坚定决心。2021年3月，在上海举行的海信客户大会暨欧洲杯战略发布会上，海信发布了2021年欧洲杯战略营销主题"Hi冠军"。海信集团总裁贾少谦现场表示，品牌的跃升和企业跨越式发展，离不开全球化体育赛事的参与、赞助和融入。随着比赛开始并进入热潮，海信给中国家电行业所带来的不仅是体育运动的激情和狂欢，背后还将带来一场场经典的品牌和营销战役，最终驱动中国企业实行新一轮全球化运营之路的加速度。如今，海信海外收入已占四成多，全球化的海信已经是一个世界级企业，但还需要不断让脚步走得更坚实，让步伐越来越稳定，速度越来越快。

4. 力求完美

力求完美是指在策划新媒体事件营销的过程中，企业应当树立社会营销观念，密切关注新媒体事件营销传播的力度和效果。在网络营销事件的实施过程中，企业应该巧妙地利用网络媒体的特性，尊重社会公众的感情和权利，保护信息传播渠道的完整和畅通。蒙牛的快速成长是卓越的产品品质、完善的企业管理、独特的市场运作等多方面因素综合的结果，但特别值得一提的是，它在争取市场、展开竞争的过程中对借势事件营销的娴熟应用，是成就其惊人发展速度的最直接的原因。"非典期间的非常营销""神五升空时的中国航天员专用牛奶""超级女声蒙牛酸酸乳""借势政治发起'每天一斤奶强壮中国人'的声势浩大的捐奶工程""三聚氰胺事件后为保护奶农利益，敞开收购忍痛倒奶"等，无不轰动一时，其产品销量和品牌价值在每次借势营销后都得到了极大的提升。蒙牛在新媒体事件营销方面的经验是值得中国企业借鉴的。

阅读资料5-3

一"节"带万店，"越夜越精彩"

节庆是城市活力的引擎，更是城市形象的代言人，是营造事件营销的常用方式。历经30余年发展，青岛国际啤酒节早已不是单纯的节庆活动。在推动消费扩容升级、产业提质增效的当下，更好地发挥啤酒节的平台效应和品牌效能，成为更强烈的期待。当前，青岛西海岸新区各景区景点、商圈街区同步进入"啤酒节时间"，丰富的消费主题活动精彩纷呈。以啤酒为纽带，不断拓展文旅新业态，创新文旅消费新模式，西海岸新区啤酒文化经济产业带加速成型，构建起一个包含文化、艺术、旅游等要素在内的全域文旅休闲新场景。

1. 德国啤酒节带动"夜经济"

走进位于中德生态园和乐邻美食街的德国啤酒节，一场德式风情的夏日狂欢盛宴呈现在眼前。美食摊位、德国啤酒区、舞台演出和游戏互动区等互相配合，让此次德国啤酒节自开幕以来就持续升温，辐射带动周边的"夜经济"。

2. 夜市美食街焕发新活力

距离金沙滩啤酒城不远处，有一处刚刚开街不久的"网红街"——南岛"嗨儿街"。傍晚时分，走入南岛"嗨儿街"，"太阳下山，就是我们哈酒的信号""无啤酒，不青岛""凭海临风最自在"……一系列的网红标语和光影霓虹灯互相映衬，再配合上"嗨儿街"创新增添的五颜六色的"网红箱"，年轻气息十足。海鲜是这里的"主角"，海参、蛤蜊、海胆、海蛎子、鲅鱼……多种类的本地海鲜为"嗨儿街"撑足了"排面"。此外，新鲜、美味更是"海鲜大军"的标配。在啤酒城感受完节庆的激情氛围，再来美食街感受"人间烟火气"，享受美食美酒，体验这座"啤酒城市"的夜文化，"沉浸式"玩转西海岸。

3. 光影狂欢节打造新体验

享受完啤酒城内清爽的啤酒，再来感受一场光与影的"邂逅"。青岛红树林度假世界的第五届光影狂欢节上，"海洋、浪漫、狂欢、未来"四大主题裸眼3D梦幻城堡光影奇境和无人机天幕秀轮番上演，光与影、楼体与科技、现实与虚幻巧妙结合，现场如梦似幻的各类光影秀引人入胜。裸眼3D直角屏、网红感应花、五彩烟火缤纷泡球、梦幻森林、森林萤火虫等近20个光影灯组，让市民游客感受"一处一浪漫、一步一换景"的"沉浸式"光影游园体验。

一"节"带万店，一"城"带万户。这段时间，随处可见市民游客相聚市井长巷、畅玩特色市集的场景，热闹与繁华洋溢在西海岸新区的各个角落。在金沙滩啤酒城的带动下，西海岸新区各项节庆活动与夜市商街"串珠成链"、聚链成群，啤酒节的溢出效应、节庆效应不断发酵。

5. 诚信为本

"巧妇难为无米之炊。"企业行为的好坏，直接决定了企业信誉的好坏，企业只有首先立足于实际行动，用事实说话，为公众做实事，新媒体事件的传播才"有米下锅"。因此，新媒体事件营销策划，必须做到实事求是，不弄虚作假，才能真正让公众信服。这是企业进行新媒体事件营销策划的最基本原则。恶意的炒作会严重影响新媒体事件营销的传播效果，损害企业的社会形象。

📖**案例分析**

网易严选：不走寻常路

2020 年双 11，几乎所有购物平台都在使尽浑身解数让人"买买买"的时候，网易严选高调宣布"退出双 11 大战"，并指出"要退出的是这个鼓吹过度消费、为销售数字狂欢的双 11"，同时劝大众要"理性消费"。网易严选双 11 节前发布的微博截图如图 5-5 所示。

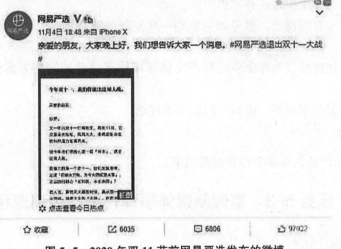

图 5-5　2020 年双 11 节前网易严选发布的微博

2021 年"双 11"前夕，网易严选推出了广告短片《离了吧，11·11》（见图 5-6），从消费者视角对"双 11"复杂的套路来了一次"吐槽"，玩的虽然还是"反套路"风格，但剧情依旧让人直呼"想不到"。

广告中，女主角的名字是"买家美少女壮士 1991"，代表广大买家；而男主角的名字则是"11·11"，代表那个曾经"单纯"，但现在"套

图 5-6　网易严选广告短片《离了吧，11·11》截图

路"满满的"双11",在他们的"婚姻生活"中,妻子想要轻松愉快地买东西,丈夫想的却是自己的业务增长逻辑……

案例分析: 网易严选发布的微博,采用逆向潮流的营销方式,将用户痛点和商家痛点纷纷指出,并巧妙地将品牌的营销广告植入这波反向营销中,在吸引大众眼球的同时,为品牌节省了大量的营销成本,成为双11系列营销中的一匹黑马。而网易严选的这支《离了吧,11·11》广告短片表面上是控诉"感情危机",实际上剑指"双11""套路营销"的行业陋习,网易作为"双11"的一股清流,既输出了网易严选"回归真实生活,拒绝套路"的消费观念,也为品牌从消费者好感度到产品销量的转化埋下了伏笔。

任务实训

1. 实训目的

熟悉新媒体事件营销的策略与方法,完成新媒体事件营销策划方案。

2. 实训内容及步骤

(1)以小组为单位组建任务实训团队。

(2)你的家乡有何特产,思考如何策划一次新媒体事件营销,提高家乡特产的知名度和销量。

(3)根据上述材料,为你家乡的特产完成新媒体事件营销策划方案,重点阐述营销策略与方法。

(4)各团队分享策划书,由同学们在课下讨论。

3. 实训成果

实训作业:×产品新媒体事件营销策划书。

任务5.3 掌握新媒体事件营销的传播流程

任务引入

2020年12月22日,国务院国资委新闻中心、中央企业媒体联盟联合主办的2020第八届中国企业新媒体年会,在北京启幕。本届年会主题聚焦"融时代·新传播"这一主题,采用"线下分享+线上直播"的形式进行。

伴随着移动互联网和社交新媒体的纵深发展,在国家关于媒体融合发展的战略指导下,媒体和企业都在积极探索适合自身发展的媒体融合转型实践,积极利用大数据和人工智能等高新技术提升生产、传播、决策等业务应用时效,拓展内容创作与传播形态的多元化,积极利用应用技术平台与业务融合发展构建整体业务体系。

问题:在当前移动互联网和社交新媒体纵深发展的背景下,企业该如何实施有效的新媒体营销?

相关知识

品牌营销策划人李光斗曾说过"事件营销传播——一分做事，九分宣传"，传播与推广是新媒体事件营销执行的重要环节，其好坏直接影响到新媒体事件营销的效果。企业要想达到新媒体事件营销的目的，就必须注重传播。只有通过有效的传播，目标群体才可能了解该新媒体事件，熟悉企业品牌，从而避免让新媒体事件营销成为企业自己的独角戏。新媒体事件营销的传播一般包括以下4个方面，如图5-7所示。

图5-7　新媒体事件营销传播流程

1. 确定传播目标

任何新媒体事件营销的实施必须先确定传播目标，包括传播对象、传播范围、传播效果等。例如餐饮、服务行业，区域性较明显，可选择当地的论坛作为新媒体事件营销的工具，传播方式也要符合当地的形势；但如果传播对象为年轻女性的新媒体事件营销，就应当尽量选择女性用户经常使用的开心网、淘宝社区等网络平台，所选择的话题也应当是年轻女性所感兴趣的内容。

2. 分析网络舆论环境

网络舆论一般是以直接的方式在网络平台上公开表达意见，属于显在舆论，而网络的开放特性和民主氛围也使社会的潜在舆论逐渐向显在舆论发展。由于历史时期的不同，网络舆论的环境也会有所不同。在新媒体事件营销过程中，企业应当把握好网民关注的方向，控制好舆论传播的尺度，为更好地推广企业品牌奠定基础。

> **课堂讨论**
>
> 该如何分析网络营销舆论环境？怎样才能营造积极健康的舆论环境？

3. 制定事件营销传播方案

在制定事件营销传播方案之前，企业要理解媒体的关注点、熟悉新闻事件的特性、善于制造新闻事件。事件要有代表性和显著性，要使公众和媒体感兴趣，满足受众的窥视欲和好奇心。之后，根据被宣传的新媒体事件特点，提前策划新媒体事件传播方案。

阅读资料5-4

裸睡恋熊女孩的爱情

"当爱情、人生都已天翻地覆时，只有小熊守着最初的纯真。你，也有属于自己的酷库熊吗?"——一个始于论坛的爱情故事。

2008年8月21日,网络上突然出现热帖《就爱抱着酷库熊裸睡的恋熊女孩》,讲述了"80后"恋熊女孩的爱情故事。故事并不太长,从大学、初恋、感动、幸福、出国、考研、工作、吵架、分手……纯美的爱情,出众的文采、精美的插画以及主人公神秘的校花身份,当然还有那个超可爱的酷库熊,都给人留下了非常深刻的印象。该帖一出现就立刻受到网友追捧,迅速被各大论坛转载,其唯美的爱情引起众多网友模仿,可爱的酷库熊也引起大家的关注,不少美女争相扮演故事中的女主角。据称,某35中校花倾情演绎故事情节,号称要PK恋熊女孩。8月24日,更有猫扑网友将酷库熊的故事拍成图片视频《YY恋熊女孩》。

很快,网络上掀起了酷库熊热潮,8月25日,除了网友自发转帖,陆续有各种专业人士和知名网站加入其中,制作出各种相关宣传品,其中一套《酷库熊的爱情熊样》(漫画连载)更是红透半边天。

8月26日,腾讯更以官方姿态,推出了酷库熊系列QQ表情下载,其表情丰富可爱,将这个火爆全网络的话题又推向了一个新高潮。

9月1日,故事原帖出来10多天后,有神秘人发帖曝光称有人斥千万巨资将该故事改编成电影,并泄露了30s的宣传片花,称该电影将成为国内首部全胶片互联网电影,正式版本则于9月4日网络上映。

当然在曝光片花中不断出现联想未上市笔记本S10,片尾处亦有鸣谢联想赞助的字幕。这一时期有关酷库熊的讨论热潮转移到联想IdeaPad笔记本,而网民们将对酷库熊可爱形象的喜爱转化为对S10的热捧,联想IdeaPad终于突破"潜水"时期,转而浮出水面,面向观众。

9月4日,《爱在线》电影以联想IdeaPad冠名方式正式上映,在各大网络媒体上强力放送,带给网友们一场视觉盛宴,引发百万网友的热烈讨论。如同爱情一样always online的IdeaPad笔记本超越了电影中感人的音乐、凄美的爱情、可爱的酷库熊,网民们对它的热议和期待终于转化为实在的消费行动。

至此,一场以酷库熊为题的连环大战终于结束,当然,有关酷库熊,有关联想,有关IdeaPad,有关S10、S9的关注却仍在继续……

4. 组织事件实施步骤

选择适合的新媒体营销工具传播,如微信、微博、博客、视频网站、论坛等媒体发帖。在一些论坛中,若想提高关注度,可以联系付费网站管理员"特此照顾(推荐或置顶)",同时抛出易于流传的言论、撰写新闻评论进行谴责性或质疑性报道,期待大量媒体跟进报道,同时注意维护形象。

◢ 延伸阅读

"3·15"辣条事件,M辣条赢了所有

2019年3月15日,"危险的辣条"报道曝光了河南兰考县、湖南平江县等地黄金口味棒、爱情王子等辣条制造过程。视频中,生产线上膨化后的面球四处飞溅,生产车间地面上,满地的粉尘与机器渗出的油污交织在一起。

被曝光后，上述涉事品牌并未做出回应。这个时候，一家没有被提及的品牌倒是顺势"蹭"上了热度，这个品牌就是 M 辣条。

2019 年 3 月 15 日 22 时，就在晚会曝光辣条行业乱象后不久，M 辣条官方微博发布了一个置顶视频，并配文"行业有乱象，但总有人在坚守底线，做良心产品！听 M 辣条创始人讲述：为了让消费者吃上正宗、健康的辣条，我们做了什么？"

视频展示了 M 辣条的车间，并由品牌创始人亲自讲述品牌理念。在大家质疑辣条安全问题时，这条带着话题的微博在第一时间发出，获得了一大波好评。

2019 年 3 月 16 日，M 辣条又发了一个视频，这次的视频中，其邀请大学生去 M 辣条厂实地参观，并在微博邀请网友前去考察。

2019 年 3 月 18 日，M 辣条再接再厉，邀请平江县委书记来车间考察并品尝辣条。

接二连三的微博视频让 M 辣条不仅没有受辣条风波的影响，还提高了知名度。

根据公众发展过程的不同阶段，我们可将公众划分为非公众、潜在公众、知晓公众、行动公众。若在知晓公众转化为行动公众时，企业才有所行动，便为时已晚。M 辣条虽然没有被央视点名，却让辣条风波与其品牌有所关联。M 辣条主动站出来展示自己生产车间的卫生环境，还让县委书记作保，无疑有效稳定住了消费者的情绪。

任务实训

1. 实训目的

通过本任务的训练，熟悉新媒体事件营销的实施流程，并能够独立完成一次新媒体事件营销的实施策划。

2. 实训内容及步骤

（1）以小组为单位组建任务实训团队。

（2）通过自主学习，了解某品牌或某产品信息。

（3）根据品牌（或产品）特点，结合当前热点事件借势或者根据品牌（或产品）特点营造一次新媒体事件。

（4）根据策划的新媒体事件，重点完成如何利用新媒体实施事件营销的方案。

（5）将新媒体事件营销策划和实施方案做成 PPT，与同学们交流，完成作业。

3. 实训成果

实训作业：×品牌（或产品）新媒体事件营销策划及实施方案。

练习题

一、单选题

1. 浙江纳爱斯公司针对社会广泛关注的下岗职工再就业问题，策划了一系列电视广告，属于（　　）新媒体事件营销。

    A. 借用重大突发事件型　　　　　　　B. 借用公益活动型

    C. 借用社会问题型　　　　　　　　　D. 营造事件型

2. 企业进行新媒体事件营销策划的最基本原则是（　　）。

    A. 把握网民关注动向　　　　　　　　B. 力求完美

    C. 善于"借势"　　　　　　　　　　　D. 诚信为本

3. 新媒体事件营销获得成功的首要条件是（　　）。

    A. 良好的创意　　　　　　　　　　　B. 公众的关注

    C. 抓住时机，善于"借势"　　　　　　D. 力求完美

4. 新媒体事件营销的传播过程不包括（　　）。

    A. 确定传播目标　　　　　　　　　　B. 分析当下网络舆论环境

    C. 组织事件实施步骤　　　　　　　　D. 策划事件营销

5. 企业的每次传播活动都必须加强消费者对品牌的好感，因此，进行事件营销必须确保以（　　）为底线。

    A. 热点事件原则　　　　　　　　　　B. 社会公益原则

    C. 公众关注原则　　　　　　　　　　D. 事件炒作原则

二、多选题

1. （　　）属于新媒体"营造事件"营销。

    A. "吃垮必胜客"　　B. "买光王老吉"　　C. 海信赞助欧洲杯

    D. "贾君鹏你妈妈喊你回家吃饭"　　　　E. 鸿星尔克驰援河南灾区

2. 新媒体事件营销的策划要点有（　　）。

    A. 需要有良好的创意　B. 把握新媒体受众关注的动向　　C. 诚信为本

    D. 力求完美　　　E. 善于借势

3. （　　）属于新媒体事件营销特征。

    A. 投入小、产出大　　　B. 影响面广、关注度高　　　C. 隐蔽的目的性

    D. 具有一定的风险性　　E. 无风险、回报率高

4. 新媒体事件营销对企业的价值有（　　）。

    A. 通过正确的新媒体事件营销，可以迅速提升品牌知名度。

    B. 品牌与事件的有机结合，还有助于提升品牌的美誉度。

    C. 企业通过新媒体事件营销，可以提高终端销售量。

    D. 通过捆绑热点事件，开展社会营销，有利于塑造企业的社会公众形象。

    E. 企业通过新闻媒体炒作，可以达到长期提高品牌知名度的目的。

5. 下列关于新媒体事件营销说法正确的是（　　）。

    A. 新媒体事件营销中的"热点事件"一定要与品牌的核心理念相关联

    B. 事件越重要对社会产生的影响越大，价值也就越小

    C. 新闻点是新闻宣传的噱头，新媒体事件营销要想取得成功就必须有新闻点

    D. 策划事件营销一定要善于"借势"与"造势"，多利用"名人""名山""名水"来宣传企业品牌

    E. 新媒体事件营销的策划需要充分考虑公众的趋同心理。

三、名词解释

1. 新媒体事件营销　　2. 营造事件型策略　　3. 借势　　4. 公众高关注度事件

5. 重大突发事件

四、简答及论述题

1. 新媒体事件营销的类型有哪些？
2. 影响新媒体事件营销成功的关键因素有哪些？
3. 试论述如何策划新媒体事件营销。
4. 试论述新媒体事件营销的传播流程。
5. 试论述新媒体事件营销应注意的问题。

📚 案例讨论

蓝月亮携手腾讯，打造新媒体事件营销新范本

中秋节作为我国传统节日之一，有团圆的寓意，历来是各大品牌争相发力，以期走进用户内心的不容错过的时间节点。蓝月亮品牌与月亮有着天然的、深厚的联系，同样蕴含着爱意的传递与温情的陪伴。较之往年，2016 年中秋，蓝月亮借助腾讯全平台资源，深度定制"蓝月亮–月亮节"营销活动，推出"观礼天宫二号发射"活动，以真切理解消费者需求为出发点，为"蓝月亮–月亮节"造势。最终，此次活动以无处不在的情感攻势和多方面的大胆创新，引发了业界的广泛关注。

2016 年中秋，一个让全民关注的热点事件就是天宫二号的发射。天宫二号作为我国首个真正意义上的太空实验室，它的发射备受全国人民关注。腾讯作为中国载人航天工程办公室的独家官方合作伙伴，从晚间 7 时至 11 时，不仅连续 4h 直播见证"大国重器"的发射过程，还利用虚拟现实产品、TED 演讲、纪录片等多种报道形态，为全国网友带来一次关于中国航天硬实力的全科普。而作为腾讯航空航天首席合作伙伴的蓝月亮，除了与 1 850 万名网友共同见证天宫二号发射的这一荣耀时刻，其所坚持的"以科技推动洗涤行业升级换代"的追求，也与天宫二号所传递的航空科技精神——以科技改变百姓生活的愿景不谋而合。2008 年，神舟七号载人飞船发射成功，实现了航天员出舱行走。也是在这一年，蓝月亮用深层洁净洗衣液将中国家庭从洗衣粉时代带入洗衣液时代。而如今随着天宫二号的发射，蓝月亮的"机洗至尊"——我国首款泵头包装"浓缩+"洗衣液将走入无数家庭，宣告我国洗涤市场正式进入浓缩时代。

在营销结合方面，全平台的直播页面上出现了蓝月亮的品牌专区，向网友展示了蓝月亮的科技新产品——"机洗至尊"。直播间也处处传递出蓝月亮携手腾讯向天宫二号致敬的信息。在直播期间，主持人介绍了充满科技感的蓝月亮"机洗至尊"，更是表明了腾讯航空航天首席合作伙伴蓝月亮"以科技推动洗涤行业升级换代"的决心。

蓝月亮准确把握品牌定位，在充分了解受众需求和关注点的前提下，对热点事件进行精准捕捉和深刻洞察，借助于符合品牌调性的腾讯全平台互动直播模式和全渠道产品布局，抓住了中秋赏月和观礼"天宫二号"直播假日营销和事件营销的风口，创新性地将新品推广打造成了里程碑式的多维度事件营销盛宴。蓝月亮在中秋晚会上派发价值 20 亿元的浓缩升级券，消费者的踊跃参与一度导致系统崩溃，而蓝月亮"机洗至尊"也成为当晚京东旗舰店排行第一的热销产品。

思考讨论题

蓝月亮为何要携手腾讯开展新媒体事件营销？这对我们有哪些启示？

项目5　新媒体事件营销

任务	分析《飞利浦："缘于风雪"的煽情传播》案例				
班级		学号		姓名	

本任务要达到的目标要求：
1. 掌握新媒体事件营销策划的方法。
2. 熟悉新媒体事件营销传播的策略。

能力训练

扫描二维码，阅读《飞利浦："缘于风雪"的煽情传播》案例，完成工作任务。

二维码材料
飞利浦："缘于风雪"
的煽情传播

1. 与其他营销方式相比，新媒体事件营销有何优势？

2. 案例中的飞利浦新媒体事件营销为何能获得成功？

3. 结合案例，请思考如何策划新媒体事件营销活动。

我的心得：

项目6　大数据营销

学习目标

【知识目标】

(1) 理解大数据的概念。

(2) 掌握大数据的特征。

(3) 理解大数据营销的含义。

(4) 了解大数据营销的优势。

(5) 认识大数据营销带来的问题。

【技能目标】

(1) 能够为企业实施大数据营销提供策略建议。

(2) 能够为企业开展大数据营销选择恰当的营销模式。

(3) 能够掌握大数据营销的策略与方法。

(4) 能够针对企业在大数据营销中存在的问题提出解决方案。

【素质目标】

(1) 培养学习大数据营销的兴趣。

(2) 建立大数据营销新思维。

(3) 遵守商业伦理，尊重消费者，合规、合法地开展大数据营销活动。

项目情境导入

长期以来，德芙的品牌故事一直以爱情故事为主线。丝滑甜蜜的德芙巧克力十分契合爱情主题，这种产品营销模式也适合当下的快消食品市场。但是，这也使产品形成了局限性，很多消费者都认为巧克力是年轻人的食品，无形中隔开了更多的消费人群。

德芙天猫超级品牌日，德芙携手天猫新品创新中心，基于大数据分析，分析消费者心理，以"新年订下好'芙'气"为主题，将"得福之书"融入产品概念，推出了定制化的"得福之书"新年礼盒，为德芙注入了新"能量"。"得福之书"新年礼盒是为每一位消费者的专属定制，从产品到包装到祝福都完美契合消费者的定制需求。

德芙"得福之书"新年礼盒共有6种包装风格，既有满足粉丝需求的明星同款，也有适合送家人、送同事、送朋友、送闺蜜、送自己的款型，极大地扩展了消费者人群。

伴随着中国互联网电子商务的快速发展，巧克力互联网渗透率逐步提升，巧克力市场的"蛋糕"越做越大。一方面它有利于中国巧克力市场的发展，另一方面它也会形成更加激烈的市场竞争。德芙巧克力要想在市场上继续保持旺盛的生命力，不仅要探索新的品牌升级，更要开创新的营销思路。对于德芙而言，与天猫超级品牌日和天猫新品创新中心的合作，不仅是一次完美的品牌升级，更是一次高效率的产品营销。

早在"得福之书"新年礼盒上市之前，天猫新品创新中心就基于大数据，为德芙巧克力提供了清晰精准的消费者画像。从前期的市场洞察扫描、深入调研挖掘消费者礼品需求，到产品概念测试、指导设计优化和精准库存，再到整合超级品牌日资源、与各种媒体进行有效衔接，创造了一条完整、精准而又高效的产品营销之路，成为人工智能时代产品营销的必然选择。

此次德芙超级品牌日，形象上也得到了极大传播，赵丽颖视频实力打 call、世贸天阶大屏强势曝光，更有马思纯天猫直播为产品站台，以及创新地通过银泰互动大屏"芙"气大挑战实现全新消费者互动。这是一条立体的、全方位的营销之路，必然会创造令人意想不到的营销奇迹。

问题：德芙为何要拥抱大数据营销？德芙是如何携手天猫开展大数据营销的？本案例给我们的启示是什么？

项目分析

随着信息技术和互联网的发展，海量数据时代已经到来，数据所蕴含的巨大价值逐渐被认可。在云计算、物联网、社交网络等新兴服务的影响下，人与人之间、人与机器之间以及机器与机器之间产生的数据信息正在以前所未有的态势增长，数据从简单的处理对象开始转变为一种基础性资源。大数据营销作为一种精准的市场营销方法，在网络营销活动中得到了广泛应用。

那么什么是大数据营销？大数据营销有哪些优势？大数据营销有哪些应用？如何开展大数据营销？如何看待大数据营销所带来的一系列负面问题？本项目将分别对以上问题进行解答。

任务 6.1　认识大数据与大数据营销

任务引入

社区连锁超市老板小司最近对大数据产生了浓厚的兴趣。他通过调研越来越深刻地认识到，在当今时代，大数据无孔不入，只有有效掌握了大数据营销的方法，才有可能把握住自己连锁超市经营的成功。

小司认为通过对大数据的挖掘与分析，自己的连锁超市能够更好地发掘用户的消费偏好，从而进行精准营销，而且还可以充分发现潜在用户、扩大营销范围、增强营销效果。所以他决定将大数据营销应用到自己的超市经营实践中。

请问，如果你是小司，你将如何开展大数据营销？

相关知识

1. 大数据的含义

微课堂
大数据营销的
含义及特征

大数据是近几年来最热的词语之一，美国政府将大数据定义为"未来的新石油"，我国也在国家层面给予了大数据足够的重视。大数据已经超越商业行为，上升为国家战略，成为我们商业生态环境和日常工作生活中不可或缺的部分。那么什么是大数据呢？

大数据又称巨量资料，是指无法在一定时间内使用传统数据库软件对其内容进行获取、管理和处理的数据集合。相比传统的小数据，大数据具有规模大、多样性、时效性、准确性和价值密度低等特征，如表 6-1 所示。

表 6-1　大数据的特征

规模大	数据存储量大，已从 TB 跃升到 PB 级别，甚至开始使用 EB 和 ZB 级别。希捷（Seagate）和互联网数据中心（Internet Data Center，IDC）的联合研究预测，到 2025 年全球数据量将超过 160ZB
多样性	大数据包括结构化、半结构化、非结构化等各种格式，并以数值、文本、图形、图像、流媒体等多种形态存在
时效性	大数据具有很强的时效性，往往以数据流的形式快速地产生。用户若想有效地利用这些数据，就必须把握好数据产生的时间，同时数据自身的状态与价值也随着时间变化而发生变化
准确性	处理的结果要保证一定的准确性，不能为了保证大数据处理的时效性而牺牲处理结果的准确性
价值密度低	大数据虽然蕴含极大的价值，但其价值密度低，需要进行深度分析、挖掘，才能获得有价值的信息

大数据相对于小数据，既是数据量的激增，同时也是数据复杂性的提升。大数据的数据类型丰富多样，既有像原有的数据库数据等结构化信息，又有文本、视频等非结构化信息，而且对数据的采集和处理速度要求也越来越高。大数据包括交易和交互数据集在内的所有数据集，主要由海量交易数据、海量交互数据和海量数据处理 3 部分构成。其规模和复杂程度超出了常用技术按照合理的成本和时限捕捉、管理及处理这些数据集的能力。

案例分析

网易云年度歌单刷屏

网易云年度歌单利用大数据海量收集用户的听歌信息和数据，将每个用户对哪首歌听得最多、给出了什么评论、听歌时间、听歌习惯等，都在专属歌单上非常清晰地罗列了出来。而且，根据每个用户的听歌喜好，网易云对用户的心情、性格等进行分析，给出大致的标签，加入了更多的个人情感化的内容，让用户体会到定制歌单的细致与用心，从而对其产生好感，进一步将其转发分享，达到传播和刷屏的最终目的。

这其中，大数据起到了非常基础而又重要的技术作用，正是因为大数据，网易云才能与用户形成深层次的创意互动，即时生成专属歌单。再借助情感角度的切入，用心的内容文案引发的感动与共鸣，网易云与每个用户都能建立起情感上的联系，从而加强用户对网易云的信任和依赖。

案例分析：从网易云年度歌单刷屏的案例中我们不难发现，其中最让大众热衷和在意的莫过于年度歌单的特殊性与专属性让用户有了独一无二的优越感，同时借助年度歌单回顾一年来的心情也触动了很多用户的感情点。总之，在大数据的作用下，个人年度歌单这一类的互动形式才能够实现，企业才有可能为每个用户量身定做产品，达到精细化营销的目的。

2. 大数据营销的概念与特征

大数据营销是通过大数据技术，对根据多平台所获得的海量数据进行分析，帮助企业找到目标客户，并以此为基础对广告投放的内容、时间及形式进行预测与调配，从而实现广告精准投放的营销过程。按照大数据处理的一般流程，大数据技术可以分为大数据采集技术、大数据存储和管理技术、大数据分析技术和大数据应用技术 4 类。

社交网络的扩张使得数据急速增长，将用户在社交网络中的行为轨迹串联，进行分析，企业就可以了解用户的行为习惯，理解用户需求。例如，谷歌利用引擎搜索记录发掘数据二次利用价值，成功预测了 2009 年甲型 H1N1 流感的传播；亚马逊通过从客户身上捕获的大量数据研发了个性化推荐系统，根据客户的购物喜好，为其推荐具体的书籍、产品以及感兴趣的内容。大数据带来的营销变革趋势日益凸显，与传统营销相比，大数据营销具有以下特征。

1) 全样本调查

大数据技术的发展使得人们得以对从传感器、移动终端、网站等采集的大数据进行分析，从中获取有价值的信息。在大数据时代，商务数据分析不再以抽样调查的方式降低数据处理难度，而是对所采集的全部数据进行分析，能够有效避免抽样自身存在的误差，甚至以偏概全等缺陷。

2) 数据化决策

英国学者舍恩伯格在其经典著作《大数据时代》一书中强调，大数据时代探索的不是"为什么"的问题，而是"是什么"的问题。在大数据时代，事物之间的因果关系已不是数据分析的重点，识别需求才是信息的价值所在。大数据营销将让一切消费行为与营销决策数据化，最终形成一个营销的闭环体系，即"消费—数据分析—营销活动—效果评估—消费"。预测分析成为大数据营销的核心。全面、及时的大数据分析能够为企业制定营销决策提供更好的支撑，从而提高企业的营销竞争力。

3) 强调时效性

在网络时代，用户的消费行为和购买方式极易在短时间内发生变化。在用户需求欲望最强时及时进行营销非常重要。全球领先的大数据营销企业 AdTime 对此提出了时间营销策略，它可通过技术手段充分了解用户的需求，并及时响应每个用户当前的需求，让用户在决定购买的"黄金时间"内及时接收到商品广告。

4）个性化营销

所谓个性化营销（personalization marketing），最简单的理解就是量体裁衣，就是企业面向消费者，直接服务于消费者，并按照消费者的特殊要求制作个性化产品的新型营销方式。互联网提供了大量消费者信息数据，企业可以利用网络资源对消费者各渠道的行为数据、消费者生命周期各阶段的行为数据进行记录，制定高度精准、绩效可高度量化的营销策略。对于既有消费者，企业可以通过分析所采集到的消费者信息，推断其购物偏好或倾向，进而进行定制化推送。同时，企业也可以根据消费者不同的特性对其进行细分，然后用不同的侧重方式和定制化活动向这些类群体进行定向的精准营销。而对于潜在消费者，企业可以根据大数据分析获得消费者对产品特性的倾向，进而对产品精确定位，改善产品，进行有针对性的营销，使潜在消费者成为现实消费者。

3. 大数据营销的优势

1）提高企业营销效率

大数据营销既能帮助企业实现渠道优化，也能促进企业营销信息精准推送。企业可以通过分析消费者留存于社会化网络平台的信息记录，获取消费者购买商品或服务的渠道信息，进而依据消费者的使用情况对营销渠道进行优化。同时，企业也可以通过大数据技术对消费者进行分类，然后有针对性地向消费者推送相关营销信息。

2）提升客户体验

大数据处理技术使企业能够进行精准分析。企业根据分析结果，可以对特定顾客进行准确划分，从而向潜在顾客传递其所需要的商品信息。对顾客而言，所获商品信息价值越高，就越有利于他们做出正确的购买决策。此外，开展大数据营销的企业应该关注顾客使用产品后的体验、感受，以便对产品进行改进。在大数据营销时代，企业只有将消费者的反馈信息进行合理分析和利用，才能使企业真正发挥大数据营销的魅力，让顾客的每项体验都能够真切地体现到产品的改进中。

3）促进营销平台互通互联

消费者以生活化的形式存在于互联网之中，要想精准掌握消费者的需求，就要尽可能多地了解其生活的每个关键时刻。人们已经充分将日常生活与互联网平台互联，如在社交网站与亲朋好友互动，在电商平台进行商品消费，在论坛发表个性观点，甚至可以在某些平台进行知识科普。大数据营销需要的是将网络中碎片化的消费者信息聚合，得到消费者整体画像，从而进行个性化营销。因此，大数据营销应用的发展促进了各大互联网平台的相互融合。在线上平台相互打通的同时，大数据营销也促进了线上线下营销平台的互联。媒体通过跨界融合的方式使报纸、电视、互联网进行有效结合，资源共享，获得大量消费者信息，经过集中处理，衍生出形式多样的营销信息，再通过不同平台进行传播，提升营销效果。

大数据对营销的三大影响

大数据在营销3.0时代发挥着越来越重要的作用，通过大数据来细分、挖掘和满足需求，结合相应的效果反馈机制、综合评估分析，再加上大数据精准化、智能化的营销，主要可以实现3个方面的改进。

一是受众更"全"。充分扩大受众广度，大数据收集的是目标受众的所有信息数据，可以从市场中获取较以往更加全面和完整的消费者数据，企业通过分析这些数据，可以更真实地掌握消费者的信息，更准确地发现消费者的需求，根据数据来制定出适合消费者需求的营销模式和营销组合。

二是投放更"准"。大数据可以分析用户特征、消费者行为、需求特点，同时平台、载体、人群的选择让营销更精准，从而促进各行业营销模式的精准升级，改变行业内原本落后的营销战略和手段，提高企业的营销效率。

三是转化率更"高"。大数据关注数据间的关联性，而不单单关注数据的因果性。通过分析海量的相关数据，还可以发现并总结出消费者的消费习惯，根据消费者的习惯来进行预测，设置特定的场景来激发消费者的购买行为，从而提升有效受众的转化率。

任务实训

1. 实训目的

通过网络问卷调查，了解当代大学生的用户画像。

2. 实训内容及步骤

（1）以小组为单位，成立任务团队。

（2）设计《大学生用户画像》调查问卷，并在问卷星平台发布。

（3）对调查数据进行分析，撰写分析报告。

（4）提交分析报告，由授课教师评分，作为本课程的平时成绩。

3. 实训成果

实训作业：当代大学生的用户画像分析。

任务 6.2　掌握大数据营销的策略与方法

任务引入

社区连锁超市老板小司决定开展大数据营销后，需要解决的问题很多，但他最关心的是到底该采取什么样的大数据营销策略和方法才能取得期望的营销效果。

请同学们结合社区连锁超市的经营特点，从专业的角度为小司提供相关建议。

相关知识

大数据开启了一次重大的时代转型，正在改变着我们的生活方式。处于当今移动互联网时代、大数据化运营的大环境中，企业的营销策略也发生着一系列重大的改变。

1. 大数据+营销新思维

大数据是一场新的革命，大数据时代的到来将彻底颠覆此前的市场营销模式与理念，加快企业传统营销模式的转变步伐。那么，企业该如何利用庞大的网络信息数据开展有效营销？下面将对大数据背景下几个营销新思维的应用方法进行具体介绍。

1）关联营销

关联营销是指企业通过大数据技术，从数据库的海量数据中发现数据或特征之间的关联性，实现深层次的多面引导。著名的沃尔玛"啤酒与尿布"关联销售就是利用大数据关联分析开展营销的典范。

"啤酒与尿布"的故事发生于20世纪90年代的美国沃尔玛超市中，沃尔玛的超市管理人员分析销售数据时发现了一个令人难以理解的现象：在某些特定的情况下，"啤酒"与"尿布"两件看上去毫无关系的商品会经常出现在同一个购物篮中，这种独特的销售现象引起了管理人员的注意，经过后续调查发现，这种现象往往出现在年轻的父亲身上。

在美国有婴儿的家庭中，一般是母亲在家中照看婴儿，年轻的父亲前去超市购买尿布。父亲在购买尿布的同时，往往会顺便为自己购买啤酒，这样就会出现啤酒与尿布这两件看上去不相干的商品经常出现在同一个购物篮中的现象。如果这个年轻的父亲在一家超市只能买到这两件商品之一，那么他很有可能会放弃购物而去另一家超市，直到可以同时买到啤酒与尿布为止。沃尔玛发现了这一独特的现象后，开始在卖场尝试将啤酒与尿布摆放在相同的区域，这可以让年轻的父亲同时找到这两件商品，并很快地完成购物；而沃尔玛超市也可以让这些客户一次购买两件商品而不是一件，从而获得了更好的商品销售收入。"啤酒与尿布"的故事是营销界的神话，"啤酒"和"尿布"两个看上去似乎没有关系的商品被摆放在一起进行销售却使超市获得了很好的销售收益。沃尔玛的这个营销案例被普遍认为是利用大数据分析开展营销的开端，即通过对大数据进行分析，找到商品之间的相关性，确定消费者的购买行为，以便更好地促进营销活动的开展。

关联性对企业的商业决策具有重要意义，在市场营销、事物分析等领域有着广泛的应用。商家通过对记录每个购物内容的数据进行整理分析，发现不同商品之间所存在的关联性，进而分析客户的购买习惯。比如，商家可以通过大数据研究客户在购买牙膏时伴随购买的商品有哪些，客户购买牙膏的同时是否也喜欢购买牙刷或者购买哪个品牌的牙刷。如果根据大数据分析出牙膏与牙刷的关联性，商家就可以进行有针对性的促销，将牙刷和牙膏放在一起销售。

2）定制营销

互联网思维下的定制营销思维正在发生蜕变，定制服务领域在扩展、内涵在加深，用户满意度也得到空前提升。所以，定制营销思维已经不再局限于量身打造衣服那么简单，它已经逐渐渗透到人们的日常生活中，比如打车App和"定制公交"对交通这一传统行业的改造；制定旅行线路和产品销售的相关人员为满足消费者个性化和碎片化的需求，通过网络征集信息，梳理"大数据"后，实现小众市场的深度发掘等。

在互联网下的定制营销思维与传统定制营销思维有了明显不同，追求快速、专注、口碑和极致的用户体验，推崇让用户来定义产品或服务、快速响应用户需求、以互联网为工具传递用户价值等开放理念。在市场竞争日益激烈的情况下，定制营销思维的运用可以帮助企业获得市场的有利地位，在互联网时代，没有定制营销思维的企业必将被市场淘汰。在当今这个产品越来越趋向于同质化的时代，人们对于能切合自身个性化需求的定制产品有着明显的偏爱。企业应当抓住这个机遇，逐步实现产品的定制化，为用户提供更加优质的用户体验，从而增加企业利润。

3）精准营销

美国西北大学教授菲利普·科特勒将精准营销定义为，在精准定位的基础上，依托现代信息技术手段建立个性化的消费者沟通服务体系，实现企业可度量的低成本扩张之路。简单来说就是在合适的时间、合适的地点，将合适的产品以合适的方式提供给合适的人。京东商城通过 E-mail 进行的大数据精准营销值得我们学习借鉴，下面我们来看一下京东商城的具体做法。

王先生是京东商城的一名新会员，最近想购买某品牌的空气净化器，于是就去京东商城上购买，结果他发现自己选中的净化器缺货。在失望之余他看到京东商城还有"到货提醒"功能，于是他选中了该功能，并填上了自己常用的邮箱地址。几天后，王先生收到一封 E-mail，内容大致是"您上次想买的净化器有货了"。此刻，该净化器为京东商城"满减"活动的产品，可以优惠 300 元。王先生觉得可以接受，就果断购买了该净化器。

互联网和信息技术的发展，使记录和存储包含受众地址、购买记录和消费偏好等内容的大数据成为现实。数据的信息维度越高，其涵盖的信息越丰富，企业通过大数据技术分析后，获得的受众信息越准确，进而实施营销的精准度就越高，营销效果越好。企业实施大数据精准营销一般需要具备 3 个条件，即精准的市场定位、巧妙的推广策略和更好的消费者体验。

（1）精准的市场定位。古人云，"知己知彼，百战不殆"。企业首先要弄清自己的产品是什么，消费者是哪些人，同时也必须对消费者有非常准确的了解，明白消费者的需求是什么，哪些消费者需要自己的产品。也就是说，企业准备将产品推向市场时，必须先找到准确的市场定位，然后集中自身的优势资源，才有可能获得市场战略和营销活动的成功。企业要获得成功，必须能够在恰当的时间提供恰当的产品，并用恰当的方式将产品送到恰当的消费者手中。这些"恰当"达到一定程度，就可称为"精确"。

（2）巧妙的推广策略。企业进行市场推广，一般都采用广告、促销和渠道等营销手段。尽管企业领导知道投入的巨额广告费用中的相当一部分会浪费掉，但不知具体浪费在何处。在互联网和信息技术高速发展的时代，通过大数据分析，企业能够较为准确地定位目标消费者，实施有效的推广策略，实现精准营销、销售，减少营销费用的浪费。

（3）更好的消费者体验。在以市场为导向、消费者为中心的营销新时代，要想获得收益，企业必须关注消费者价值。只有实现消费者价值，企业才能获得丰厚的利润和回报。在精准营销中，企业必须通过多渠道，真正实现更好的消费者体验。

✎ 延伸学习

大数据精准营销中的用户画像

用户画像是根据用户的社会属性、生活习惯和消费行为等信息而抽象出的一个标签化的用户模型，具体包含以下几个维度。

用户固定特征：性别、年龄、地域、教育水平、职业等。

用户兴趣特征：兴趣爱好，使用的 App、网站，浏览/收藏/评论内容，品牌偏好，产品偏好等。

用户社会特征：生活习惯、婚恋状况、社交/信息渠道偏好、宗教信仰、家庭成员等。

用户消费特征：收入状况、购买力水平、商品种类、购买渠道喜好、购买频次等。

用户动态特征：当下需求、正在前往的地方、周边的商户、周围的人群等。

构建和生成用户画像一般要通过以下 3 个步骤。

1. 收集数据

企业首先需要掌握多样的数据源，包括用户数据、各式活动数据、电子邮件订阅数据、线上或线下数据库及客户服务信息等。大数据营销的数据库是累积数据库，最基础的用户行为数据应通过网站或 App 来获取，如收集网站用户行为数据时，由于用户登录网站后其 Cookies 就一直驻留在浏览器中，开展大数据营销的企业通过用户点击的按钮和链接、访问路径以及点赞和评论等，可以识别并记录用户所有的浏览行为，然后持续分析其浏览过的关键词和页面，分析用户的短期需求和长期兴趣。企业还可以通过社交平台分析，获得用户的职业、爱好、教育等方面的信息。

2. 描述分析

描述分析是最基本的分析统计方法，分为数据描述和指标统计两大部分。数据描述用来对数据进行基本情况的刻画，包括数据总数、范围、数据来源。指标统计是把分布、对比、预测指标进行建模。

通过描述分析将用户分类，给用户贴上标签，企业可以开展"一对一"的精准营销。例如，一位"80 后"客户喜欢早上 10 点在生鲜网站上下单买菜，晚上 6 点回家做饭，周末喜欢去附近吃日本料理。这样企业就可以给该用户贴上"80 后""生鲜""做饭""日本料理"等标签。

3. 优化整理数据

有了用户画像之后，企业就可以清楚地了解用户的需求，在实际操作中便能深度经营用户关系，甚至找到扩散口碑的机会。例如，对于上面提到的那位"80 后"用户，若有生鲜打折券，企业就会把相关信息精准推荐给他。针对不同需求发送推荐信息后，企业同时也可以通过满意度调查、跟踪码确认等方式，掌握用户各方面的行为与偏好。

2. 大数据+网络社交媒体

金杯银杯不如口碑。随着社会化媒体的盛行，消费者行为对于企业营销的影响在日益扩大。当今，消费者通过网络媒体平台对产品信息的反馈比以往任何时候都更加及时、全面。一则微博发出，短时间内通过转发评论就能引发社会关注，其时效性高于传统媒体。消费者通过微博、微信进行口碑传播，可以在几天之内颠覆人们对于一个品牌的认知。企业应抓住机会，利用大数据技术在社交网络平台上提炼大众意见，捕捉消费者群体的产品需求，并以此为依据，结合网络社交媒体做好营销活动。下面以常用的微信、微博、E-mail 网络社交媒体为例进行介绍。

1）大数据+微信

大数据的迅猛发展对当下的网络营销产生了巨大的影响，也赋予了微信大数据营销价值。由于拥有海量用户，微信平台上会产生海量的数据。因此，微信除了有众多渠道可以帮助商家进行营销，其本身的大数据特性也对商家的营销起着巨大的作用。在这方面，M 手机的"9∶100 万"的粉丝管理模式值得称道。

"9∶100 万"的粉丝管理模式，是指 M 手机的微信公众号后台客服人员有 9 名，这 9 名员工最重要的工作是每天回复 100 万名粉丝的留言。

每天早上，当 9 名客服人员在计算机上打开 M 手机的微信公众号后台，看到后台用户的留言，他们一天的工作也就开始了。其实 M 公司自己开发的微信后台可以自动抓取关键词回复，但客服人员还是会进行一对一的回复，M 公司也是通过这样的方式大大提升了用户的品牌忠诚度。

当然，除了提升用户的品牌忠诚度，用微信提供客户服务也给 M 公司带来了实实在在的益处，使得 M 公司的营销成本、客户关系管理（customer relationship management，CRM）成本降低。过去，M 手机做活动通常会群发短信进行通知，100 万条短信发出去，就是 4 万元的成本，相比之下，微信的作用显著且成本更低。

2）大数据+微博

微博营销是利用微博平台实现企业信息交互的一种营销方式，是企业借助微博这一平台开展的包括企业宣传、品牌推广、活动策划及产品介绍等一系列的市场营销活动，具有成本低廉、针对性强且传播速度快、灵活和互动性强等特点。在微博中，每个粉丝都是企业潜在的营销对象。企业可以通过发布微博向关注者传播企业文化、产品信息，树立良好的企业形象和产品形象。在这个方面，伊利营养舒化奶的世界杯微博营销值得我们学习借鉴。

随着企业营销需求的转变，常规的品牌曝光显然已经不能满足其需求，这相应提高了企业对网络媒体深入营销能力的要求。网络媒体必须分析不同行业与世界杯的不同接触点，兼顾企业的营销诉求、产品价值与市场需求，分别寻找它们与世界杯的最佳契合点。

新浪俄罗斯世界杯微博报道代言人"活力宝贝"就找到了这一契合点。在消费者的消费联想中，牛奶大多代表营养、健康，与"活力"的关联不直接，所以企业需要一个机会，让伊利营养舒化奶和活力有机关联起来。而世界杯是一个很好的契机，因为世界杯是考验中国球迷活力的时候，所有的比赛基本在后半夜，有活力才能坚持看完比赛。

俄罗斯世界杯期间，伊利营养舒化奶与新浪微博深度合作，在"我的世界杯"模块中，网友可以披上自己支持的球队的国旗，在新浪微博上为球队呐喊助威。该活动结合伊利营养舒化奶的产品特点，与世界杯足球赛流行元素相结合，借此提高品牌知名度，让球迷形成记忆。在新浪微博的世界杯专区，超过 200 万人披上了自己支持的球队的国旗，为球队助威，相关博文的转发也突破了 3 000 万条。同时，该活动还选出了粉丝数量最多的网友，使其成为球迷领袖。

伊利营养舒化奶的"活力宝贝"作为新浪俄罗斯世界杯微博报道的形象代言人，将体育营销上升到一个新的高度，为观众带来精神上的振奋感，使得观看广告成为一种享受。如果企业、品牌不能和观众产生情感共鸣，企业即使在比赛场地上铺满企业的 logo，也不能带来任何效果。

伊利营养舒化奶的世界杯新浪微博营销活动其实是基于大数据技术的分析而进行的。特别是在目标受众方面，伊利营养舒化奶通过大数据分析，确定其目标受众为"活力型和优越型"人群，他们一般有着共同的产品诉求。本次微博营销活动让球迷将活力与营养舒化奶有机联系在一起，让关注世界杯的人都注意到伊利营养舒化奶，将"营养舒化奶为中国球迷的世界杯生活注入健康活力"的信息传递出去。

目前，用户可以享受免费的微博服务，同时微博平台还具有庞大的用户群体，能为企业开展微博营销提供坚实的基础。

3）大数据+E-mail

E-mail 营销是在用户事先许可的情况下，通过 E-mail 的方式向目标用户传递有价值的信息的一种营销手段，具有操作简单、应用范围广、成本低、针对性强等特点。企业常通过 E-mail 发送电子广告、产品信息、销售信息、市场调查报告、市场推广活动等。然而，E-mail 营销信息常被认为是垃圾邮件，会降低人们对企业的信任度。随着大数据技术的发展，企业通过大数据分析能够获知用户的行为倾向、消费偏好，使得通过 E-mail 进行针对性的精准营销成为可能。

如今，已有越来越多的企业采用电子邮件开展产品的网络推广和客户维护，精准的 E-mail 营销是互联网时代的制胜利器。

3. 大数据+移动营销

数据服务商 QuestMobile 发布的《2022 年中国移动互联网年度报告》显示，经过多年的持续蓄力发展，截至 2022 年 12 月，中国移动互联网用户规模突破 12 亿大关，同时，用户黏性也进一步增加，月人均时长和使用次数分别突破 177.3h、2 633 次。根据中国互联网协会数据，2015—2021 年，我国移动互联网规模呈逐年上升的趋势。随着移动互联网技术的发展，网络上流传着这样一句话："在未来，营销格局将进入'无移动，不营销'的状态。"移动营销正在颠覆传统营销，成为商业变革的新动力。

移动互联网最主要的特点是更加即时、快速、便利，无任何地域限制，可以满足消费者随时随地消费的需求。在大数据背景下，移动营销将成为各大企业开展营销活动的重要手段。

移动营销是基于对大数据的分析处理，深入研究目标消费者，获取市场信息，进而制定营销战略，并通过移动终端（智能手机或平板电脑等）向目标受众定向和精确地传递个性化即时信息，通过与消费者的信息互动达到市场营销目标的行为。移动营销具有便携性、精准性、互动性等特点。这些特性使消费者能够通过手机或者各种智能化的移动设备随时随地参与消费活动，完成品牌搜索、产品信息互动、相关价格查询对比、下单购买、反馈评价等一系列购买行为。

目前，大数据结合移动端营销的方式主要有微店、微商、App、代购等形式，天猫、亚马逊、京东等各大电商也都推出了自己的移动 App。2020 年我国电商市场规模达到 11.76 万亿元，同比增长 16.5%。其中，移动端电商交易额占比达到了 85.6%，我国网络用户在移动端的消费习惯已经形成。

如今传统电商巨头纷纷布局移动电商，众多新型移动电商购物平台不断涌现，传统企业也在积极试水移动端营销。有的商家推出"PC 端+移动端+线下门店"多渠道购物业务，进行线下线上联动营销，包括推出支付宝支付、微信支付等移动支付形式，既在一定程度上减缓了消费者排队等候的苦恼，又使其营销活动更加新颖。

移动营销手段不仅使企业大大降低了广告宣传的费用，而且还降低了营运的成本。企业或者品牌要想方便地对消费者进行"一对一"的推广，只需开发一款 App 或者注册微信公众号就可以细分各个消费群体的类别，精确定位每个消费群体，在精准定位的基础上实现消费者的个性化需求服务，让消费者获得满意的购物体验。此外，很多企业还推出"百度春晚搜红包""微信红包"等活动，鼓励消费者在手机上抢红包，以增加人气。同时，企业还开展团购活动，让消费者发动自己的微信群、朋友圈来参与。在这个过程中，越来越多的消费者关注企业的公众号，下载企业的 App，企业获得了更多的用户信息，接下来可以用短信等形式向消费者推送产品信息，确保了与消费者的长期联络。

当前通过手机购物的消费者越来越多，企业应该努力把营销活动做到消费者的手机端，从而实现真正的精准营销。同时，在大数据时代，手机成为产生大数据的重要终端，企业在手机端的营销布局变得越来越重要。

任务实训

1. 实训目的

了解拼多多的大数据营销。

2. 实训内容及步骤

（1）以小组为单位，组成任务团队。
（2）收集拼多多的大数据营销资料，编写研究案例。
（3）分析案例，撰写研究报告。
（4）提交最后的研究报告，并做成 PPT 在班级里进行展示。

3. 实训成果

实训作业：拼多多大数据营销案例研究。

任务 6.3　关注大数据营销带来的问题

任务引入

2021 年 3 月，复旦大学孙金云教授发布的一项"手机打车"研究报告引发了网友的热议。孙教授的研究团队在国内 5 个城市中收集了常规场景下的 800 多份样本，最后得出一份打车报告。报告显示：苹果机主更容易被专车、优享这类更贵的车型接单；如果不是苹果手机，则手机越贵，越容易被更贵的车型接单——这样的报告，让人们对大数据用户画像、大数据杀熟产生的消费陷阱意难平。

建设新型消费社会，消费者权益必须得到保障。在2021年全国"两会"上，有全国人大代表提交关于修改《中华人民共和国反垄断法》及完善相关配套制度的议案，其中包括建议立法禁止协同行为，规制数据滥用、大数据杀熟、平台二选一等行为。

请同学们思考，大数据杀熟现象为何屡禁不止？应该如何加强治理？

相关知识

1. 消费者个人隐私泄露问题

大数据技术具有随时随地保真性记录、永久性保存、还原画像等强大功能。消费者的身份信息、行为信息、位置信息甚至信仰、观念、情感与社交关系等隐私信息，都可能被大数据记录、保存和呈现，我们每位消费者几乎每时每刻都暴露在智能设备面前，时时刻刻都在产生数据并被记录。这增加了消费者个人隐私泄露的风险。

> **课堂讨论**
>
> 企业在开展大数据营销时应注意哪些问题？消费者隐私该如何被保护？

在大数据分析过程中，个人隐私信息很可能被无意中泄露或滥用。例如，通过大数据分析可以推断出个人的生活习惯、消费偏好、健康状况等信息，而这些信息很可能被商业机构利用，给个人带来困扰。更可怕的是，恶意攻击者可能通过网络入侵、恶意软件感染等手段获取个人隐私信息，进而进行不法活动。如果任由网络平台运营商等商家收集、存储、兜售用户数据，保护消费者的个人隐私将无从谈起。

思政园地

应对大数据时代个人隐私保护挑战的策略

1. 加强数据安全防护

企业和政府应加大对数据安全技术的投入，建立完善的数据安全防护体系，防范恶意攻击和数据泄露事件的发生。此外，应加强数据使用者的安全意识教育，提高数据安全防范意识。

2. 规范大数据使用行为

在大数据使用过程中，应建立严格的隐私保护规范，明确数据的收集、存储、分析和利用等方面的要求。同时，对违反隐私保护规定的行为应加大处罚力度，以保障个人隐私权益。

3. 提高公众隐私保护意识

通过媒体、教育等多种途径，加强公众对个人隐私保护的宣传教育，提高公众的隐私保护意识和技能。同时，公众也应学会合理行使自己的隐私权，关注自己的个人信息是否被滥用。

4. 加强国际合作

面对全球化的挑战，需要加强国际合作，共同制定和执行隐私保护政策，打击跨国网络犯罪，共同应对大数据时代的个人隐私保护问题。

大数据时代下个人隐私保护面临着诸多挑战，但同时也提供了解决这些问题的思路和途径。通过加强数据安全防护、规范大数据使用行为、提高公众隐私保护意识以及加强国际合作等多方面的努力，我们可以有效应对大数据时代的个人隐私保护问题，实现大数据发展与个人隐私保护的平衡。

2. 大数据杀熟问题

大数据杀熟是指开展网络营销的商家利用所拥有的用户数据对老客户实行价格歧视的行为。具体表现为商家为获得利润最大化，对购买同一件商品或同一项服务的消费者实行差别定价，给予老客户的定价要高于新客户。大数据杀熟现象存在已久，早在 2000 年时就有亚马逊的消费者发现《泰特斯》（*Titus*）的碟片对老客户的报价为 26.24 美元，但对新客户的报价为 22.74 美元。近年来，我国大数据杀熟的现象屡见不鲜。比如，在团购平台上充值成了会员之后反而要比非会员支付更高的配送费，在某购物平台上购物老客户不仅没有获得优惠，反而要比新客户支付更高的价格。

2021 年 3 月，复旦大学孙金云教授发布的一项"手机打车"研究报告引发了网友的热议。孙教授的研究团队在国内 5 个城市收集了常规场景下的 800 多份样本，最后得出一份打车报告。报告显示：苹果机主更容易被专车、优享这类更贵的车型接单；如果不是苹果手机，则手机越贵，越容易被更贵的车型接单——这样的报告，让人们对大数据用户画像、大数据杀熟产生的消费陷阱意难平。

大数据杀熟实际上是企业根据用户的画像，综合其购物历史、上网行为等大数据轨迹，利用老用户的"消费路径依赖"专门"杀熟"。2019 年北京市消协所做的调查显示，88.32% 的被调查者认为"大数据杀熟"现象普遍或很普遍，有 56.92% 的被调查者表示有过被"大数据杀熟"的经历。同时，被调查者认为网购平台、在线旅游和网约车等消费"大数据杀熟"问题最多，在线旅游高居榜首。另外，北京市消协 2022 年发布的互联网消费大数据"杀熟"问题调查结果显示，86.91% 的受访者表示有过被大数据"杀熟"经历，50.04% 的受访者曾在在线旅游消费中遭遇过大数据"杀熟"。但遗憾的是，由于"大数据杀熟"具有隐蔽性，消费者若要进行维权往往难以举证，维权困难。

建设新型消费社会，消费者权益必须得以保障。2021 年 8 月 20 日，十三届全国人大常委会第三十次会议表决通过《中华人民共和国个人信息保护法》，其中明确不得进行"大数据杀熟"。2022 年 1 月，国家网信办等四部门联合发布《互联网信息服务算法推荐管理规定》，自 2022 年 3 月 1 日起施行。该规定针对算法歧视、"大数据杀熟"、诱导沉迷等进行了规范管理，要求保障算法选择权，告知用户其提供算法推荐服务的情况；应当向用户提供不针对其个人特征的选项，或者便捷地关闭算法推荐服务的选项。此外，不得利用算法推荐服务诱导未成年人沉迷网络，应当便利老年人安全使用算法推荐服务；不得根据消费者的偏好、交易习惯等特征利用算法在交易价格等交易条件上实施不合理的差别待遇等。

3. 消费者信息安全问题

虽然个人所产生的数据包括主动产生的数据和被动留下的数据，其删除权、存储权、使用权、知情权等本属于个人可以自主的权利，但在很多情况下却难以保障安全。一些信息技术本身就存在安全漏洞，可能导致数据泄露、伪造、失真等问题，影响信息安全。此外，大数据使用的失范与误导，如大数据使用的权责问题、相关信息产品的社会责任问题以及高科技犯罪活动等，也是信息安全问题衍生的伦理问题。

任务实训

1. 实训目的

了解"大数据杀熟"现象，分析其产生的原因并提出对策。

2. 实训内容及步骤

（1）以小组为单位组建任务实训团队。
（2）收集相关资料，汇编大数据杀熟现象典型案例。
（3）分析大数据杀熟现象产生的原因，并提出对策。
（4）提交分析报告，由授课教师进行点评。

3. 实训成果

实训作业：大数据杀熟现象研究。

------------------------------ 📖 练习题 ------------------------------

一、单选题

1. 大数据营销的核心是（　　）。
　　A. 精准营销　　　　B. 预测分析　　　　C. 个性化营销　　　　D. 移动互联网
2. 大数据应用需依托的新技术有（　　）。
　　A. 大数据存储和管理技术　　　　　　B. 大数据分析技术
　　C. 大数据采集技术　　　　　　　　　D. 以上3个选项都是
3. "在网络时代，用户的消费行为和购买方式极易在短时间内发生变化。在用户需求欲望最强时及时进行营销非常重要"体现了大数据营销的（　　）特征。
　　A. 全样本调查　　B. 数据化决策　　　C. 强调时效性　　　　D. 个性化营销
4. 沃尔玛将尿布和啤酒摆放在一起销售采用了（　　）营销策略。
　　A. 精准营销　　　　B. 关联营销　　　C. 定制营销　　　　D. 免费营销

二、多选题

1. 大数据营销需依托的技术有（　　）。
　　A. 大数据采集技术　　　　　　　　　B. 大数据分析技术
　　C. 大数据存储和管理技术　　　　　　D. 数据呈现技术
　　E. 因果分析
2. （　　）属于大数据营销的特征。
　　A. 全样本调查　　　　　　　　　　　B. 数据化决策
　　C. 强调时效性　　　　　　　　　　　D. 市场导向

E. 个性化营销

3. 企业实施大数据精准营销一般需要具备的条件有（　　　）。

    A. 精准的市场定位　　　　　　　　B. 巧妙的推广策略

    C. 更好的物流设施　　　　　　　　D. 较多的产品种类

    E. 更好的客户体验

4. 大数据背景下常见的营销新思维的应用方法主要有（　　　）。

    A. 关联营销　　　　　　　　　　　B. 微博营销

    C. 微信营销　　　　　　　　　　　D. 移动营销

    E. 定制营销

5. 下列有关大数据营销的说法正确的有（　　　）。

    A. 通过对大数据的挖掘与分析，能够帮助企业发掘用户消费偏好

    B. 文本、视频等非结构化信息不属于大数据的范畴

    C. 大数据营销既能帮助企业实现渠道优化，也能促进企业营销信息精准推送

    D. 随着大数据技术的发展，企业通过大数据分析能够获知用户的行为倾向、消费偏好，使得通过 E-mail 进行强针对性的精准营销成为可能

    E. 大数据营销的方式非常广泛，无须与移动互联网结合

三、名词解释

1. 大数据营销　　2. 个性化营销　　3. 全样本调查　　4. 关联营销　　5. 移动营销

四、简答及论述题

1. 何谓大数据？大数据有何特征？

2. 与传统营销相比，大数据营销的优势有哪些？

3. 试论述定制营销思维的必要性。

4. 试论述企业实施大数据精准营销需具备的 3 个条件。

5. 试论述大数据与移动营销相结合的营销方式。

📖 案例讨论

小红书推广爆款策略：大数据+三大营销思路

随着信息技术的发展，消费者购买行为的多元变化以及市场沟通渠道的变更，品牌的营销手段迎来了质的改变。同时，社交电商平台正成为快消品行业的重要营销渠道，品牌在消费者洞察与情感链接上面临着巨大的挑战。传统的营销模式下，品牌方无法第一时间听到消费者的真实心声，也就无法快速响应市场变化，抓住市场机遇。品牌未来的营销战略就是以客户需求为主导、以大数据营销技术赋能来增强用户全生命周期黏性，媒体投放全渠道、跨界融合体验、多元创新和管理赋能等将成为电商品牌营销的关键。

小红书推广成电商营销主流，城外圈大数据应用技术赋能

投入了预算、人力、精力开展营销后，效果如何衡量始终是品牌最关心的。在传统广告投放中，营销效果主要通过页面访问量（page view，PV）、独立访客（unique visitor，UV）、点击率（click through rate，CTR）、转化率（conversion rate，CR）等衡量，而在社交电商平台中，传播的维度更加丰富多元。

小红书推广不是简单的电商营销模式，小红书所特有的热点聚集强传播、基于兴趣强关注的差异化能力将帮助品牌提升用户聚合能力和影响整个市场带动品牌的声量、美誉度、关注积累转化的能力，这将促进品牌在品牌建设、产品设计、市场推广与销售等各环节围绕社会化媒体实现全面战略升级。

小红书推广三大营销思路创意升级

任何成功的营销案例背后都有一个可被借鉴的模式，深耕小红书产品推广，拥有多年营销经验的城外圈，借助为无数客户打造小红书推广成功的案例，梳理了关于小红书爆款打造的三大营销思路，我们一起来了解一下。

定向消费人群，打造"内容+电商"的新模式和口碑社区

小红书社区内容来源主要有3种，用户生产内容（user-generated content，UGC）、专业生产内容（professionally-generated content，PGC）和以明星、达人为基础的专业用户生产内容（professional user generated content，PUGC）。普通UGC占比最大，是小红书社区内容的主要来源。相较于传统电商平台的社区氛围，枯燥单调的产品描述总是不如直戳内心的真实体验来得更"用心"，而小红书这种基于用户真实感受的原创内容，更像是闺蜜式推荐购物，接地气且巧妙的用词、毫不做作的使用心得笔记、敞开心扉的分享生动表达了产品的真实效果。

正是抓住用户在电商购物平台选购产品前会普遍关注评论的心理，小红书将各路达人的原创内容作为关键突破口，打造了一个真实的用户口碑分享社区。

PUGC深度种草，品牌口碑销量双赢

小红书的忠实用户主要是以"90后"及"95后"的年轻人、女性、高消费、都市白领为主要特征的人群，关注的内容包括时尚、美妆、美食、旅行等话题。他们不再喜爱经过专业编辑的长篇内容，更倾向于碎片化的"开瓶笔记"或者视频试用，像身边闺蜜好友的推荐一般，以及更贴近有品质的生活的内容。

城外圈在策划某店铺推广日淘饮品时，通过精选小红书"美食、时尚、旅游"类带货红人，撰写相应的品牌文章，以"多角度切入+产品软性露出"的种草方式智能推荐给精准的用户群体，让用户更加了解品牌的宣传卖点，并将其引导到淘宝，为淘宝C店（个人店铺、集市店铺）带货。

这种营销策略背后的逻辑是通过甄选海量中腰部达人、多节点PUGC、多品类真实体验推荐数据，以图文、视频的形式打造持续性多频曝光，使受众实现对产品"看见—了解—喜爱—搜索"的动作转化，从而推动品牌整体关注度攀升，打造品牌口碑，推动销量转化。据统计，城外圈策划的此次推广活动使该店提升了10.8%的营业额。

明星+KOL点燃，PUGC集中响应实现高频曝光

从2015年的"小鲜肉"送快递，为周年庆创下5 000万元的日销售额，到2016年的"胡歌和小红书的三天三夜"，小红书让明星成功落地，疯狂吸粉，还有后来的张雨绮、林允、欧阳娜娜等明星入驻小红书，开启了明星带货风潮，分享的威力在明星效应之下被无限放大。张雨绮、林允等人在小红书上一反明星"高冷"形象，如邻家女孩一样介绍她们日常生活中用到的护肤品，很快就有千千万万的"小红薯"们争着要"剁手"。

在某牙膏品牌推广过程中，城外圈通过小红书明星KOL影响力，投放了多位明星使用该牙膏的体验的笔记内容，以此为品牌背书，获得消费者的信任。城外圈再从小红书KOL

属性、节点出发构思多个传播话题，大量投放小红书护肤彩妆时尚类 KOL 的相关分享内容制造热度，形成刷屏效应，让某牙膏品牌在小红书发酵为网红产品（见图 6-1）。

图 6-1　小红书上打造的网红牙膏

该牙膏品牌被无数消费者成功种草，在各社交媒体上掀起一股网红牙膏热潮，实现了品牌产品上亿级曝光，引发千万次热搜互动。

小红书的爆款打造，归根结底还是在于内容的营销和 KOL 的匹配，城外圈深谙小红书推广的关键，为了解决广告主在小红书打造爆款、提升产品销量的需求，通过精准的 KOL 选择、高质量的笔记内容、海量小红书达人资源等方式为广告主提供投放策略，以自有的智能营销平台，依托智能算法优化成本，实现智能投放。

思考讨论题

结合本案例，请您谈谈社交电商平台如何开展大数据营销。

项目 6　大数据营销

任务	探讨大数据营销中的伦理问题				
班级		学号		姓名	

本任务要达到的目标要求：
1. 提升学生对大数据营销的认识。
2. 分析大数据营销带来的伦理风险。
3. 探讨解决大数据营销伦理问题的策略。

能力训练

1. 大数据营销带来的伦理问题主要有哪些？

2. 大数据营销过程中伦理问题产生的原因是什么？

3. 应如何解决大数据营销带来的伦理问题？

学生评述

我的心得：

教师评价

项目7　直播营销

◆学习目标▪

【知识目标】

(1) 理解直播营销的含义。

(2) 掌握直播营销的方法。

(3) 熟悉直播营销的产业链。

(4) 熟悉直播营销的团队构成与活动策划。

(5) 熟悉主要直播平台的概况与运营模式。

【技能目标】

(1) 能够为企业直播营销提供策划方案。

(2) 能够为企业设计淘宝直播运营策划并实施。

(3) 能够为企业设计抖音直播运营策划并实施。

(4) 能够为企业设计快手直播运营策划并实施。

【素质目标】

(1) 培养学习直播营销课程的兴趣。

(2) 增强分析和解决直播营销问题的能力。

(3) 遵守法律、法规，依法开展直播营销活动。

项目情境导入

瑞幸咖啡"茶咖季"的直播营销

瑞幸咖啡成立于 2017 年，是很多年轻人喜欢的本土品牌，近年来发展迅速。2023 年 3 月，瑞幸将中式饮茶传统融入都市咖啡日常，以源自碧螺春茶、茉莉花茶和白芽奇兰三种经典名茶的鲜爽滋味，分别搭配 IAC 金奖咖啡豆制成的精浓缩咖啡和浓醇厚乳，创新打造碧螺知春拿铁、茉莉花香拿铁、杏花乌龙拿铁三款人气新品。借助抖音短视频和直播工具，瑞幸咖啡联动抖音生活服务平台营销节点活动"春光好食节"，为消费者带来一场沉浸式的舌尖上的春日清新盛宴。

1. 抖音超头部达人资源为直播造势引流

2023 年 3 月 6 日，瑞幸咖啡官宣新品碧螺知春拿铁，新品与抖音达人合作，在茶园中开启了一场茶咖大秀。瑞幸咖啡通过本次活动，使茶和咖啡在春天碰撞，为消费者解锁茶咖新风味。在直播前期做足了预热准备，为春日上新直播引流将势能造足。如图 7-1 所示。

图 7-1　瑞幸咖啡与抖音达人合作宣传图

2. 定制专属达人策略，同步种草，打造网红产品

2023 年 3 月 1 日起，瑞幸咖啡邀约了一万名 LV3 以上的短视频达人，借助带货达人的力量为瑞幸茶咖季种草引流，引发站内视频投稿数 4.7 万条。同期，瑞幸咖啡筛选了 33 位直播达人，在多城市开展了以"瑞幸茶咖季"为主题的系列达人直播，通过直播达人承接品牌官方直播热度和流量。如图 7-2 所示。

7-2　抖音种草引流宣传

3. 官方直播花式创新，打造品质感

作为本次活动的亮点，2023 年 3 月 6 日品牌官方号瑞幸咖啡团购直播，通过"生茶园实景观场直播+头部达人实景走秀"等多种直播形式，让用户在观看直播享受"宠粉式"福利的同时，还能感受到春日气息，将国风春日的氛围搬到线上，打造沉浸式的直播体验，提升整体活动的品质感。

问题：以上案例体现了直播营销产业链的哪些内容？采用了哪些直播营销方式？通过瑞幸咖啡的直播营销案例，请谈谈你对直播营销的了解和认识。

项目分析

在当前视频移动化、资讯视频化、视频社交化和营销社交化、场景化的趋势下，直播营销日益成为网络营销的新风口，并被越来越多的企业关注和重视。

那么什么是直播营销？直播营销有哪些优势？主要的直播营销平台有哪些？主流的直播营销平台各有何特点？直播营销活动该如何实施？以上问题是本章学习的关键，本项目即将对以上问题进行解答。

任务 7.1　认识直播营销

任务引入

小虫原本是一家月销售额达千万元的淘宝店铺，却做出一个任性的决定：逃离淘宝，关店 100 天。百日后，小虫低调归来，并宣布进行直播，通过不断调整完善直播方案，小虫找到了适合自己的直播模式。直播以新品介绍为主，偏向于电视栏目的定位，侧重包装策划、情怀性的话题互动等，引起粉丝互动讨论。利用淘宝直播的天然优势，小虫结合红包雨和礼物等方式，最终，这次直播共吸引了 10.3 万人观看，点赞数为 280 多万。而在微博上，直播主题"重新爱自己"排行情感类话题榜首，阅读量达 2 300 多万。直播结束两小时后，该店铺产品 WENYI×CHONG 系列 23 款服饰正式上线。据小虫方面透露，5min 销售破 100 万元，半天破 500 万元。而得益于搭配大件销售的方式，客单价由此前的 1 000 元提升至 1 500元。

问题：什么是直播营销？你熟悉的直播营销方式有哪些？小虫店铺直播营销成功的关键是什么？

相关知识

1. 直播营销的含义

"直播"一词由来已久，传统的直播被定义为"广播电视节目的后期合成、播出同时进行的播出方式"。随着互联网技术的进步，特别是移动智能终端设备和网络的普及，直播的概念有了新的拓展，越来越多基于互联网的直播开始出现并快速发展。

2016 年被称为"网络直播"爆发的元年。各式各样的直播平台如雨后春笋般兴起，国内在线网络直播平台总数超过 200 家，如图 7-3 所示。网络直播是在移动互联化的语境下，通过互联网媒体介质，将某人某物某事件当下发生的即时状况展示给终端用户，以满足用户各种需求的一种新的高互动性互联网新态势。一方面，这种新态势进入门槛低、投入少、覆盖面广，能够直达目标用户，一台电脑或手机，一个平台账号就可以进行直播。另一方面，网络直播内容丰富多彩，对吸引目标用户注意和引导流量有着巨大的优势。网络直播巨大的营销价值开始显现后，直播营销迅速发展。

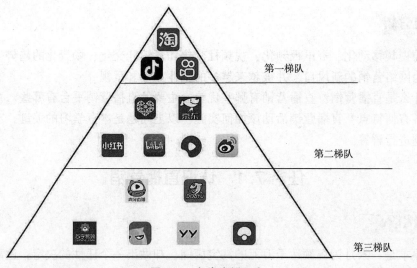

图7-3　各类直播平台

　　直播营销是指开展网络直播的主体（企业或个人）借助网络直播平台，对目标受众进行多位展示，并与用户进行双向互动交流，通过刺激消费者购买欲望，引导消费者下单，从而实现营销目标的一种新型网络营销方式。

课堂讨论

　　你认为当前直播营销存在的最大问题是什么？该如何解决这一问题？

　　直播营销通常包括场景、人物、产品、创意四大要素。第一是场景，直播时需要搭建合适的场景，营造合适的直播氛围，使观众置身其中；第二是人物，主播是直播的主角，友好地引导观众进行互动、购买或转发，邀请的嘉宾如果知名度高且与目标受众相匹配，就能够创造直播的热点；第三是产品，将产品巧妙地植入主持人的道具、互动之中，从而达到将营销软性广告植入直播之中的目的；第四是创意，创造新鲜的直播方式可以为直播营销加分。

　　延伸学习

直播营销的主要特点

1. 即时互动性强

　　直播营销最显著的优势在于能够进行即时互动，即时地收集用户反馈，以便获得最有效率的营销成果。直播营销突破了传统营销方式的地域和时间局限，它能够在任何一个地域观看、参与和下单，也可以将品牌或产品信息在第一时间传递给观众。

2. 营销成本较低

　　传统的营销方式成本越来越高，而直播营销对场地、物料等需求较少，是目前成本较低的营销形式之一。

3. 参与门槛低

　　直播营销所需的设备简单、场地多样、操作简易，与传统直播方式相比，不需要复杂的设备，只需要通过网络直播平台的审核，便能够拥有自己的直播间，大大降低了直播门槛。

4. 营销反馈效果好

由于直播互动是双向的，主播将直播内容呈现给消费者的同时，消费者也可以通过弹幕的形式分享体验，因此借助直播，一方面能够收到已经用过产品的客户的使用反馈，另一方面能够收获现场消费者的观看反馈，便于下次直播营销时修正。

2. 直播营销的产业链

从整体功能角色上来看，完整的直播营销产业链由内容提供方、平台运营方、传播渠道方、服务支持方、用户5个方面构成。

1）内容提供方

内容提供方是在产业链中提供生产内容和打造知名主播产业的链路。内容提供方可分为人、管理、培训、内容四个模块，即主播模块、经纪公司模块、培训整合模块、内容版权模块。

（1）主播模块。主播模块是直播营销产业链中最上游和最核心的模块，它为直播平台生产内容，是面向粉丝用户最直接的群体。按照层级分类，主播可以分为明星、KOL、网红、领域达人、职业主播和素人主播。不同层级之间可以相互转变，比如很多网红在有名气后与明星同台，最终可能会向明星的方向发展；某些职业主播会选择深耕某个直播领域，最终成为该领域的达人。

（2）经纪公司模块。经纪公司模块是掌控直播产业链上游核心资源的主体。内容提供方大多是以经纪公司的形式运营，对于主播来说，有经纪公司的运作就不怕在直播营销中遭遇冷清，对于平台来说与经纪公司的合作能够带来大量的内容和流量，也能减少平台本身的运营成本，便于管理和发展。

（3）培训整合模块。培训整合模块是围绕主播模块发展的服务提供者，它分为培训学院和培训平台。前者是进行培训、打造、包装并为各大直播平台输送人才的基地，一般针对素人主播；后者是进行自我展示、资源对接、合作代言的交易场所，一般针对有一定粉丝基础的主播。这两者一般都与直播平台打通，包括资源层面、信息层面、数据层面等，这样实现了各项内容的整合，提高了直播资源的应用效率。

（4）内容版权模块。内容版权模块也是直播营销产业链的核心之一。在产业链的上游，高质量的直播内容和版权掌握在内容制作商手里，对于直播平台来说，如果能够得到优质内容和版权资源的转播权，将会为内容端带来关键的提升，这也将会成为直播平台巨大的优势。

2）平台运营方

平台运营方是在产业链中保障内容运营以及管理的链路。平台运营方位于直播营销产业链的中游，是连接用户和主播，用户和内容的中心力量。平台运营方主要是指直播平台，目前可以把直播平台划分为两大类，分别是泛娱乐直播和"直播+"。

（1）泛娱乐直播。泛娱乐直播是以主播生产内容为核心，以主播和粉丝用户的交流互动为支柱，以搭建牢固的社交关系为目标，带有很强的社交属性和情感色彩。其重点在于不断增加主播人气，让主播和用户产生强烈的社交关系，进而实现商业变现。泛娱乐直播的商业价值在于内部的运作机制，用户黏性、社交关系层级、贡献值、活跃度等指标，通过增加用户黏性，使观众愿意在直播中花费一定的代价来保持贡献值、活跃度，从而获得更多的利润。

（2）"直播+"。"直播+"是指直播作为工具属性服务于各个行业，是媒体、平台、社会等多元主体传播信息的重要工具。"直播+"是直播发展的必然趋势，任何互联网产品最终都要与生活中各个行业结合，不断嵌入社会生活中，直播带来的互动将会影响政治、经济、文化以及社会生活，帮助解决社会和人类问题。"直播+"行业的结合有很多种，如电商、助农、教育、体育、医疗、旅游、美食等行业，目前发展最好的是电商、游戏、企业服务三类。"直播+"的商业价值在于对行业价值的创造，通过直播带动该行业的发展。比如，"直播+电商"，在直播中将会提高商品的曝光率，进而增加交易额，实现盈利的目的。

3）传播渠道方

传播渠道方是在产业链中提供内容传播和分发的链路。虽然直播平台本身就是一个传播渠道方，但是由于直播平台初期缺乏影响力，而传播渠道方掌握着流量，因此直播平台起步阶段需要借助其他传播渠道来曝光，以扩大自己的影响力。另外，直播平台和传播渠道方也是相辅相成的，直播平台也为传播渠道方贡献了内容和流量，比如微博和一直播的结合，火山小视频和今日头条的结合，淘宝和直播的结合等。当直播平台自身具备流量基础，具备宣发优势时，其自身也能够成为传播渠道方。

传播渠道方可以分为社交类渠道、门户/网站/新闻/流量类渠道、视频类渠道和电商类渠道。

（1）社交类渠道。社交类渠道的作用是帮助主播在直播中积累粉丝并与粉丝互动，以及帮助主播将直播内容进行分享和传播，从而增加流量。

（2）门户/网站/新闻/流量类渠道。门户/网站/新闻/流量类渠道的作用是帮助主播进行直播内容的分发（多以软文或视频形式出现），从而获得更多曝光、下载、引流等。

（3）视频类渠道。视频类渠道的作用是进行直播内容的宣传，以短视频为主要方式。

（4）电商类渠道。电商类渠道的作用主要是对商品销售渠道进行扩充，增加商品的曝光度从而促进商品的销售。

4）服务支持方

服务支持方是在产业链中提供支撑和监督直播内容运作、管理服务的链路。服务支持方是整个直播营销产业链中的保障层，包括内容监管方、广告主、支付方、视频云服务、智能硬件等。没有服务支持方直播营销难以正常运转，更不会有现在直播门槛低，发展稳定、繁荣、便捷的景象。

（1）内容监管方。内容监管方保证了直播营销的秩序，通过制定相关法律法规维护秩序，如 2022 年 6 月 22 日，国家广电总局、文化和旅游部联合发布了《网络主播行为规范》，这使得直播营销能够健康发展，并为社会发展做出贡献。

（2）广告主。广告主为直播营销注入发展原动力，保证了其商业价值的存在。直播营销的广告主以一线品牌为主，以直播平台为媒介，触及更多年轻的用户群体。

（3）支付方。网络支付的普及，带动直播营销的迅速发展。直播营销中的很多创新功能也是基于现有的支付环境和基础搭建起来的。

（4）视频云服务。视频云服务的出现，使得搭建直播平台的难度大大降低。视频云供应商保证了直播平台的低门槛接入和稳定运营。

（5）智能硬件。随着智能手机的普及，以及直播各种硬件设备的普及，如摄像机、无人机、GoPro 等运动相机具备了接入直播功能，使得直播门槛和成本降低，从而带动了直播营销的快速发展。

5）用户

用户是产业链中接受服务并促成消费的链路。用户位于直播营销产业链的下游，是直播营销中商品能够变现的基础。与过去相比，现如今的用户并不反感直播中出现的营销活动，反而会受内容、明星、优惠等因素的吸引积极参与直播互动。

3. 直播营销的方式

直播营销的常见方式包括颜值营销、明星或网红营销、稀有营销、利他营销、才艺营销、对比营销、现场制作式直播营销和采访营销等。上述营销方式的特点各异，适用于不同的产品、营销场景和目标用户。企业在选择直播营销方式时，需要站在用户角度，挑选或组合出最佳的直播营销方式。

微课堂
直播营销的
方式

1）颜值营销

直播经济中，一直就有所谓"颜值就是生产力"的说法。主播高颜值的容貌吸引着大量粉丝前往直播间围观。不仅仅是高颜值的容貌可以带来人气，精致美观、个性造型、文艺复古的商品设计也会让人眼前一亮，消费者首先依靠视觉提供的信息选择商品，因此可以通过高颜值商品设计，抓住消费者的视线，助力品牌突围升级。例如，2019 年金猪年，农夫山泉联手故宫推出生肖纪念款"金猪套装"高端水，金猪的瓶身插画，精准描摹了中国家猪的形貌特征，同时糅合了家的氛围。这一高端大气的外观形象在展示品牌理念的同时赚足了人气。如图 7-4 所示。

图 7-4　农夫山泉"金猪年"款高端水

2）明星或网红营销

明星和网红是粉丝们追随、模仿的对象，他们的一举一动都会受到粉丝的关注，因此当明星或网红出现在直播间中与粉丝互动时，经常会出现人气爆棚的盛况。例如，自带流量光环的罗永浩，直播首秀 3h 累计观看人数超过 4 981.6 万人，商品交易总额 1.7 亿元，订单量 84.1 万单，其影响力甚至被认为是抖音直播崛起的开端。

3）稀有营销

稀有营销一般适用于在某些方面拥有独占性的企业，如拥有独家冠名权、知识产权、专利权、专有技术、独家经销权等。在直播间采用稀有营销方式，不仅能够提升直播间的人气，对品牌方来说也是提高知名度和美誉度的绝佳机会。例如，元气森林在 2022 年北京冬奥会期间成功签约三位奥运冠军（如图 7-5 所示），并以此为契机推出了"元气新青年"代言人，提出了"为年轻争口气"的主题广告语。这一策略不仅巧妙地利用了奥运营销的热点，还借助三位奥运冠军的知名度，进一步提升了品牌的曝光度和影响力。

图 7-5　元气森林"押中"三位奥运冠军

4）利他营销

直播中常见的利他行为是进行知识和技能分享，以帮助用户提升生活技能或动手能力。利他营销主要适用于美妆护肤类及时装搭配类产品，如使用某些品牌的化妆品向观众展示化妆技巧，在让观众学习美妆知识的同时，增加产品曝光度。

5）才艺营销

直播是才艺主播的展示舞台，无论主播是否有名气，只要才艺过硬，都可以带来大量的粉丝围观。才艺营销适用于围绕才艺所使用的工具类产品，比如钢琴才艺表演需要使用钢琴，钢琴生产企业则可以与进行钢琴演奏的直播达人合作开展营销活动。

6）对比营销

对比营销是指通过与上一代产品或主要竞品作对比分析，直观展示产品的优点，将产品在实际功能、质量等方面的异同清晰地展现在观众面前，从而说服观众购买所推荐的产品。对比营销是一种非常有效的营销方式，在直播营销时被广泛采用。

7）现场制作式直播营销

现场制作式直播营销是指主播在直播间现场对商品进行加工、制作，通过向用户展示制作方法与技巧来吸引用户,并借此达到推广商品的目的。特色食品、工艺品常会采用这种直播形式。现场制作式直播营销如图7-6所示。

图7-6 现场制作式直播营销

8)采访营销

采访营销是指主持人采访明星、专家、路人等,以互动的形式,通过他人的视角对产品进行介绍。采访明星,能够提高产品的知名度;采访专家,能够提升产品的权威性;而采访路人,能够拉近他人与观众之间的距离,增强信赖感。

任务实训

1. 实训目的

了解网络直播和直播营销的概念,认识直播营销在扶贫攻坚及乡村振兴战略中的积极作用。

2. 实训内容及步骤

(1)以小组为单位,收集农产品直播营销的典型案例。

(2)对收集到的典型案例进行分析,以小组为单位撰写案例分析报告。

(3)提交最后的分析报告,并做成PPT在班级进行展示。

3. 实训成果

实训作业:直播营销推动乡村振兴案例精选。

任务7.2 熟悉直播营销策划

任务引入

山东省博兴县的特色产品为草编制品和土布,作为全国草柳编工艺品出口基地,博兴县希望通过直播营销的方式将传统艺术和实体经营与电子商务销售平台对接,让草柳编、老粗布等特色产业插上互联网翅膀,实现网上二次创业。

问题:你觉得山东省博兴县草柳编和老粗布的直播营销该如何策划?

相关知识

1. 直播团队策划

团队是由基层和管理层人员组成的一个共同体,它合理利用每个成员的知识和技能协同工作,为了达到共同的目标而相互协作。在当前的直播行业中,任何一个优秀的主播都不会单打独斗,背后都有一支优秀的直播团队。优秀的直播团队会负责直播的策划、主播的包装、品牌的塑造以及流量的变现。因此,主播想要更快地发展,就需要一支集策划、拍摄、运营和公关于一身的直播团队。根据直播的发展阶段和工作需求情况,直播团队通常分为完备型团队和基础型团队。

1)完备型团队

完备型团队适用于规模化经营的直播团队,每个岗位的数量根据该直播项目而定,可同时推出多档节目。完备型团队主要由以下岗位构成。

(1)直播运营。直播运营的角色非常重要,是一场直播的总负责人,主要对整场直播的运营、内外部协调以及复盘提升负责。首先,直播运营负责编辑直播脚本与流程,确定直播活动和直播主题,设计直播玩法(秒杀、优惠券、抽奖等)、直播商品销售的策略和顺序、广告的投放以及在直播时进行场控。其次,直播运营还需要协调整个团队,包括外部协调和内部协调,外部协调有封面图的拍摄、设计制图、产品抽样、奖品发放、仓库部门协调等;内部协调包括协调直播人员的关系、情绪,直播时间以及直播间出现的问题的调节等。最后,直播运营还需要在一场直播结束后进行复盘,总结归纳每场直播的数据情况,对直播效果进行评估与改进。

(2)主播。主播是直播的具体执行者和表现者。数据调查显示,颜值高的主播往往更受观众欢迎。除去颜值这样的硬性条件,主播的妆容和气质要符合品牌形象和品牌风格,同时也要注意主播的综合素质、临场应变能力、亲和力、专业素养等方面。主播需要熟悉商品以及活动脚本,掌握话术、节奏和情绪、声音,并做好复盘。

(3)副播。副播主要的责任是协助主播,与主播配合。副播需要说明直播间规则,介绍促销活动,时刻关注直播的内容,对主播遗漏的卖点进行提醒,与主播配合避免冷场同时活跃直播间气氛,引导观众关注。

(4)场控。场控的主要职责是调试直播间设备(摄像头、灯光、角度等)、进行软件设置(摄像头分辨率、音频、背景音乐等),开播前对直播场地和直播软硬件进行调试、后台操作(直播推送、公告、上架商品、修改价格等)、实时数据监测(实时在线人数、商品点击率等)、指令接收及传达(活动通知、直播福利及玩法等),开播后场控主要负责操作直播后台控制整场直播节奏,现场产品的秒杀改价、库存核对、活动优惠设置、产品讲解配合等。比如,场控需要在主播提到优惠链接时及时上链接,当主播在直播中提到新优惠的时候,需要以最快的速度进行改价。同时场控在直播中要实时监控直播间留言,尤其注意是否有人发表对主播、品牌和产品不良的言论,及时控评,避免不良影响的蔓延扩散。

（5）客服。客服负责直播过程中客户的售前和售后等问题的解答。在直播过程中，如果有观众询问发货时间、产品相关的问题，此时需要客服及时回答，从而给用户更好的购物体验。在直播结束后，如果有产品出现问题，客服要能够高效处理和解决产品出现的问题，包括出单、物流、损坏等。

（6）经纪人。经纪人主要负责招募主播，维护主播工作，开展主播定期培训、对主播直播内容进行规范、引导，负责与主播沟通，解决直播工作中的具体问题等。经纪人不但应具有一定的洞察和管理能力，还应具备具体的沟通和解决问题的能力。

2）基础型团队

基础型团队通常由主播、运营两个岗位来进行构建，由于人员少，需要每人做到身兼多职，比如主播要担负起副播、客服等职能，运营则要兼顾场控、经纪人等具体工作。

2. 直播营销活动策划

1）直播营销前期

（1）明确直播思路。完整的直播营销思路是开展直播营销的核心。开展直播营销前首先要明确整体的营销思路，然后有目的、有针对性地策划与执行。直播营销的整体思路设计包括三部分，即目标分析、方式选择和策略组合。如表7-1所示。

表7-1 直播营销思路设计

直播营销思路设计要点	说明
目标分析	明确直播需要实现的目标，包括期望吸引的用户人数、要完成的销售目标、需要推广的新品等
方式选择	在确定直播目的后，对直播的方式进行选择，根据直播的要求，在颜值营销、明星营销、稀有营销、利他营销等不同的直播营销方式中，选择一种或多种进行组合
策略组合	在确定直播方式后，需要对场景、产品、创意等模块进行组合，设计出最优的直播策略

案例分析

逆境崛起——"东方甄选"的华丽转身

2022年6月，新东方旗下的"东方甄选"突然火爆出圈，主播董宇辉的名字红遍全网。一周之内，"东方甄选"直播间的粉丝从100万冲破1 000万。在直播电商内卷的时代，为何"东方甄选"能跃然前进成为顶级清流？

2021年年底，新东方创始人俞敏洪亲自启动"东方甄选"，尝试利用直播带货实现转型。但是与其他名人效应加持的直播相比，在"俞敏洪"光环的加持下，首播并不算出彩，当天销售额480万元。后续推出其他素人直播，在线人数一度下滑到个位数。但他们没有退却，咬着牙坚持了下来，在严把产品质量关的同时，伺机寻求突破。从2022年3、4月开始，"东方甄选"的业绩逐渐好转。之后号称"中关村周杰伦"的董宇辉开启了双语带货模式，"东方甄选"终于一炮而红。

这个直播间打破了以往同质化的直播带货模式，不同于其他的直播间各种声嘶力竭的叫喊卖货，没有"321上链接"，有的是带你回到童年场景的玉米、诗与远方；没有花式催单，有的是文艺浪漫清新的产品介绍。它像是一个安静、平和的聊天室，传递着令人耳目一新的优质内容。以董宇辉为代表的主播们，一边介绍产品，一边进行英语教学，时不时还穿插着讲点历史、哲学、文艺、爱情。在"带货为王"的行业氛围中，这些主播是如此与众不同。他们不仅有货，还有文化、有情怀，侃侃而谈，幽默风趣。就这样，在倾听、共情、感动当中，网友们不知不觉地下单成交。有人调侃说：选择"东方甄选"其实是在"为知识付费"。

案例分析："东方甄选"的成功出圈，深究其背后的原因有很多。"知识的力量"是原因之一，正是文化与知识的加持，让新东方主播们脱颖而出，东方甄选凭着浓郁的文化氛围，走心的情感共鸣，收获了千万粉丝的心，在时代的巨变中实现了华丽转身。一个优秀的主播固然重要，但是更离不开其团队的合作。所以"东方甄选"能够突围，一个关键因素就在于其背后有一个实力强悍的团队，从直播团队到运营团队，从产品质量的把控，到与厂商的直接合作，不收坑位费，再到营销方案的整体策划，再到优质内容的呈现，每个环节都离不开团队成员的凝心聚力，发挥了团队的整合力量，最终实现了东方甄选"链接式"的孵化与运营，也使"东方甄选"成功突出重围，挤进了头部直播间。

（2）确定直播营销方案。仅依靠直播营销的思路无法有效地实现营销目标，需要将直播营销的思路具体化，编制成直播营销方案。直播营销方案是信息传递的桥梁，将抽象的思路转换为具体的文字传递给所有参与直播的人员。完整的直播营销方案包括直播目的、直播概述、人员分工、时间节点和预算控制五大要素。

（3）做好筹备工作。为了保证直播的顺利进行，在直播开始前，直播团队需要将必要的硬件设备测试好，包括场地、设备、道具三个方面。

①场地。直播营销场地可以分为户外场地和室内场地。

户外场地主要有公园、商场、广场、游乐场、景区等。根据直播活动的需要，选择人流量较大的户外场地直播，增加直播的互动性和关注度。但是户外直播需要注意如果该场地人流量过大且直播需要长时间占用场地时，就需要提前与场地管理者及相关部门进行申请报备，确保直播时段场地顺畅使用，避免活动进行过程中出现不必要的麻烦造成活动中止。此外，户外直播需要提前考虑当地的天气状况，一方面需要准备下雨、刮风等事件的防范措施，另一方面设计室内备用方案，避免在直播中遭遇极端天气而出现直播延期、直播中断等事故。

室内是直播营销的主要场地，主要包括办公室、咖啡馆、店铺、住所、发布会场地等。在室内直播前，为营造直播氛围、突出直播商品以及提高直播效果，需要对室内进行简单布置，如直播背景墙的颜色和风格、直播间物品的摆放位置、人员走动的线路，产品陈列的方式等，都要提前规划好。同时，在室内直播时为了保证直播质量，直播现场不宜出现较多的围观者，以免直播时收录的杂音对直播造成影响。

②设备。直播设备是确保直播清晰、稳定进行的前提，在直播筹备阶段，需要对电脑、

手机、电源、摄像头、灯光、网络等设备进行反复调试，防止设备发生故障，影响直播的顺利进行。直播设备调试注意事项如表7-2所示。

表7-2 直播设备调试注意事项

注意事项	具体内容
手机准备	当使用手机进行直播时，需要准备至少两台手机，并且在两台手机上同时登录直播账号，以便直播操作和防止突发事件的发生
确定摄像头的位置	直播营销有时需要直播全景，有时需要直播产品近景。为了保证直播效果，需要提前摆放好摄像头，确保直播效果最佳
网络测试	无线网络的网络速度直接影响直播画面质量以及观看体验。需要提前测试网络的稳定性和网络速度
灯光准备	在暗光环境下进行直播时并不能取得较好的观看效果，因此需要对直播间进行补光，根据直播需要选择合适的灯光
电源准备	通过手机进行直播，对手机的续航能力是极大的考验，在进行正式的直播带货前，可以通过临时的直播带货进行测试，衡量某段时间的直播所消耗的电量
直播间测试	在以上直播设备设置完成后，需要进行预先的直播间测试，以保证以上设备设置达到最佳效果。直播间测试包括直播间进入渠道测试、直播画面测试、声音采集效果测试等

③道具。直播道具由展示产品、辅助道具及宣传物料三部分组成。

产品作为直播时的主角，需要提前准备好，在直播的各个方面均有所展现。辅助道具包括商品照片、与商品有关的道具等，巧妙地使用辅助道具能够帮助主播更好地展示商品，让用户理解直播内容和商品特征。宣传物料包括直播宣传海报、直播宣传贴纸、产品玩偶等。

（4）做好直播宣传。为了直播当天有较高的关注度，还需要对直播活动进行提前的预热宣传，在预热时，可以从宣传平台、宣传形式和宣传时间三个方面进行。

①选择合适的宣传平台。直播平台作为直播营销产业链中最核心的部分之一，为直播提供了内容输入和输出的渠道，是内容和观众之间的桥梁，因此选择合适的宣传平台至关重要。不同的观众群体喜欢在不同的平台浏览信息，直播前需要确定该次直播活动的目标用户，根据目标用户的浏览习惯，在相应的平台投放直播信息，以此为直播尽可能多地吸引目标用户。鸿星尔克掀起的国货潮，其主要受众是年轻人，因此选择在微博进行宣传，如图7-7所示。

②选择合适的宣传形式。选择合适的宣传形式是指直播营销团队要用符合宣传媒体平台特性的信息展现方式来推送宣传信息。一般直播团队会选择以"文字+图片"的形式在各大媒体上告诉观众们具体的直播时间和直播内容。但是仅以"文字+图片"的方式可能不能很好地吸引用户，"文字+视频"的方式就成为吸引用户的一大法宝。例如，2022年爆火的直播间"东方甄选"，通过在抖音、微视频、微博等平台中发布各个城市的助农直播宣传短视频来吸引观众的注意，不仅提高了直播间的人气，同时也履行了直播的社会责任，如图7-8所示。

图7-7 鸿星尔克官方直播宣传图　　图7-8 东方甄选直播宣传图

③选择合适的宣传时间。当下是信息爆炸的时代，用户在媒体平台浏览的信息量巨大，因此他们为了节省时间，会根据自己的喜好来选择自己需要的信息。因此平台宣传的时间要恰到好处，如果宣传时间过早，可能会使用户逐渐失去耐心，导致他们失去观看直播的兴趣；如果宣传时间较晚，可能导致用户没有及时关注到直播信息而错过观看直播；如果过于频繁地向用户发送直播活动宣传信息很可能会引起他们的反感，导致其屏蔽相关信息。为了避免出现这种情况，直播营销团队可以在用户能够关注的时间以及能够承受的最大宣传频率的基础上设计多轮宣传。例如，直播营销团队可以在直播活动开始前3天、前1天，以及直播活动当天分别向用户推送直播活动宣传信息以达到良好的宣传效果。

2）直播营销中期

前期的思路、方案以及筹备是为了确保直播现场执行流畅。而对于观众而言，只能看到当时的直播现场，无法感知前期的策划筹备。因此，为了达到预期的直播营销目的和效果，主播及现场工作人员需要尽可能地按照直播营销方案执行，将直播开场、直播互动、直播收尾等环节顺畅地推进，确保直播的顺利完成。

3）直播营销后期

（1）做好用户维护。直播结束后要及时跟进活动的订单处理、奖品发放等，确保用户有良好的消费体验。特别是在发货环节，一定要及时跟进，及时公布中奖名单，并与中奖用户取得联系。同时做好售后，有问题的产品一定要和用户沟通，及时退货或换货，从而使用户满意。

（2）做好直播复盘。在直播过程中，如果想要下次的直播效果更好，直播结束后的复盘是非常关键的，直播营销团队在复盘过程中，对于直播效果超过预期的直播活动，要分析在活动中各个环节的成功之处，为后续直播积累成功经验；对于直播效果未达预期的直播活动，也要总结此场直播的失误之处，并寻找改善方式，以避免在后续的直播中再次出现相同或类似的失误。

📨 阅读资料

J演员的直播营销之道

2020年8月18日晚，J演员抖音苏宁易购买手直播间开启"818"带货活动，整场直播持续了近5小时，销售总额达2.4亿元，打破了抖音单场直播的带货纪录。那么J演员直播营销之道是什么呢？

第一，亲和力与控场能力突出。直播间里的J演员极具亲和力，无论是和导购员、用户互动，还是场景化"种草"方式，都十分接地气。此外，在带动气氛和把控直播节奏上，J演员都可以说是明星直播带货中的佼佼者，他没有明星架子、亲和力强、接地气、综艺感强、"有梗"，这些都使得J演员的带货直播很容易走进消费者的内心，增加了用户对平台和品牌的好感度。

第二，多元化的直播间体验。J演员的直播间多元化，具体体现在：冰箱的场景是厨房，而洗衣机和电视又是其他独立的场景，沙发背后是液晶显示屏，不同产品搭配不同的场景，使得用户整体观看更直观、更多元，代入感的真实性更强。

第三，专业的直播能力。在这场直播中，J演员对产品的解说十分到位，而且话术能力比较强，更能激发用户的购买欲。比如，在介绍某款防晒霜时，J演员会亲自涂抹在手上体验，展示吸收效果，并结合自己的体验，传达产品功能。

第四，全网宣传引流。开播前，J演员在微博、抖音都发布了直播预热的消息。抖音的预热短视频别出心裁，像是在飞机上发出邀请，"我已经在飞来的路上"，获得5.6万的点赞。微博的九宫格预热文案，则获得了4.3万的点赞。直播过程中，抖音还给直播间开屏，刷抖音的用户只要看到这个开屏就能直接进入直播间，这也成为直播间引流的一个通道。

3. 直播营销商品策划

1）直播营销商品的选品策划

直播营销选品，即确定开展直播营销活动时要销售的商品。选品，决定着直播营销活动的成败和口碑的好坏。因此，在直播团队进行选品时不可跟风，要根据自己直播活动的具体情况仔细分析、认真筛选。

（1）选品的维度。

①直播营销的目标。直播营销在不同的阶段可能会有不同的目标。比如，在直播缺乏知名度时，直播营销的目标可能是通过定期的高频率直播来提升主播和直播间影响力；当直播有一定知名度时，直播营销的目标可能是尽快获取更多的利润。对于不同的直播营销目标，采用的选品策略也不同。

②商品需求。商品需求，就是判断有多少人在多大程度上需要某个商品。对某个商品需

求的人数多，那就是大众需求，否则就是小众需求。可以根据直播营销目标的不同选择大众或小众的商品。

③季节与时节。直播营销中的很多商品都会受到季节和时节的影响呈现旺季和淡季之分。对于这些商品，直播团队需要及时做出判断，更新换代商品，以更好地顺应季节与时节。

（2）选品的用户需求。不同的用户群体，有不同的消费偏好。只有把握观看直播用户的消费偏好，按用户需求选品，才能更容易实现直播营销的目标。

①年龄。按照不同年龄用户群体的消费偏好进行区分，大致可以把用户群体分为少年、青年、中年和老年四个群体，各群体的消费偏好如表7-3所示。

表7-3　不同年龄群体的消费偏好

群体	消费偏好
少年	少年群体虽然消费能力不强，大部分消费需求由父母代为实现，但他们有自己的消费偏好，容易跟风购买，受同龄人影响大，在购买商品时，很少考虑实际需求，更看重商品的外观，认为新奇的商品更有吸引力
青年	青年群体追求时尚和潮流，喜欢尝试新产品。他们有着较强的自我意识，希望展示个性，因此喜欢购买一些能够体现个性的商品，因此容易产生冲动型消费
中年	中年群体更注重商品的内在质量和性价比。由于中年群体的心理已经成熟并且在家庭中的责任重大，他们很少会做出冲动型消费，往往按照计划购买，很少有计划外的消费和即兴消费
老年	老年群体喜欢选择自己信赖的商品，会重复性购买。他们量入为出，偏向节俭

②性别。按照不同性别用户群体的消费偏好进行区分，可以分为男性用户和女性用户两个群体。两个群体的消费偏好如表7-4所示。

表7-4　不同性别群体的消费偏好

群体	消费偏好
男性	男性用户购买需求较小且他们的购买需求大多是被动的，如受家人嘱托或工作的需要等。男性用户的审美往往与女性用户不同，他们更倾向于购买科技感特征明显的商品，质量可靠、有科技感、极简风格的商品可能更容易让他们做出购买决策
女性	女性用户购买需求较大，是许多行业的主要消费群体。女性用户一般喜欢有美感的商品，她们在选购商品时，首先考虑的是这种商品能否提升自己的外在形象，能否使自己显得更加年轻和富有魅力。因此，造型新颖别致、包装华丽、气味芬芳的商品，可能更容易让她们做出购买决策

2）直播营销商品的定价策划

直播营销商品的定价策划主要体现在为直播营销商品制定单品定价策略和组合定价策略。

（1）直播营销商品的单品定价策略。

①价格锚点策略。价格锚点策略，就是根据其他商品价格来设定自身商品价格，来影响

消费者对商品最初价格的评估。在直播营销中，这是一个非常有效的博弈策略。价格锚点的本质是，利用用户喜欢对比的心理，通过对比，能让一些不确定的价格，变得有理可依。

比如，一件衣服的标价为 500 元，按原价售卖很多人都会觉得贵，如果在衣服上标出该衣服原价 800 元，那么，消费者会觉得衣服打折力度很大，偏向于进行购买。又如，某旅店推出了 300 元一天的标准房，消费者可能会觉得有点贵，但与此同时，如果再推出一个"每小时 70 元"的钟点房，很多消费者在对比后，可能就会选择花费 300 元住宿一天。

②尾数定价策略。尾数定价策略，就是对商品的价格不取整数而保留尾数，因此也被称为非整数定价策略。尾数定价策略是利用消费者对商品价格的感知差异所造成的错觉来刺激其购买，这种方法在多数国家制定商品价格时都被采用，只是由于各国消费者的风俗习惯、宗教信仰及价值观念不同，运用时也略有差别。

尾数定价策略可以对消费者产生以下心理影响。首先，非整数价格会让消费者认为这种价格经过精确计算，因此对此价格产生信任；其次，非整数价格与整数价格的实际差别不大，却会给人一种便宜很多的感觉，如标价 99 元的商品比标价 100 元的商品销量更大，是因为消费者会从心理上认为这不仅仅是一元的差距；最后，可以使消费者产生美好的联想，由于民族传统、风俗习惯等的影响，消费者往往会对某些数字具有偏爱和忌讳，比如在中国，"8"这一数字代表"发财"，因此受到很多消费者的喜爱。

③阶梯定价策略。阶梯定价策略，即用户消费的数量越大，商品的价格越低。采用这种定价策略，可以吸引用户增加购买数量。阶梯定价策略适用于食品、小件商品和快消品。此外，商品价格不是一成不变的，直播团队需要时刻分析市场动态，根据市场变化及时调整商品价格。

（2）直播营销商品的组合定价策略。商品组合定价策略，即将两种或两种以上的相关商品进行捆绑销售。商品组合定价策略有两种常用模式，分别为买赠模式和套装模式。

①买赠模式。买赠模式，即在销售一件商品的同时免费赠送一个其他商品。最适宜的赠品是用户使用购买的商品时会用到的附属商品。

②套装模式。套装模式，即将不同的商品放在一起组成一个套装，为整个套装设定一个价格。

3）直播营销商品的配置策划

（1）引流款。引流款商品，能够带来大量的流量，提高直播间的曝光度。在直播时，引流款商品很多情况下会在直播开始阶段或分阶段插入，比如"0.1 元秒杀面膜""1 元秒杀某食品"等限时限量秒杀活动，从而提升直播间紧张的购物氛围，可以快速提高商品转化率。价格低的商品会吸引更多的用户进行观看，直播间的流量就能够得到提升。

（2）利润款。直播营销的目的是赚取更多的利润，仅设置引流款是不足以盈利的，因此利润款商品是直播营销时重点推荐的商品，其占比在所有商品中最高，利润款商品一般通过薄利多销的方式获得盈利。同时，利润款商品要在引流款商品提高直播间观看人数后再介绍，这样能够提高转化率。

（3）印象款。印象款商品，也称品质款商品，即能给用户留下第一印象的商品，它承担着提升观众对直播间印象的作用。印象款商品的意义在于，引导用户驻足观看，使用户对该直播间产生良好的印象，这样用户很可能会再次观看直播。因此，印象款商品要认真选品，选择一些高品质、高格调的商品。

（4）福利款。福利款商品，一般是粉丝专属款商品，是直播团队为加入粉丝团的用户专门提供的商品，也被称为"宠粉"款商品。只有当用户加入粉丝团后，才有机会抢购"宠粉"款商品。福利款商品通常会以免费赠送的形式回馈粉丝，也有的将某些商品做成超低价商品回馈给粉丝，从而激发粉丝的购买欲望。

福利款商品也应是高品质、高格调的商品。福利款商品的根本目的不是盈利，而是加强粉丝对直播间的黏性，提升直播间的购物氛围。

4. 直播间互动策划

直播是一种即时性、强互动的内容形式，具备内容和强互动双重属性，一般通过主播向观众传达内容的同时与观众进行互动。在泛娱乐直播产品中，直播既满足了用户寻求陪伴、娱乐消遣、打发时间的需求，也满足了主播实现盈利和获得关注认可的需求。在"直播+"中，直播可以使用户以更低的价格获得其想要的商品，同时带动了该行业的发展。因此，在直播中加强互动能够进一步吸引用户，从而达到直播目的。常见的直播间互动有弹幕互动、游戏、直播红包、礼物打赏等。

1）弹幕互动

弹幕是在网络上观看直播时弹出的评论性字幕，这种评论在屏幕飘过时所有参与直播的观众都可以看到。弹幕既是个体的评价，也是一种群体性的行为。往往通过弹幕的互动，某种"集体意识"在弹幕的对话和讨论之中得以形成，也就构成了最直接的"口碑"，这种群体性的评价和感受对于直播会产生重要影响。

2）游戏

利用直播间游戏，能够迅速暖场，提升直播间人气，增加关注度。常见的直播间互动游戏有脑筋急转弯、我画你猜、猜歌名等。

3）直播红包

为了提高直播间人气，主播可以利用第三方平台发放红包或等价礼品，吸引更多的观众参与互动。例如，进入直播间点关注发红包以及弹幕截屏发红包等，利用红包调动直播间氛围，吸引更多用户进入直播间。

4）礼物打赏

在直播中，观众出于对主播的喜爱，会赠送礼物或打赏。为了与观众互动以及提升个人形象，主播应在第一时间读出对方的昵称并致感谢。

📚思政园地

直播营销不是法外之地

2021年12月，浙江省杭州市税务部门经税收大数据分析发现网络主播黄某涉嫌偷逃税款。经查，黄某在2019年至2020年，通过隐匿个人收入、虚构业务转换收入性质虚假申报等方式偷逃税款6.43亿元，其他少缴税款0.6亿元。相关部门对黄某追缴税款、加收滞纳金并处罚款，共计 13.41 亿元。

网红主播雪某和林某偷逃税被处罚，还在舆论场中"发酵"。与雪某和林某相比，黄某偷逃税数额更惊人，性质也更恶劣。有网友感叹，"光偷逃税就高达数亿元，该挣了多少？"其实，只要合法，无论挣多少都不会引来仇富。问题是，只要是不干净的钱，挣一分都受诟病。

黄某被重罚，咎由自取！一方面，她偷逃税数额巨大，且持续时间长；另一方面，她是明知故犯，"经税务机关多次提醒督促仍整改不彻底"。在这种情况下，黄某被重罚，可谓"求锤得锤"。

近年来，直播带货风生水起。作为新业态，网络直播有其存在意义，但是，一些主播只想到攫取行业红利，而不承担社会责任，更没有严格遵纪守法。有关部门依法查处网络主播偷逃税，传递出鲜明信号：一方面，国家支持新业态发展，也在全力规范新业态发展，对其从业者依法监管是应有之义；另一方面，国家捍卫税法决心丝毫不会减弱，随着监管手段升级，那些涉嫌偷逃税的主播千万莫存侥幸心理，一旦有不法行为就会吃不了，兜着走！

我国近年来新业态、新技术、新模式方兴未艾，不仅推动了经济发展、增加了就业岗位，更大大方便了群众生活。国家对新业态一直持"包容审慎"的监管态度，绝不是管死，也不是不管不问，而是严格拿捏尺度。此次对黄某的查处，不仅不会影响新业态发展，还会推动新业态迈上更合法、有序的轨道中健康发展。

依法查处网络主播偷逃税，意义深远。而有效遏制乃至防范出现类似偷逃税现象，既需要直播平台严格把关，压实责任，也需要相关行业强化自律，加强内部约束。多管齐下，各尽其责，直播带货才能迎来发展的春天，新业态才能良性发展。

任务实训

1. 实训目的

熟悉直播营销活动策划与商品策划，完成直播营销活动策划方案。

2. 实训内容及步骤

（1）自由组队，以小组为单位组建任务实训团队。
（2）各团队自由选择一个品牌，为该品牌撰写直播营销策划书。
（3）制作 PPT，对策划书内容进行讲解。
（4）授课教师对各小组的策划书进行点评。

3. 实训成果

实训作业：×品牌直播营销策划书。

任务 7.3　熟悉不同平台的直播运营

任务引入

淘宝、抖音、快手都是我们常用的直播平台，这些直播平台为我们的日常生活带来便利，不同的直播平台各自有不同的特点。

问题：淘宝、抖音、快手三个直播平台你更喜欢哪一个？你喜欢的直播平台有什么特点？

相关知识

1. 淘宝直播运营

1）淘宝直播运营概况

在2016年直播元年，淘宝便开始尝试运行直播平台，2016年的淘宝直播拍卖会，就已经有超过70万人观看。同年，淘宝直播在"双11"活动中再次发力，直播在线人数超过千万，成交额创历史新高，淘宝直播步入稳定发展阶段。

2018年，淘宝直播经过不断深耕，在运营模式、规范化管理、主播培养、直播营销产业链上不断更新，使淘宝直播运营更加成熟。2018年"双12"购物节中，累计直播场次达到8 000场，观看人数不断增多，日均观看量突破百万，2018年淘宝直播在淘宝站内引导成交量达到1 000亿元，淘宝直播步入快速发展阶段。

2019年，随着淘宝直播加速平台布局，完善直播生态链，淘宝直播呈现爆发式增长，"6·18"活动中完成了成交总额130亿元的目标，日均直播场次超过6万场，直播时长突破15万h。淘宝直播的发展，使其成为电商中直播平台流量最大、品类最多的渠道，是商家促进销售和消费者购买的首选。

图7-9　淘宝商家自播

2）淘宝直播的运营模式

（1）商家自播。商家自播，即商家自己发起的直播，商家自播是淘宝直播最主要的直播方式之一。近年来，商家自播的占比也逐年攀升，如图7-9所示。2021年淘宝商家自播商品交易总额占据了淘宝直播整体商品交易总额的约60%，比如，"双11"期间雅诗兰黛店铺直播间的观看人数突破千万，兰蔻、欧莱雅的直播间人数达到了500多万。

商家自播在控制直播成本、传递品牌理念、提供售后服务等方面有着较大的优势。商家自播减少了流量付费的成本支出，能够更加合理地控制成本。商家自播通过培养自己的主播与运营团队来沉淀私域用户，以实现品牌长效发展。商家自播可以根据自己的直播情况，调整商品的布局，并且对于出现问题的商品，可以直接与用户对话，提高消费者的满意度。

（2）直播+明星营销。直播+明星营销，即明星亲自在平台开设直播间进行直播活动。越来越多的明星进驻淘宝直播平台，明星直播通过完整的直播运营方案、狂热的粉丝群体、自身的流量等将直播营销的供应链有效整合，为直播间带来极大的人流量、热度，带动了直播行业的飞速发展，2020年，刘涛首次直播，3h销售额高达1.48亿元，创下全网明星直播新纪录（见图7-10）；吉杰在"双11"开启了连续23天的直播马拉松，在11月10日当晚，吉杰更是连播近12h。

相较于普通主播，明星自身有着巨大的粉丝基础，这些忠实粉丝把对明星的信任感成功地转移到产品身上，从而建立起对品牌的信任乃至依赖，利用明星的粉丝优势，增加商品的销量，提升品牌价值，这也就是明星自带的品牌效应。同时，通过明星直播带货，提高了消费者的购买欲望，淘宝直播的价值凸显，实现了明星和淘宝直播平台的"双赢"，整个直播产业链也更加完善。

（3）关键意见领袖（KOL）营销。关键意见领袖，是指能够被相关群体广泛接纳并博得信任，并可以对该群体的购买行为产生较大影响力的人。他们通常拥有更准确、更丰富的产品信息，被相关利益群体广泛接受，能够更快地帮助顾客建立起对品牌的信任，基于这些能够对消费者的购买行为产生引导作用。

通过淘宝直播发布的 KOL 达人直播排行榜可以看出，关键意见领袖的作用巨大。在 KOL 的直播中，观看人数、合作商家、销售量和销售额均稳居前列，KOL 既是商品销售

图 7-10　刘涛首次直播营销截图

的渠道，也是商品营销的关键，他们依托互动性、性价比等优势缩短消费决策链，通过购物链接，将流量转换为销量，持续创造商业价值。

（4）直播+短视频营销。由于抖音、快手等短视频平台的强势崛起，这些短视频通过用优质的内容汇聚了庞大的流量，通过流量实现变现，这使淘宝也对短视频寄予厚望。近年来，手机淘宝通过频繁的改版更新，便捷短视频在手机淘宝的入口位置，短视频成为最强势的崛起力量。通过短视频引导用户从"买"到"逛"，通过沉浸式购物体验的打造来提升其停留时长，是目前淘宝直播的重要营销模式之一。

图 7-11　淘宝 App 首页直播+短视频呈现

短视频迎合了现在消费者的心理和习惯，同时，对于商家而言，短视频适合做场景化的导购和种草。打开手机淘宝 App，淘宝内容的入口主要有 3 个。两个中心化场景：淘宝直播和淘宝逛逛。一个去中心化场景：淘宝首页的猜你喜欢。猜你喜欢是淘宝富媒体化最直接的体现，包含商品、图文、直播、短视频等，以每十个商品为统计样本，短视频出现在猜你喜欢的频次能达到至少 3 个，如图 7-11 所示。很多商家通过短视频使得销售量有了极大增长。例如，女装品牌 Miss Sixty 通过短视频投放，10 月进店率高达 42.3%；服装品牌太平鸟，通过短视频带动成交额每个月提升 20%～30%。

2. 抖音直播运营

1）抖音直播运营概况

抖音从诞生以来，一直以"记录美好生活"为口号。抖音创立之初，是通过短视频的形式，生产大量优质内容，吸引潜在用户，实现了内容上、渠道和资源上以及流量上的变现。正是由于抖音强大的变现能力，抖音直播从出现以来就得到了快速发展。

2017年，抖音开通直播功能后，抖音上就出现了很多"抖商"（依靠抖音赚钱的人），很多"抖商"通过自己的精心运营，获得了巨大的盈利。在众多直播平台的竞争下，抖音直播也没有丧失其流量地位，这是因为对于很多商家或个人而言，抖音直播具有很大的带货优势。例如，2020年年初，以罗永浩为代表的众多明星、达人开启抖音直播带货。同年8月，抖音"奇妙好物节"总成交额突破80亿元，首个平台大促圆满成功。

正是由于抖音直播有着投入成本低、流量大、发展空间大的优势，如今无数的品牌商家纷纷在抖音这个巨大的平台中开通了"电商"功能。这也预示着，抖音直播电商时代已经到来。

2）抖音直播运营技巧

（1）抖音直播间的打造技巧。

①直播场地布置技巧。在一场直播中，直播场地布置得好看与否，会直接影响观看体验。因此直播间带给观众的第一印象需要干净、明亮、舒服。

直播背景需要简洁干净，如果背景空间大可以进行装饰点缀，如摆放书籍、小玩偶、盆栽等，或者摆放与直播主题或者节日等有关的物品。当直播背景墙风格不适合直播主题时，可以选择摆放置物架，置物架中摆放符合直播风格的书籍、相框等物品，如东方甄选抖音直播间的背景布置（见图7-12）。

图7-12 东方甄选抖音直播间背景

直播间灯光的选择也非常重要。光线需要明亮通透，能够提供充足的照明，以确保主播或被拍摄物品具有较高的清晰度。同时，灯光要具有调节亮度和色温的功能，能够根据不同直播场景调节照明效果，以使照片或视频更加生动和真实。直播间的灯光设备包括主灯、补光灯、背景灯和反光板等，这些设备要合理摆放，才能发挥最佳的灯光效果。直播间的灯光摆放如图7-13所示。

图7-13　直播间的灯光摆放

不同产品的直播对室内直播场地的要求不同，比如美妆直播所需的场地就不需要太大，摄像头距离人物较近，大部分时间要展现主播的脸部细节，样品体积也比较小，如图7-14所示。而服装直播往往要展现整个模特，因此摄像头的距离较远，对直播间的深度也有要求，衣服（尤其是冬天的衣服）样品也比较占用空间，如图7-15所示。

图7-14　直播间近景布置

图7-15　直播间远景布置

因此在选择或者装修直播间时，要根据直播的产品规划好合适的直播间打造方案。

②直播设备选用细则。直播设备主要包括直播硬件，如手机、电脑；直播辅助设备，如手机支架、麦克风、声卡等。如果是用手机直播，要准备至少两部手机，一部手机直播，一部手机看观众的互动消息。另外还需要手机支架支撑固定，以保证画面稳定和清晰。使用麦克风收音防止爆音和杂音，使用声卡使直播音效更加丰富。抖音直播间用到的主要设备如图7-16所示。

图 7-16　抖音直播间的主要设备

（2）选品与展示技巧。

①提炼卖点，深入了解不熟悉的产品。主播应提前提炼好产品的卖点，尽量不要在直播过程中去翻产品台本，以免给观众造成一种对产品不熟悉的感觉，降低观众对产品的信任度，从而造成产品销量达不到预期。

②结合自己使用的效果推销产品。通过主播亲身试用后的感受来推销产品，能将更直观的效果分享给观众，提升粉丝和观众的信任感。例如，推荐粉底液，可以在直播时试用该款粉底液，然后展示使用后的效果，并告诉观众你的使用感受，让用户更直观地了解产品的优势所在。

③产品对比。可以通过实际的对比效果来向观众展示产品优势，包括价格、功效、售后等多方面比较。

（3）直播互动技巧。互动要有来有往，观众和粉丝在弹幕中发表评论，主播要有回应，才能调动直播间氛围，从而更进一步促进成交。例如，主持人张某的直播间火出了圈。不同于以往在直播间内带货的明星，张某选择在直播间随机连线网友，在各种问答和许愿中，张某的直播间也一跃成为网友的快乐源泉。张某被冠上"娱乐圈唯一人脉"等头衔。通过直播互动，张某涨粉 500 万，实现了弯道超车。

①实时在线互动，留意评论动态。在直播时，除了讲解产品，主播要随时留意观众的评论和提问，并对各种疑问做出及时的解答。如果观众的评论得不到回应，可能会让观众感觉到被冷落，需求没有得到满足，从而离开直播间。

②主动制造话题。抖音直播互动不限于你问我答，主播可以创造话题，主动引导观众和粉丝留言互动。可以找一些简单又贴近生活的话题，能让观众产生更强烈的互动情绪。

③多表达感谢。观众喜欢主播的直播时，会关注账号，或者是向主播赠送礼物，还会在评论里留言夸奖等，表达对主播的喜欢。对于这种留言，主播需要表达自己的感谢，使观众觉得自己被重视，从而增加观众的黏性。

3. 快手直播运营

1）快手直播运营概况

2011 年，GIF 快手作为一款工具型产品正式创立，随着短视频的兴起，2013 年快手正式转型为短视频平台。短视频发展的同时，直播也在悄悄兴起，依靠短视频发展起来的快手，在拥有了大量的用户群体后，又找到了新的发展方向：将互联网电商和互联网直播两个行业聚合到一起，通过不断优化，慢慢走上了直播电商的路。2017年后，直播成为快手主要的发展方向，快手直播具有"短视频+直播"的完整闭环，这使得它在内容和社交链条上的完整性更有优势。以快手为代表的短视频平台所延伸出的直播生态成为内容平台的新增量，它为更多用户提供了看见、分享多样生活的可能性，为经纪公司、主播、普通人提供了新的变现渠道。

2) 快手直播运营技巧

（1）找准细分的垂直领域，打造鲜活的账号人设。在快手直播之前，需要做好直播的定位，熟知自己的优势，发现自身擅长的领域。通过直播，放大自身的亮点，将品牌的价值、文化与营销相结合，吸引粉丝的关注。在选择领域时一般需要参考以下几个维度：变现前景好、有比较大的涨粉潜能、可持续生产内容、垂直领域等。

（2）建立基础粉丝，有持续的内容创作。除了直播本身质量能够有热度，粉丝基础非常重要。通过持续输出优质内容吸引新的用户关注，增加粉丝的黏性。同时，快手对于原创的要求是极高的，因此直播过程中原创内容、形式越多，越能够吸引用户的关注。

（3）重视封面和标题的包装。封面和标题的包装也会给快手直播的流量带来重要影响，通过账号包装会让用户对账号有一个初步认识，吸引用户进一步观看，直播的标题能够为用户带来清晰的识别。在直播前给账号打上标签，对该标签感兴趣的用户会提前关注直播间，这样能够带来更多的流量。

（4）选择合适的时间。直播时间对于一场准备完善的直播来说至关重要，很多人认为借助快手的流量高峰去直播效果会更好，但是相对应的在同一时间段直播的人数较多，会受到较大的竞争。快手用户最活跃的时间是21：00，一直持续到23：00，这个时间段的知名主播较多，如果作为新人主播或素人主播很难与其竞争，因此可以选择其他流量低峰的时段。

（5）建立主播和粉丝之间的信任感。在快手上直播，主播和粉丝之间的信任感非常重要，可以通过定期给粉丝直播福利等方式，加强对粉丝关系的维系。

任务实训

1. 实训目的

熟悉淘宝、抖音、快手的直播运营技巧。

2. 实训内容及步骤

（1）以小组为单位，成立任务团队。

（2）各小组选定直播主题，在淘宝、抖音、快手任一平台开展一次直播。

（3）直播结束后，分析直播效果。

（4）找出直播的不足，并提出改进措施。

（5）撰写分析报告，完成本次实训。

3. 实训成果

实训作业：淘宝、抖音、快手直播实训总结。

练习题

一、单选题

1. 下列不属于直播营销特点的是（　　）。
    A. 营销成本较高　　　　　　　　　　　B. 营销覆盖较便捷
    C. 营销效果较直接　　　　　　　　　　D. 营销反馈更有效

2. 某些主播会使用某些品牌的化妆品向观众展示化妆技巧，在让观众学习美妆知识的同时，增加产品曝光度，这种直播营销模式是（　　）。
    A. 颜值营销　　　　B. 利他营销　　　　C. 对比营销　　　　D. 稀有营销

3. 直播营销活动策划的第一步是（　　）。
    A. 做好筹备工作　　　　　　　　　　　B. 确定直播营销方案
    C. 明确直播思路　　　　　　　　　　　D. 做好直播宣传

4. 一件衣服的标价为 500 元，按原价售卖很多人都会觉得贵，可是如果在衣服上标出原价 800 元，那么，消费者会觉得衣服打折力度很大，500 元的衣服很便宜。这里运用的是（　　）。
    A. 阶梯定价策略　　　　　　　　　　　B. 尾数定价策略
    C. 组合定价策略　　　　　　　　　　　D. 价格锚点策略

5. 能够在控制直播成本、传递品牌理念、提供售后服务中发挥优势的淘宝直播营销模式是（　　）。
    A. 关键意见领袖（KOL）营销　　　　　B. 商家自播
    C. 直播+明星营销　　　　　　　　　　D. 直播+短视频营销

二、多选题

1. 直播营销通常包括的四大要素有（　　）。
    A. 场景　　　　B. 内容　　　　C. 产品　　　　D. 创意　　　　E. 人物

2. 完整的直播营销产业链由（　　）构成。
    A. 内容提供方　　B. 平台运营方　　C. 传播渠道方　　D. 服务支持方　　E. 用户

3. 直播营销商品的配置有（　　）。
    A. 引流款　　　　　　　　　　　B. 竞价款
    C. 利润款　　　　　　　　　　　D. 印象款
    E. 福利款

4. 进行直播前除了需要进行直播间测试，还需要做的准备工作有（　　）。
    A. 手机准备　　B. 确定摄像头的位置　　　　C. 网络测试
    D. 灯光准备　　E. 电源准备

5. 快手直播运营的技巧包括（　　）。
    A. 找准细分的垂直领域，打造鲜活的账号人设
    B. 建立主播和粉丝之间的信任感

C. 建立基础粉丝，有持续的内容创作

D. 巧用流量高峰

E. 注重直播的创新性

三、名词解释

1. 直播营销　　2. 直播+　　3. 采访营销　　4. 关键意见领袖　　5. 弹幕

四、简答及论述题

1. 直播营销的产业链由哪几个方面构成？

2. 直播营销的常见方式有哪些？

3. 直播营销后期的主要工作有哪些？

4. 试论述直播营销商品策划。

5. 试述淘宝直播的运营模式。

📖 案例讨论

抖音爆款 IP 营销炼成记

随着 Z 世代逐渐成为消费主力，用户交流和体验越发个性化，品牌也在寻找与年轻消费者保持统一战线的新路径。尤其是经历短暂"休整期"、消费者"补偿性消费"势头萌发的当下，奢侈品企业应该如何把握新型消费孕育的短暂市场机会，为自己赢得一席之地？

全球高端奢侈品先锋 LVMH 集团旗下唯一专业彩妆品牌 Make Up For Ever（MUFE）在抖音平台打造出一系列创新直播内容和高阶互动玩法，取得了良好的营销效果。此次 LVMH 与抖音商业化强强联合的营销大事件，在成功引领 MUFE 品牌先锋前卫风范的同时，也为激烈竞争环境下的奢侈品及美妆行业，提供了全面快速掌握抖音营销技能、实现品效突围的良方。

1. 蓄势期：打造首个线上彩妆学院，强势"种草"沉淀私域流量

在商场等线下美妆消费场景"暂停营业"的特殊时期，探索线上消费场景成为每个品牌的必修课。MUFE 作为国际美妆先锋，将全球殿堂级彩妆学院"搬到"抖音平台，利用原有彩妆师资源，让专业的线下试妆教学场景以"直播"形式展现，为消费者带来"云逛街"的全新体验。从 3 月 8 日"女王节"起，彩妆学院的资深彩妆师化身"美妆直播达人"，在@MakeUpForEver 中国抖音品牌号开启持续两个月的接力直播，涵盖线下探访、彩妆教学、产品测评等丰富内容，紧随当下流行趋势，全面满足消费者群体的花式美妆需求，受到大量用户追捧，无形中完成了对品牌产品的强烈"种草"。同时，基于推荐流、Live Feeds、直播间等抖音直播全链路营销资源，用户群体可以实现从浏览到点击再到购买、分享和回顾的消费全流程，进一步促成 MUFE 品牌粉丝沉淀。

2. 爆发期：超级挑战赛造势+明星达人引领，全民共创引爆声量

抖音挑战赛作为打造爆款内容的营销利器，是品牌引流不可或缺的技能。MUFE 前期完成种子用户积累后，在抖音发起"花式不脱妆"超级挑战赛，开创新颖的创意互动玩法，借助"明星+达人"的粉丝效应，引发全民跟拍创作热潮，助推品牌频频霸榜热搜。MUFE 基于中国区品牌大使、青春偶像黄明昊的号召力和影响力，借助抖音 TopView 第一眼震撼视觉冲击，通过 IDOL 趣味定制素材和代言官方素材配合，兼顾互动和转化，锁定达人粉丝群体、爱好时尚潮流的美妆客群，多维度定向投放，为挑战赛引流。同时，从挑战赛主题衍生出抖音定制黄明昊"吃火锅不脱妆"和"跳舞不脱妆"话题，首创视频弹幕形式，营造"实时围观"的热度效果：联动蓝V主题定制文字链、蓝V主页下拉星粉通自定义磁铁等落地页资源，增强明星粉丝间的互动体验氛围，为挑战赛预热做足势能。

3. 转化期：国际美妆首个小店开业，打通转化链路效果拔群

作为抖音生态系统中的一环，小店能有效帮助商家拓宽变现渠道，提升流量价值。MUFE 经过充足准备后，快速开通小店，协同多方资源制造"开业直播最强音"。在关键选品环节，MUFE 通过丰富、定制的彩妆产品体系和独家折扣优惠福利在第一时间"吊足胃口"。基于优质选品保障，MUFE 集结已经具有丰富直播经验的专业彩妆大师，在 5 月 8 日小店开业时，进行 11 h 的连续霸屏直播，迅速聚拢用户强势围观。其间，彩妆师还与拥有千万量级粉丝的美妆博主仙姆 Sam Chak 连麦互动充分调动直播间的气氛，全面激活用户群体抢购热潮。

不仅如此，太古里门店探店、海报特效等线上场景的精心布局，有效提高了用户群体"身临其境"的参与感，无形中促进"拔草"转化。高性价比、便捷流畅的购物通道的构建，帮助 MUFE 大大短缩消费路径，形成高效"拔草"的营销闭环。在 MUFE 官方抖音账号粉丝基础、达人粉丝强势聚集和抖音流量扶持三方力量汇聚下，品牌热度一路高涨，流量转化效果"拔群"。"彩妆师+达人"的超长直播带来 1 000 万的曝光量，总下单金额突破 430 万元，远超预期 3 倍。其中，主推明星单品小散粉 20 h 售出 1.7 万件，登顶人气好物第一名。

思考讨论题：

1. MUFE 的成功为我们带来了直播营销的哪些启示？
2. MUFE 直播营销中应注意哪些问题？

项目7 直播营销

任务	分析东方甄选直播营销实例				
班级		学号		姓名	

本任务要达到的目标要求：
1. 掌握直播营销的活动策划。
2. 熟悉直播营销运用的方式。

能力训练

扫描二维码，阅读《东方甄选成功出圈带来了什么》的直播营销实例，完成工作任务。

二维码材料
东方甄选成功出圈
带来了什么

1. 直播内容的知识与文化升级为直播营销带来了哪些机遇？

2. 有人说"知识+直播"的本质仍然是卖货，知识内容只是附着其上的配角，或者是赋予商品的一种情怀。你怎么看待这种观点？

3. 结合案例，请思考东方甄选如何实现直播助农的可持续发展目标？

我的心得：

项目8 短视频营销

◆学习目标▪

【知识目标】

(1) 理解短视频的含义。

(2) 认识短视频的特点。

(3) 了解短视频的发展历程。

(4) 了解短视频营销的产业链。

(5) 熟悉主要的短视频营销平台。

【技能目标】

(1) 能够认清短视频未来的发展趋势。

(2) 能够掌握短视频营销不同模式的特点。

(3) 能够掌握短视频账号的运营策略。

(4) 掌握短视频营销的实施流程与策略。

(5) 能够熟悉企业短视频的选题创意方向。

【素质目标】

(1) 培养学习短视频营销的兴趣。

(2) 树立短视频营销意识。

(3) 提高学生的创新意识和创业精神。

项目情境导入

情景1：随着 5G 技术的发展，以抖音为代表的短视频平台纷纷发力，短视频平台逐渐进入上升期。截至 2022 年 12 月，短视频用户规模首次突破十亿，用户使用率高达 94.8%。

情境2：2022 年 9 月 9 日首届"京东农特产购物节"开幕。京东投入数亿元费用和资源，联合多地政府部门，深入全国 2 000 多个农特产业带，致力打造高质量农特产品，将丰收美味从田间地头送到全国各地消费者的餐桌，以此带动亿万农民扩大销售，增收致富。

丰收节期间，京东联手微信视频号共同发起 2022 "好物乡村"助农活动，构建短视频+直播矩阵，通过数字化新农具，助理优质农产品线上销售。2022 年 9 月 7 日，视频号联合京东发起#我的家乡好物短视频系列活动，5 000+微信生态达人通过镜头分享家乡好物，彰显了乡村振兴背景下新农人的真实风貌。除此之外，9月23日微信视频号上线丰收节助农直播专题，京东以官方视频号京东为核心，搭建助农直播矩阵，真正实现了让优质原产地好物被看见，让消费者买得放心，吃得安心。

情境3：不少影片在以抖音为代表的平台上宣发并取得巨大成功。电影《前任3：再见前任》通过抖音平台进行宣传，其主题曲《说散就散》和插曲《体面》，更是风靡抖音，为影片赚足了热度。其中，热门第一点赞量近200万，评论超10万条，同名话题观看人数近3亿，使得这部制作成本不高、没有一线流量明星加盟的影片拿下了19.42亿元的票房，获得票房大丰收。

情境4：伴随着宝马BMW X3新车的上市，由宝马出品，知名演员出演的微电影《神奇爸爸》先导片同步爆出，宝马力求利用此传播契机，为BMW X3新车上市创造强大的市场声量。以内容协同、明星效应与品牌共振，开启短视频营销新篇章。以"开屏+信息流"的黄金传播组合霸屏打造宝马超级品牌日，同时导流抖音品牌主页，形成品牌短视频长效营销阵地。总曝光量1.02亿，原生信息流广告互动率6.82%，抖音品牌主页访问量44.9万，2天内粉丝增长至26.8万。短视频为宝马新车上市带来了强曝光、高互动、粉丝沉淀三大营销价值。

问题：短视频营销兴起的条件是什么？如何开展短视频营销？上述4个短视频营销情境带给我们的启示是什么？

项目分析

5月18日是国际博物馆日，由国际博物馆协会发起并创立。在这一天，世界各地的博物馆会根据其特色举办不同形式的活动，展示博物馆特色。

2018年国际博物馆日到来之际，中国国家博物馆、湖南省博物馆等七大博物馆在新媒体平台尝试创新，将博物馆里的文物和当下年轻文化的元素相结合，用抖音的方式让文物与流行元素有机融合，从而使博物馆所展览的文物以更年轻化、娱乐化的形象出现，以期获得更好的宣传效果。

（1）H5短视频发布。国际博物馆日前夕，一款名为"第一届文物戏精大会"的H5悄然上线。H5通过微信群、朋友圈等进行病毒式传播，带来"刷屏级"朋友圈效果。

（2）短视频互动。在社交媒体获得良好的传播效果后，营销团队继续在抖音短视频平台发力，邀请所有用户共同参与抖音话题"嗯~奇妙博物馆"，哼唱"嗯~"并配合打响指，介绍博物馆中的文化瑰宝，展示历朝历代的文物风采，最终获得超过7.7亿次播放。

那么，什么是短视频及短视频营销？短视频营销的模式有哪些？成功的短视频营销具有哪些特点？企业应如何借力短视频平台开展营销活动？本项目将对以上问题进行解答。

任务8.1 了解短视频及短视频营销

任务引入

某企业针对当前家长和儿童的需求，研发了一款针对儿童的智能手表，家长可将手机与该手表绑定，利用该手表对孩子进行定位、与孩子通话等，并且该款智能手表为满足孩子的喜好，还根据时下热门动画片设计了不同的外形。为提高家长对该款产品的购买意愿，该企业决定通过短视频营销的方式进行推广，提高其知名度和销量。

问题：你觉得该企业的市场推广方式是否可行？为什么？

相关知识

1. 短视频的含义与特点

1）短视频的含义

短视频是指以新媒体为传播渠道、时长控制在 5min 之内的视频，是继文字、图片、传统视频之后又一种新兴的内容传播媒体。短视频的内容融合了文字、语音和视频，可以更加直观、立体地满足用户的表达、沟通需求，满足人们相互展示与分享的诉求。其涵盖技能分享、幽默搞笑、时尚潮流、社会热点、街头采访、公益教育和广告创意等主题。

智能手机的普及和时间碎片化程度的提高，使得人们的需求发生了变化，而短视频时长短、内容相对完整、信息密度大、生产成本低、传播和生产碎片化、传播速度快、社交属性强的特点，正好解决了很多场景下大众社交、记录、娱乐等复杂的诉求。

✎ 延伸学习

短视频内容类型

1. 情景短剧类短视频

情景短剧类短视频的关键是在故事情节上能够引发用户的情感共鸣，使其主动点赞、评论和转发。情景短剧一般由两人或多人一起表演，与小品、小剧场的形式类似，是"吸粉"效果最好的一种方法。

2. 美食类短视频

民以食为天，美食类短视频尤其受用户欢迎。在短视频平台上常见的美食类短视频有美食教程类短视频、美食品尝类短视频以及通过美食传递生活状态类短视频。

3. 知识、技巧分享类短视频

知识、技巧分享类短视频是非常实用且容易"涨粉"的短视频类型。

4. 技能展示类短视频

技能展示，包含唱歌、跳舞、乐器演奏、健身、曲艺表演等。这类短视频只是单纯地展示视频中人物的才艺，强调观赏性和娱乐性，是目前短视频中比较主流的一种玩法。

5. 商品测评类短视频

商品测评是以商品为对象进行测评，先"测"后"评"，通过对某种商品进行使用体验，或者按照一定的标准做功能性或非功能性的检测，然后分析结果，做出评价，分享给用户，目的是帮助用户从众多商品中筛选出质量有保障、体验感好、适合自己的商品，从而促成消费。

6. 访谈类短视频

以前访谈常见于传统媒体的新闻节目中，记者通过与被采访者有目的的交流，获取具有传播价值的真实信息。短视频创作者把这种形式运用到短视频创作中，通过访谈挖掘出有价值的信息，利用社会大众所关注的热点话题，找到真实而有趣的回答，进而吸引"粉丝"的关注。

7. 探店类短视频

探店是指短视频创作者亲自到实体店中探访与体验，将感受记录并分享给用户的过程。这类短视频最适用于餐饮、旅游行业，记录饮食、消费的整个体验过程，向用户展示环境、食物、服务细节等，引导用户进行消费。

8. "种草"类短视频

"种草"类短视频比较适合美妆、服饰、日用品等领域的内容创作。根据内容的不同，"种草"分为"促销型种草"和"纯种草"两种类型。

9. 展示萌物类短视频

展示萌物类短视频主要包括晒萌宝、萌宠或具有萌态的玩偶等，这类短视频关键是以"萌"制胜，利用各种事物的萌态达到快速吸引目光的效果。

10. 拍摄 vlog

视频博客（video blog，vlog）又称视频网络日志，是创作者（vlogger）以影像代替文字或照片，创作个人日志并上传网络给网友分享的视频形式。

2）短视频的特点

（1）生产流程简单，制作门槛更低。传统长视频生产与传播成本较高，不利于信息的传播。短视频大大降低了生产传播的门槛，即拍即传，随时分享。而且短视频实现了制作方式简单化，一部手机就能完成拍摄、制作、上传分享。目前主流的短视频平台功能简单易懂、使用门槛较低，添加现成的滤镜等特效能使制作过程更加简单。

（2）空间大，适应性强。从内容生产角度来看，自媒体时代背景下，短视频生产者既可以是一般用户，也可以是专业机构。这使得企业在考虑短视频营销制作时有了更多选择，既可以选择成本较低的介入方式，也可以选择在创意、制作和推广上专业度更高的机构，从而拉伸了整个短视频营销市场的空间，使其适应性更强。短视频分发平台众多，竞争激烈，也为企业提供了更多的选择。

（3）承载信息丰富，极具个性化。相比图文内容，短视频信息承载量丰富集中，绝大多数短视频软件自带一些滤镜、音效、美颜、变声等特效，这符合当代年轻人个性化、多元化、时尚化的需求，也使得用户可以自由表达自己的想法和创意，视频的内容更具个性化。短视频将声音、图形和文字组合在一起，就会产生情境，可以让用户更真切地感受到内容的传递，更能让用户产生情绪的共鸣，是更具表达力的内容形态。

（4）互动性和碎片化处理带来超强传播力，且具备长尾效应。社交媒体占据了我们日常生活的各个环节，短视频对于现代人碎片化时间的有效利用和强互动性，使其成为最具传播力的形式。观众对视频的及时反馈与互动能帮助企业进一步了解分享者信息，并根据他们的评论和需求来精准定位，从而形成完整的闭环。另外，短视频寿命更长，使其具备长尾效应。短视频在网络上的存活时间非常久，除非有明确的指令将其移出，短视频也不像电视广告那样，停止支付费用就导致停播，超长的寿命使其具备长期的效应。

（5）社交属性强。短视频不是长视频的简单缩减版，而是社交的延续，是一种信息传递的方式，用户通过短视频平台拍摄生活片段，分享到社交平台，短视频平台内部也设有点赞、评论和分享等功能。一方面，短视频信息传播力度强、范围广、交互性强，为用户的创造及分享提供了一个便捷的传播渠道；另一方面，用户通过参与短视频话题，突破了时间、空间、人群的限制，参与线上活动变得简单有趣，也更有参与感。

2. 短视频的发展

1）短视频的发展历程

我国短视频的发展大致可以分为五个阶段，如图 8-1 所示。

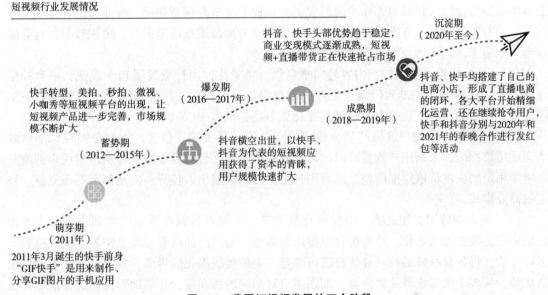

图 8-1　我国短视频发展的五个阶段

第一阶段，萌芽期（2011 年）。2011 年 3 月诞生的"GIF 快手"最初是一款用来制作、分享 GIF 图片的手机应用。2012 年 11 月"GIF 快手"转型为短视频社区，给我们带来了新奇的产品体验，但此时并没有形成市场规模，短视频发展还处在萌芽时期。

第二阶段，蓄势期（2012—2015 年）。美拍、秒拍、微视、小咖秀等短视频平台的出现，让短视频产品进一步完善，市场规模不断扩大。

第三阶段，爆发期（2016—2017 年）。抖音凭借算法等技术以及头条产品导流横空出世，各大互联网巨头都开始布局短视频展开争夺，以快手、抖音为代表的短视频应用获得了资本的青睐，这期间也有依靠短视频爆火的 papi 酱掀起了自媒体入局短视频的浪潮，最终在众多的短视频 App 中，形成"南抖音北快手"的局面，短视频行业也进入高速发展时期。

第四阶段，成熟期（2018—2019 年）。抖音、快手头部优势明显，进一步拓展新业务，开始进入直播电商领域，商业变现模式也逐渐成熟，用户快速增长。

第五阶段，沉淀期（2020 年至今）。进入 2020 年，短视频行业已经进入沉淀期，新进入赛道的平台发展难度逐渐加大。而头部平台的规模优势显现，并且相继寻求资本化道路，行业竞争格局分明。

总体来说，我国短视频行业的发展已比较成熟，形成了一套较为完整的生态链。

2）短视频的未来发展趋势

随着行业的快速发展，更多的平台和营销者纷纷"入局"，短视频的覆盖范围急速扩张，影响力也越来越大。短视频依托4G移动网络技术，用户规模增长迅速。随着5G移动网络技术的介入，移动端的网速将大幅提升，费用将不断下降，这些变化将极大地推动短视频的发展。未来还可通过智能技术和虚拟现实技术的应用，提升短视频的内容丰富度和用户交互度。

（1）短视频行业热度不减，市场规模仍将维持高速增长。短视频作为新型媒介载体，能够为众多行业注入新活力，而当前行业仍处在商业化道路探索初期，行业价值有待进一步挖掘。随着短视频平台方发展更加规范、内容制作方出品质量逐渐提高，短视频与各行业融合会越来越深入，市场规模也将维持高速增长态势。

（2）MCN机构竞争加剧，内容趋向垂直化、场景化。当行业发展趋于成熟，平台补贴逐渐缩减，MCN机构的准入门槛及生存门槛都将提升，机构在抢夺资源方面的竞争日益加剧。通过场景化、垂直化的内容进行差异化竞争将是众多MCN机构的主要策略。

（3）短视频存量用户价值凸显，稳定的商业模式是关键。目前，大部分短视频平台基本完成用户积淀，未来用户数量难以出现爆发式增长，平台的商业价值将从流量用户的增长向单个用户的深度价值挖掘调整，然而用户价值的持续输出、传导、实现都离不开完善、稳定的商业模式。

（4）短视频营销更加成熟，跨界整合是常态。短视频营销在原生内容和表现形式方面的创新和突破更加成熟化，跨界整合也将成为常态。通过产品跨界、渠道跨界、文化跨界等多种方式，将各自品牌的特点和优势进行融合，突破传统固化的界限，发挥各自在不同领域的优势，从多个角度诠释品牌价值，加强用户对品牌的感知度，并借助短视频的传播和社交属性，提升营销效果。

（5）短视频平台价值观逐渐形成，行业标准不断完善。行业乱象频发凸显了短视频平台在发展过程中存在的缺陷和不足，倒逼其反思自身应当肩负的社会责任。随着技术的不断进步以及社会各界持续的监督，短视频平台价值观也将逐渐形成和确立，行业标准不断完善。

（6）新兴技术助力短视频平台降低运营成本、提升用户体验。5G商用加速落地，会给短视频行业带来一波强动力，加速推进行业发展。人工智能技术的应用有助于提升短视频平台的审核效率，降低运营成本，提升用户体验，同时能协助平台更好地洞察用户、更快推进商业化进程。

3. 短视频营销的含义及模式

1）短视频营销的含义

新媒体背景下的短视频营销，是指基于新媒体的网络视频平台，以内容为核心、创意为导向，利用精细策划的视频内容，实现产品营销与品牌传播的一种新兴营销方式。

短视频营销是"短视频"和"互联网"的结合，既具有视频内容短小精悍的优点，如感染力强、形式内容多样、创意新颖等，又具有互联网营销的优势，如互动性强、传播速度快、成本较低廉等。此外，短视频营销更易于切中目标受众的需求，巧妙渗透产品，传递品牌理念。

2）短视频营销的模式

从企业对短视频营销的投入程度来看，短视频营销模式可分为以下四类。

微课堂
短视频营销的模式

（1）硬广投入。硬广是指在传统媒体上常见的，不加隐藏的，让受众一眼就能看出来是广告的视频、图片或文字类型的广告。我们在报纸、杂志、广播电视、互联网四大媒体上看到或听到的纯广告都是硬广告。硬广告是目前短视频平台上最简单、最直接的广告发布方式。简单地说，它是通过付费来曝光产品的。短视频硬广包括开屏广告和信息流广告，如图 8-2 所示。开屏广告时间短，视觉效果强烈。短视频信息流广告是一种穿插在内容中展现的原生广告，是目前主流的广告形式之一，它的最大特点是"内容即广告，广告即内容"，而且它以视频的形式来呈现广告，用户原生体验好。

图 8-2 短视频开屏广告和信息流广告

（2）内容植入。内容植入是随着电影、电视、游戏等的发展而兴起的广告方式，是指将商家的产品或服务插入影视情节和游戏中，以达到难以察觉的宣传效果。内容植入是短视频最早出现的营销形式，也是目前最常用的短视频营销形式之一，包括节目冠名、品牌/产品露出、口播植入。短视频时长更短，内容浓度更高，更加关注在瞬间抓住用户注意力，并且迅速完成内容传达。

（3）内容定制。短视频内容定制通常作为内容原生广告于全网分发，包括短视频平台、社交媒体等，属于互动传播，更加注重内容的完整性和品牌信息的原生性。广告主在选择内容的定制方式时要考虑三个要素：内容情节和故事性，话题热度，渠道兼容性。

（4）网络名人活动。网络名人活动是指通过网络名人效应促进品牌营销，就像传统广告商会签约明星歌手作为代言人一样，在短视频营销中，网络名人或 KOL 影响力可以给品牌带来更多的曝光。其核心营销困难在于需要根据营销目标制订适当的宣传计划。从选择合作网络名人到策划活动计划，需要投入较长的时间成本和资金，对平台也有一定的要求。

案例分析

海俪恩隐形眼镜短视频信息流广告

近年来，随着抖音平台的逐渐崛起，越来越多的企业开始利用抖音信息流广告来打造品牌形象和提升产品销量。以下为海俪恩隐形眼镜短视频信息流广告案例。

投放产品：海俪恩隐形眼镜。

投放平台：抖音。

信息流广告类型：单页信息流。

广告时长：47s左右。

广告附加创意：摇动手机直达购物页面。

广告文案：胭脂花色，在移动/玉奴黑，文成棕/霓裳羽衣舞，不为谁演出/元宇宙怎么住/是几维空间艺术/暖色系的红，缤纷而清楚/拱桥上的灯会，是谁在翩翩起舞/霓裳羽衣舞，只对你爱慕/武媚棕、婉儿灰/是什么美学态度。

案例分析：

1. 将时下大火的国风元素与隐形眼镜结合在一起。每个历史人物都对应不同的颜色：玉奴黑、文成棕、武媚棕、婉儿灰。每个历史人物都有其独特的美，正如戴着每款美瞳的你。

2. 广告文案被谱成曲，更加朗朗上口，增加产品记忆。

3. 国风+元宇宙，是传统与现代的碰撞。这两大元素，在这支广告中擦出了奇妙的火花。广告中满满科技感的转场和传统文化元素的结合并无违和感，反而打开了新世界的大门，掀起了一股新的潮流。

4. 短视频营销的形式与产业链

1) 短视频营销的形式

（1）自有账号的内容营销。自有账号的内容营销是指开展短视频营销的企业或个人在短视频平台上开设账户进行营销活动。企业或个人通过精心策划短视频内容，将镜头对准自己的产品，加入一些个性化元素的同时，配合对应的促销信息。

（2）借助自媒体开展营销。随着自媒体的兴起，越来越多的企业或个人开始借助它开展短视频营销活动。借助自媒体开展营销的形式可分为以下两种。一种是由品牌方发起某个活动，借助短视频平台和视频达人的粉丝影响力，带动粉丝参与；另一种是依靠UGC（user-generated content，用户生产内容）和PGC（professional-generated content，专业生产内容），依托短视频达人的高人气，按品牌主的要求，以植入形式进行内容定制。

2) 短视频营销的产业链

短视频营销产业链主要包括上游内容生产方、中游内容分发方和下游用户终端。内容生产方主要分为PGC、PUGC（网红/明星生产内容）和UGC三大类；内容分发方包括短视频平台、新闻资讯平台、社交平台、传统视频平台等。此外，产业链参与主体还包括基础支持方（如技术服务提供商、数据监测商等）、广告商和监管部门等。

目前，短视频内容分发平台参与者众多，移动短视频有抖音、快手、腾讯微视频、梨视频等，内容分发平台主要有社交类应用如微信、QQ、新浪微博，资讯类平台如头条、网易、腾讯资讯等；此外，传统视频平台也涵盖短视频内容分发，如爱奇艺、腾讯视频等。我国短视频产业图谱如图 8-3 所示。

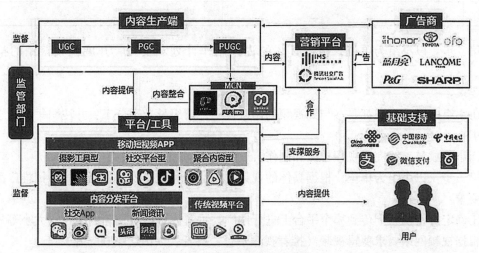

图 8-3　我国短视频产业图谱

任务实训

1. 实训目的

能根据目标人群特征和需求开展短视频营销的内容设计和创作，提升营销活动的趣味性，掌握短视频营销的内容创作技巧。

2. 实训内容

从小组内选择一家网店、微店或实体店，为其设计、制作营销短视频，并在课堂上进行视频营销的展示和汇报。

3. 实训步骤

第一步：以小组为单位，开展短视频营销活动内容设计。

（1）为选定的店铺确定短视频营销主题、内容，并制定具体的制作流程。

要求：

①视频的主题。要符合目标人群的兴趣点，同时能够很好地展现产品卖点，吸引目标人群购买。建议真人出镜。

②视频内容构架。从营销视频构思的角度思考视频内容构架。要有故事性、趣味性、"高、热、炒、情、笑、恶"。

③制作流程安排。时间、场地、具体流程内容等的规划安排。

（2）根据规划，小组成员分工合作收集、制作相关素材，撰写短视频营销脚本，脚本格式如表 8-1 所示（可以从抖音等短视频网站收集相关产品的视频内容，为自己的视频创作提供更多的思路）。

表 8-1　短视频脚本格式

序号	镜头	画面	时间	旁白或台词
1				
2				

第二步：以小组为单位，根据具体的视频制作计划和安排，开展视频营销的拍摄和制作。

要求：

①小组内成员每人都要参与到视频制作过程中，请组长合理分工，并注明每位同学的具体分工。

②小组成员出镜完成视频拍摄和制作，成绩加 10 分。

第三步：以小组为单位，根据具体的视频制作计划和安排，开展视频的营销推广活动。

要求：

①确定好将视频上传到哪个平台上进行推广，了解该平台对视频的时长、大小等具体要求，根据视频网站要求剪辑视频（推荐视频平台：抖音、火山、哔哩哔哩）。

②将制作好的视频上传到视频平台进行传播，注意不同平台对视频的不同要求，按要求上传视频，统计视频的完播率，分析消费者未看完视频的原因。

③将视频在 QQ、微信、微博等社交平台进行有效的推广，至少通过该视频为你所推广的店铺带来一单收益。

4. 实训成果

实训作业：视频作品及讲述视频的构思过程、制作过程和视频推广效果。

任务 8.2　熟悉主流的短视频平台

任务引入

随着短视频的广泛流行，旅游已经成为短视频平台上出现频率最高的词汇之一。短视频录制具有简单、成本低廉的特点，很多景区、地方旅游发展委员会乃至 OTA（online travel agency，在线旅游）等，都纷纷进驻短视频平台开设了官方账号。可以说，旅游目的地，尤其是经济落后但具有自身文化特点的农村已经进入了网红时代，短视频成为相关地区开展旅游活动的热门营销方式。

焕河村是位于贵州省铜仁市德江县大山深处的一个土家族村寨，村庄至今保留着青瓦房、青石路、古井、古树等古村特色。2018 年，一个"85 后"年轻人丁浪的到来改变了这个安静的小村庄。丁浪凭借多年的电商经验，以焕河村当地的特产、美食和风景为素材，先后打造了两个抖音账号"黔东农仓"和"古村乐乐"，直接带火了焕河村。2021 年 8 月，焕河村每天会迎来近八百位游客。2 个月累计接待游客 5 万余人。至今，两个抖音账号的粉丝总计超过 300 万。焕河村从几乎无人问津到成为"网红打卡地"，离不开丁浪对当地传统文化特色的挖掘和宣传，以及短视频平台发挥的强大传播能力。

问题：经济落后但具有自身文化特点的农村如何利用短视频平台开展旅游活动，以实现乡村振兴？

相关知识

1. 短视频平台类型

短视频平台可分为工具类短视频、聚合类短视频和社交类短视频。工具类短视频指的是以视频剪辑功能为主的短视频平台；聚合类短视频主打特定领域的短视频平台；社交类短视频一般指的是具有社交属性、视频拍摄、购物等多种功能的短视频平台。

主要短视频平台的上线时间如图8-4所示。

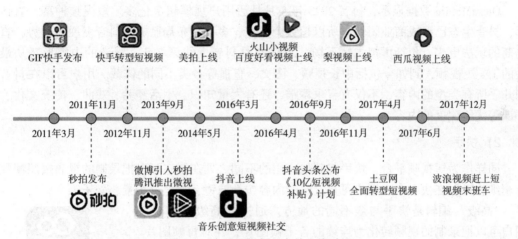

图 8-4　主要短视频平台的上线时间

（1）工具类短视频平台：UGC短视频，属于工具应用。

代表产品：小影、faceu（激萌）、小咖秀、美拍、小红唇。

不足：用户黏性不高，产品容易被复制，对社交平台的依赖性较大。

（2）聚合类短视频平台：PGC短视频。

代表产品：梨视频、B站、各新闻客户端内嵌小视频。

不足：用户互动性不足，产品易复制，内容同质化程度高。

（3）社交类短视频平台：UGC短视频，重社交属性。

代表产品：秒拍、快手、抖音。

不足：用户社区的构建与维护成为竞争关键，社区用户黏性有待提高。

2. 主流短视频平台

短视频早已成为移动互联网时代品牌传播的重要载体。早期的图文传播形式已经不再新鲜，现在，更具直观化、清晰化、动态化等优势的短视频成为品牌营销的首选。各大短视频平台也频频在内容生产、商业化变现等方面发起新动作，一度成为行业关注的热点。

短视频平台之间的竞争已经从流量竞争过渡到内容、商业化变现等方面的竞争。熟悉各大短视频平台的发展动向，有助于品牌拥有者提前把握正确的走向和趋势。

1）抖音

图 8-5　抖音短视频 logo

抖音是由今日头条旗下研发的一款短视频应用软件，于 2016 年 9 月上线，其实质上是一个专注年轻人的 15s 音乐短视频社区，通过抖音，用户可以分享生活，也可以认识更多朋友，了解各种奇闻趣事。2018 年春节期间，抖音用户呈爆炸式增长，连续霸占 App Store 单日下载量榜首 16 天。抖音短视频 logo 如图 8-5 所示。

抖音的崛起，一是与智能手机的普及有着重大的关系，二是抖音团队通过各种辅助的方式和手段，降低了拍摄短视频的难度。用户可以选择歌曲，通过视频拍摄快慢、视频编辑、视频特效等技术，让视频更具创造性，形成自己的作品。

QuestMobile 数据显示，抖音 2023 年 5 月月活用户规模超 7 亿多。短视频种草，直播拔草，抖音生态已形成商业闭环，所以超级个体户、多平台布局已成为抖音发展新趋势，直播电商的玩法更多，包括虚拟主播下场。2023 年是抖音上线第 7 年，抖音的内容形态从最开始的 15s 短视频，到如今包括中长视频、图文、直播等各类不同的体裁。用户可以在抖音看到几乎所有类型的内容，不仅有音乐舞蹈，还有大量知识、生活经验、戏曲、传统文化、公开课等优质深度的内容。

2）快手

同样作为短视频平台，快手与其他应用的不同之处在于它可以把录制的视频按照帧数进行精细剪辑。在快手中，用户可自定义的内容包括滤镜、相框、场景、配乐等。

"高级"编辑是快手与众不同的地方。通过"高级"编辑，用户可以把录制的视频转化为连续的若干帧图片，并对每帧图片进行"文字""贴纸""画笔""删图"处理。使用"高级"剪辑功能，用户可以更方便地制作与编辑视频内容。快手短视频 logo 如图 8-6 所示。

2023 年快手 Q2 财报显示，快手平均日活跃用户达 3.76 亿，月活跃用户达 6.733 亿。在线营销服务收入达 143 亿元，同比增长 30.4%，占总收入的比例达到 51.7%；直播收入约 100 亿元，同比增长 16.4%。近两年，快手持续推进降本增效战略。2023 年上半年，快手预计获得净利润不低于 5.6 亿元，较 2022 年同期的净亏损 94.3 亿元，实现了扭亏为盈。

图 8-6　快手短视频 logo

课堂讨论

快手短视频平台和抖音短视频平台有何不同？你更喜欢哪个平台？为什么？

3）微视

2013 年，腾讯公司推出腾讯微视，将其定位为 8s 短视频分享社区。那时候短视频还没有大火，不过腾讯微视仍凭着下载量一度稳居 App Store 免费榜前列。但好景不长，经历了两年不温不火的腾讯微视于 2017 年宣布关闭应用。腾讯关闭微视后，随着人们获取信息的方式逐渐趋向于碎片化，短视频这块"蛋糕"越做越大。短视频行业越发兴盛，社交流量开始向短视频市场转移，社交市场的存量之争使腾讯不得不再次进军短视频行业。在此情况下，腾讯开始加大补贴，腾讯微视全新改版重新上线。腾讯微视除了延长视频时长和在原有的滤镜、字幕中加入新元素外，还增加了原创大片、音乐秀 MV、对口型等多种功能。腾讯微视 logo 如图 8-7 所示。

图 8-7 腾讯微视 logo

2023 年腾讯 Q2 财报显示，微信及 WeChat 的合并月活跃账户数 13.27 亿。目前公众号与视频号、小程序"三位一体"构成微信平台生态圈。依托微信庞大的用户群，视频号总用户使用时长同比几乎翻倍，该阶段视频号广告收入超过 30 亿元。

4）抖音火山版

抖音火山版，是一款 15s 原创生活小视频社区，由今日头条孵化，致力于通过小视频帮助用户迅速获取内容，展示自我，获得粉丝，发现同好。2018 年 10 月 26 日，火山小视频与央视农业频道《致富经》

图 8-8 合并后的抖音火山版 logo

共同推出《致富小课堂》栏目。2020 年 1 月，火山小视频和抖音正式宣布品牌整合升级，火山小视频更名为抖音火山版，并启用全新图标，如图 8-8 所示。

5）梨视频

梨视频是原澎湃新闻 CEO 邱兵创建的一个资讯类视频平台。2016 年 11 月 3 日，梨视频上线。梨视频的大部分视频时长在 30s 到 3min，其宗旨是做专业的高品质短视频，以短视频故事触动人们心

图 8-9 梨视频 logo

灵柔软的地方，给年轻人优质的心灵鸡汤。梨视频的资讯以不同的板块呈现。梨视频 logo 如图 8-9 所示。

我国短视频行业自 3G 网络开始普及后便实现高速发展，并且诞生了抖音、快手等数亿用户量级的平台，在移动互联网时代建立起强大的影响力。随着近年来短视频行业政策引导规范化、活跃用户规模发展趋于稳定、内容生态逐渐成熟，短视频行业已经进入沉淀期，新晋平台发展难度较大。

3. 短视频平台运营流程

1）注册并进行自媒体认证

要开始从事短视频运营，首先需要建立自己的账号。可以在各大短视频平台上（如抖音、快手等）注册账号并进行自媒体认证。认证后可以给账号曝光度加权，更容易得到粉丝的关注。

2）包装账号

为获得平台的认可、让用户一眼记住以及提升账号的权重，账号需要进行包装。账号有一个明确的定位，在此基础上选择合适的行业赛道，然后进行账号信息的完善，包装的基本信息包括头像、昵称、简介、主页封面、视频封面。

3）养号

这是自媒体人必须要做的一件事情。首先要保证账号的活跃度，关注同行账号和一些热门话题视频，还可以"刷"抖音短视频，与其他用户互动，对视频进行点赞、转发、评论、关注等。在养号期间，不要着急发布广告和视频，可以去多个短视频平台学习别人的作品。

4）内容创作和制作

接下来，需要准备好自己的内容。可以是自己拍摄的短视频，也可以是收集的有趣、热门内容。在准备内容时，需要注意内容的创意和吸引力，同时要控制好发布时间，并对是否侵犯版权进行审核。

5）运营推广

发布内容后，需要根据平台算法进行传播和推广。可以通过合理设置标签、标题、描述等方式让作品更易于被推荐，从而拉升视频播放量。可以多关注一些同类型的优质账号，了解并借鉴他们的运营方式，并与他们保持交流。

6）数据分析和优化

数据分析是短视频运营中非常重要的一环。可以通过数据分析工具（清博大数据、飞瓜数据、卡思数据、乐观数据等）了解短视频的传播效果、用户行为、转化率等，并分析交互、播放量、粉丝数等数据，了解自己的优势和不足，从而对短视频的内容推广、用户互动等方面进行优化，调整运营策略。

总而言之，短视频运营是一项需要耐心和热情的工作。需要不断地学习和提升自己的能力，才能在激烈的竞争中脱颖而出。

✐ 延伸学习

如何打造出一个吸引人的抖音号

1. 明确目标受众

在开始打造抖音号之前，需要明确目标受众，以便针对他们的兴趣和需求来制作内容。

2. 内容具有独创性

在抖音平台上，视频内容的独创性是吸引受众的关键。要确保视频的内容具有鲜明的特点，不能人云亦云。

3. 掌握好发布的频率

在抖音平台上，发布作品的频率要适度，并确保内容具有连贯性。这有助于建立受众的信任，并吸引他们持续关注。

4. 优化视频质量

视频质量对吸引观众至关重要，要确保发布的视频画面清晰、稳定。

5. 使用热门话题和标签

使用热门话题和标签可增加作品的曝光度，从而吸引更多的用户关注。

6. 与其他用户互动

与其他抖音用户互动，如评论和点赞等，可以增加抖音号的曝光率和关注度。参与挑战和活动也是一个好方法，可以与更多用户互动。

7. 发布有价值的内容

要确保发布的抖音作品对目标受众有价值，这有助于增强用户的黏性。

8. 做好数据分析工作

可利用抖音提供的数据分析工具来分析哪些内容受欢迎，哪些内容不受欢迎，并据此调整视频的创作策略。

任务实训

1. 实训目的

通过实训，掌握抖音短视频营销的方法。

2. 实训内容

假设你是某办公用品企业的新媒体营销人员，现公司在抖音 App 注册了短视频账号，需要选择合适的方向，发布抖音短视频，打造品牌账号，吸引抖音用户的注意，提高品牌知名度。

实训要求：

（1）要求对抖音账号进行定位。

（2）策划一个短视频拍摄方案。

（3）制定品牌账号的打造方案。

3. 实训步骤

（1）定位抖音账号。在对抖音账号进行定位前，营销人员应先分析该行业的目标用户，及其对办公用品的需求，找到自身的优势，再确定抖音营销的方向；还可以在抖音平台搜索本行业的其他品牌，分析其定位方向，结合自身品牌特点进行定位。

（2）策划拍摄方案。根据抖音账号的定位，结合企业产品，选择合适的角度，构思短视频内容，确定拍摄的场景、道具以及拍摄工具、背景音乐等；再根据短视频内容选择合适的滤镜，编辑短视频文案。

（3）制定品牌账号打造方案。打造品牌账号，需要申请官方认证，结合品牌文化，吸引抖音用户注意，再通过与粉丝之间进行互动，增强粉丝黏性，达到更好的营销效果，并且在每次营销活动结束后，都对其进行分析总结，帮助下次营销活动取得更好的效果。

4. 实训成果

实训作业：抖音短视频营销策划及实施方案。

任务8.3 掌握短视频营销的实施流程与策略

任务引入

2023 年 8 月 9 日晚间，在比亚迪第 500 万辆新能源汽车下线仪式上，王传福喊出"我们在一起，才是中国汽车"的口号。而在线上传播方面，一条题为"在一起，才是中国汽车"的短视频刷爆朋友圈。不到 24 小时，就同时收获了点赞、转发和评论 3 个 10 万+的数据。

问题：该短视频为何能够刷屏，其应用了哪些短视频营销策略？

相关知识

1. 短视频营销的实施流程

1）确定目标用户

企业需要明确自己的目标用户群体，包括年龄、性别、地域、兴趣爱好等方面的特征，以便制作符合用户需求的短视频内容。

2）制作短视频

企业可以通过制作、委托团队或与短视频平台合作等方式制作短视频。"选题创意"是企业短视频制作的第一步，企业短视频营销团队必须围绕企业的营销目标，进行选题。优质的选题往往既能受到用户喜欢，又能巧妙地传递企业的产品信息或品牌理念。同时制作时要注意内容的创意性、互动性和品质，以吸引用户的关注和分享。

3）选择短视频平台

根据目标用户群体和营销需求，企业可以选择适合自己的短视频平台进行发布和推广。目前，国内常见的短视频平台包括抖音、快手、哔哩哔哩等。

4）定期更新和互动

为了保持用户的关注度和参与度，企业需要定期更新短视频内容，并与用户进行互动和沟通，回应用户的评论和提问，增加用户的黏性和忠诚度。

5）数据分析调整

企业在短视频发布成功后，需要实时监控、分析视频数据情况，根据数据反馈，不断调整优化运营策略，以达到更好的引流获客效果。

6）评估短视频投放效果

评估短视频营销的效果需要综合考虑多个指标，如视频播放量，视频观看时长，转化率，点赞，评论、分享数，客户反馈和投资回报率（return on investment，ROI）等。其目的是全面评估短视频营销的效果和实际价值，以便优化和改进短视频的创意和推广策略。

（1）视频播放量。视频播放量是最基本的指标之一，可以用于衡量短视频的曝光度和受众的关注程度。

（2）视频观看时长。视频观看时长是指观众观看视频的时长，可以用于衡量观众对视频内容的关注度和吸引力。

（3）转化率。转化率是指观众从观看视频到最终完成购买或其他行为的比例，可以用于衡量短视频的实际营销效果。

（4）点赞、评论、分享数。点赞、评论、分享数可以用于衡量观众对视频内容的喜爱度和参与度。

（5）客户反馈。通过收集客户的反馈，了解客户对短视频内容、品牌形象、服务质量等方面的评价和意见，从而进行改进和优化。

（6）投资回报率。投资回报率可以用于衡量短视频营销对企业的实际收益和投资回报。

2. 短视频营销的策略

1）短视频整合传播策略

整合营销是对各种营销工具、营销手段的系统化结合，注重系统化管理，强调协调统一。应用到短视频营销中的整合传播，不仅体现在工具和手段的整合上，还需要在整合的基础上进行内容传播。以用户为中心，以产品和服务为核心，以互联网为媒介，整合视频营销和传播的多种形式和内容，达到立体传播的效果。在通过互联网进行短视频营销的过程中，可以整合线下活动资源和媒体进行品牌传播，进一步增强营销效果。

2）短视频创意策略

短视频创意策略是一种具有创新性的营销策略，要求短视频的内容、形式等突破既有的思维方式，从构思、执行、宣传到发布的每个环节都可以体现创意。

（1）内容。经典、有趣、轻松且具有故事性的短视频，往往更容易让用户主动分享和传播，从而形成病毒式传播。在构思短视频内容时，为了快速获得关注和热点，可以利用事件进行借势，也就是事件营销。

（2）形式。现在的短视频形式非常多元化，精彩的创意内容与恰当的短视频形式相搭配，才能获得更好的传播效果，如定位格调的视频，可以采用电影版的表现形式，给用户精彩的视觉享受；定位幽默、点评的视频，可以使用脱口秀的表现形式等，以获得用户的共鸣。

3）短视频连锁传播策略

纵向连锁传播贯穿短视频的构思、制作、宣传、发布、传播每个环节，精确抓住每个环节的传播点，配合相应的渠道进行推广。

横向连锁传播贯穿整个纵向传播的过程，又在每个环节进行横向延伸，选择更多、更热门、更适合的传播平台，不局限于某一个媒体或网站，将社交平台、视频平台全部纳入横向连锁传播体系，扩大每个纵向环节的传播策略，扩大传播深度和广度，让营销效果进一步延伸，从而实现立体化营销。

4）短视频互动体验策略

短视频互动体验策略是指在视频营销过程中，及时与用户保持互动和沟通，关注用户的体验，并根据他们的需求提供更多的体验手段。

短视频互动体验营销的前提是要有一个多样化的互动渠道，能够支持更多用户参与互动。为了提升用户的体验，需要综合设计视频表达方式，比如通过镜头、画面、拍摄、构图、色彩等专业手法制作视频，为用户提供美好的视觉体验；为了拉近用户的心理距离，可以用贴心的元素、贴近用户的角度、日常生活中的素材制作视频。另外还需要通过平台与用户保持直接的互动，包括引导用户评论、转发、分享和点赞等，让用户可以通过多元化的互动平台表达自己的看法和意见。

任务实训

1. 实训目的

通过实训，掌握短视频营销方案的设计和实施。

2. 实训内容

小组自行选定所运营的企业项目中的一款产品，为此产品策划并实施视频营销活动（短视频营销），并将实施的结果及思考在班级进行展示和汇报。

3. 实训步骤

（1）选定产品的目标人群，定位准确。

（2）短视频营销策划方案真实可行，思路清晰，文字表达准确。

（3）创作一个短视频（1min 左右），并且要符合目标人群偏好。

（4）将拍摄的短视频上传到网络平台，并对其进行优化。

（5）制作视频营销 PPT 进行汇报，并运用于小组的新媒体营销运营项目。

4. 实训成果

实训作业：短视频营销策划与实施方案。

练习题

一、单选题

1. 根据短视频发展历程，2020 年短视频行业进入（　　）。

A. 蓄势期　　　　　B. 爆发期　　　　　C. 成熟期　　　　　D. 沉淀期

2. 实施短视频营销的第一步是（　　）。

A. 选题创意　　　　B. 确定目标用户　　C. 选择短视频平台　D. 视频剪辑

3. UGC 属于短视频行业产业链中的（　　）。

A. 内容生产方　　　B. 内容分发方　　　C. 用户终端　　　　D. 营销服务商

4. 信息流广告属于（　　）短视频营销模式

A. 硬广投入　　　　B. 内容植入　　　　C. 内容定制　　　　D. 以上均不是

5. 下列属于工具类短视频平台的是（　　）。

A. 小影　　　　　　B. 梨视频　　　　　C. 抖音　　　　　　D. 快手

二、多选题

1. 短视频连锁传播策略包括（　　）。

A. 创意策略　　　B. 纵向连锁传播　　C. 横向连锁传播　　D. 互动体验策略

E. 整合传播策略

2. 短视频数据分析工具有（　　）。

A. 清博大数据　　B. 飞瓜数据　　　C. 卡思数据　　　D. 乐观数据　　　E. 大数据

3. 企业评估短视频投放效果的评估指标包括（　　　）。

　　A. 视频播放量　　　B. 视频观看时长 C. 转化率　　　　D. 点赞、评论数　E. 分享数

4. 短视频的特点包括（　　　）。

　　A. 生产流程简单，制作门槛更低

　　B. 承载信息丰富，极具个性化

　　C. 制作要求高，需专业人士才能完成

　　D. 社交属性强

　　E. 互动性强

5. 短视频营销的模式包括（　　　）。

　　A. 硬广投入　　　　B. 内容植入　　　C. 内容定制　　　D. 网红活动

　　E. 直播带货

三、名词解释

1. 短视频　　2. 短视频营销　　3. 工具类短视频　　4. 聚合类短视频　　5. 短视频创意策略

四、简答及论述题

1. 短视频的特点有哪些？

2. 我国短视频营销发展经历了哪几个阶段？

3. 试论述短视频营销的主要模式。

4. 试论述短视频营销的产业链。

5. 试论述短视频营销的策略。

📖 **案例讨论**

B 企业的短视频营销

在 2021 年七夕期间，B 企业发布了一个预告视频，并附带话题活动"此生相遇便是团圆"，激励用户参与活动。截至 2021 年 10 月 21 日，该话题的微博话题阅读量已超 7 800 万，今日头条话题阅读量超 7 795 万，抖音的话题视频播放量达 5.4 亿。

1. 背景

B 企业经常在传统节日开展营销活动，账号不仅自制相关主题的视频，还以诱人的奖励激励用户参与活动。这次"此生相遇便是团圆"营销活动便是在传统的七夕节展开。2021年 8 月 11 日，即七夕节前两天，B 企业分别在抖音和微博上发布了"此生相遇便是团圆"的预告视频。短短 35s 的预告视频展现了诸多场景，从青年情侣到中年夫妻再到老年伴侣，展现出不同年龄段的感情矛盾和爱情故事。这个预告视频在抖音发布仅一天，便达到了 55万点赞量。

2. 形式

2021 年 8 月 12 日，B 企业分别在抖音和微博上发布了长达 4min18s 的正片视频，视频主题为"爱是难题，爱是答案"，并发布了话题任务。在抖音上，用户只要拍摄并发布与爱情相关的视频，并带上"此生相遇便是团圆"的话题，@B 企业账号，就有机会获得 B 企业提供的现金大奖。在微博上，用户评论并转发该话题视频，也有机会获得 B 企业提供的

"家团圆礼盒"。数据显示，不论是在抖音还是在微博上，该话题都带来了较高的用户参与度和较大的互动量。

3. 主题

自古以来，爱情都是老生常谈却又经久不衰的话题，而爱情与家、团圆、房子等元素又天然有着密不可分的联系。B企业"爱是难题，爱是答案"正片视频，只从视频内容上来看，几乎不含有任何广告元素和营销成分。视频主题清晰，画面高清，转折合理，文案打动人心，俨然是一部精心策划的微电影，很多用户在评论区纷纷表示"很受打动""完全看不出是一个广告"。从视频开头的"爱情不是童话故事的结尾，而是真实生活的开端"，到结尾的"爱情，让人心有所属；房子，让人身有所安"，B企业在七夕节这个特殊节日，通过对爱情的细腻刻画引起用户的情绪共鸣，从而表明B企业的品牌理念，完成品牌角色的感知与塑造。虽然没有明显的营销性质，但视频和活动带来的传播效果是很好的。

思考讨论题

B企业的短视频营销为什么能取得成功？对我们有哪些启示？

项目 8　短视频营销

任务	分析合生元短视频营销实例				
班级		学号		姓名	

本任务要达到的目标要求：

1. 掌握短视频的内容设计。
2. 掌握短视频营销的实施流程与策略。

能力训练

阅读合生元短视频营销实例，完成工作任务。

2020 年 4 月 15 日，合生元联合抖音正式发起"抖出天生保护力"的挑战赛营销活动。该活动在抖音平台的多个粉丝量较多的母婴类账号带动下得到初步扩散，起到了一定的预热作用，引发用户自发参与。数据显示，该活动上线首日，该话题的视频播放量就已经超过 3 亿。

2020 年 4 月 17 日，合生元抖音官方账号正式发布活动视频。在视频中，合生元品牌 CEO 安玉婷亲自示范活动的玩法，并向用户发起此次挑战赛的邀请。用户只需点击视频中的"立即参与"按钮，就可以拍摄带有合生元特效和图标的视频。这种有趣且轻松的参与方式吸引了大批用户拍视频。合生元还专门为此次活动设置了较有吸引力的奖项，奖项价值在 1 000 元至 10 000 元不等，活动方会根据用户视频内容的活动相关度和点赞数量选出 33 名获奖者。整个营销活动的持续时间为 15 天。在这 15 天内，不仅有在抖音中坐拥几百万乃至上千万粉丝的母婴"达人"账号引导，也有几十万乃至几百万粉丝量的腰部母婴类账号带动，更有几十万用户自发参与，使营销活动达到了上亿量级的曝光。合生元此次的"抖出天生保护力"挑战赛营销活动是母婴行业一次较为成功的短视频营销活动，通过此次活动，合生元成功地放大了品牌势能，产生较高的活动热度和巨大的短视频播放量，吸引了较多潜在用户。

问题：

1. 合生元此次短视频营销为何能够大获成功？

2. 本案例给我们的启示是什么？

学生评述

我的心得：

教师评价

学习目标

【知识目标】

(1) 理解 App 营销的概念。

(2) 掌握 App 营销的特点。

(3) 熟悉 App 营销的植入模式。

(4) 熟悉 App 营销的用户参与模式。

(5) 熟悉 App 营销的内容营销模式。

【技能目标】

(1) 能够为企业实施 App 营销提供策划方案。

(2) 能够为企业 App 营销选择恰当的营销模式。

(3) 能够掌握 App 营销的技巧。

(4) 能够对企业 App 营销存在的问题提出解决策略。

【素质目标】

(1) 提升学习 App 营销的兴趣。

(2) 建立 App 营销新思维。

(3) 培养利用 App 营销服务于消费者的意识。

项目情境导入

互联网的发展改变了人们的消费方式，人们从线下实体店消费慢慢转变为方便、快捷的网络购物——登录购物网站，轻点鼠标查看想要购买的商品，加入购物车，通过网络银行或各种互联网支付工具完成支付。随着智能手机的快速发展和不断更新，网络购物也从网页端转移到了移动端，各大企业也在加紧开发本企业的移动端 App，App 营销成了各大企业抢占消费者市场的新利器。

例如，电商企业京东借助京东手机 App 的超高人气开展各项优惠促销活动，并且推出了京东金融、京东钱包、京东到家等一系列 App，全方位地为消费者服务，如图 9-1 所示。京东手机 App 不仅方便了老用户随时使用，而且能从各个渠道吸引新用户，将企业的营销从网页端拓展到移动端，且移动端的营销成交量不断增加，占比越来越大。

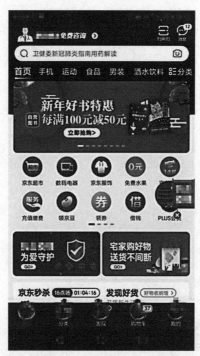

图 9-1　京东手机 App

此外，一些中小企业借助微信这个公共的 App 平台开展营销活动，也取得了不错的营销效果。

问题：App 营销诞生的背景是什么？为何 App 营销能成为当前企业营销的利器？

项目分析

如今，移动端的各种 App 给我们的生活带来了极大的便利，从早上的天气预报，路上的交通出行，中午的外卖点餐，到闲暇时的社交互动，休息时的娱乐游戏，需要时的网络购物，我们一刻也离不开它们。App 改变了人们的生活方式，也成为企业开展营销的一种新的渠道。

那么什么是 App 营销？App 营销有何特点？App 营销有哪些模式？实施 App 营销的技巧有哪些？本项目将对以上问题逐一进行解答。

任务 9.1　认识 App 营销

任务引入

小王是某学院电子商务专业大三学生，学完网络营销课程后他想用自己的专业知识为家乡的发展做些力所能及的贡献。在与老家的亲戚聊天中他了解到，他们村新来了一名很有抱负的大学生村官，他立志要带领村民走上致富之路。小王获悉后大喜，打算与大学生村官好好探讨下如何利用网络营销来推广家乡的特产。

小王与大学生村官取得了联系，大学生村官说村里建成的特产官网已上线好几年了，但浏览量很小，通过该网站开展营销的效果一直不好，希望小王能另辟蹊径找到更适合的网络营销方式。小王经过深思，觉得 App 营销是一个值得尝试的好方法。

请问，如果你是小王，你该如何向大学生村官介绍 App 营销？

相关知识

1. App 营销的概念

App 是指在智能手机上安装的应用程序。按照不同的划分标准，App 可分为多种类型。如按照内容划分，可分为工具游戏类、网站移植类和品牌应用类；按照收费模式划分，可分为收费类、免费类及收费+免费类。企业在开展 App 营销时，第一步就应考虑选择何种类型的 App。

App 营销是指企业利用 App 将产品、服务等相关信息展现在消费者面前，利用移动互联网平台开展营销活动。

智能手机相对于传统计算机而言，其操作方式较为简便快捷，即使对计算机不熟悉的人，也能够快速熟练地使用智能手机，这也就促进了 App 的快速发展。App 中包含图片、文字、视频、音频等各种丰富的元素，相较于网页端具有信息精练、清晰的特点，所以受到越来越多人的欢迎。

> **课堂讨论**
>
> 你是如何理解 App 概念的？它与微信小程序有何区别？

2. App 营销的特点

和其他营销方式相比，App 营销具有以下特点。

1）App 营销的推广成本低

App 营销的推广成本比较低，企业只需开发一个适合本企业的 App 投放到应用市场，在初期投入少量的推广费用，即可等待用户下载安装使用。

2）用户对 App 的使用持续性强

好的 App 在应用市场上下载数量靠前，能够赢得更多更好的用户口碑，形成良性互动，让企业的 App 营销开展得更加顺利。用户使用 App 时的体验好，就会一直使用下去并成为习惯，同时还有可能向身边的人推荐。这样，企业的营销就能在用户使用 App 的过程中实现。

3）销售人员利用 App 促进销售活动

除了针对消费者的 App，企业还有专为销售人员开发的辅助销售类 App。销售人员可以利用这类 App 程序进行商品库存、物流等信息的查询，从而能更好地服务消费者，促进企业销售活动的开展。

4）App 包含的信息全面而广泛

App 中的信息展示形式多样，既有图文形式又有视频形式。在 App 中可展示详细的商品及售后等服务信息，还包含消费者对商品的各种评价。借助以上信息，消费者可以全面、客观地了解企业和产品信息，从而做出购买选择。

5）企业可以通过 App 来提升企业形象

企业可以通过 App 来传递优秀的企业文化、企业所承担的社会责任、以消费者为中心的经营理念等信息，潜移默化地影响用户，让用户使用 App 时接受企业的价值观，从而提升企业在用户心中的地位。

6）App 营销灵活度高

用户可以通过手机应用市场、企业网站推送和扫描二维码等多种方式下载企业的 App。企业可以随时在 App 中推送最新的商品信息、促销优惠、针对消费者的互动活动、针对老用户的回馈服务等。

阅读资料

M 春节贺岁电影在手机 App 免费播出

2020 年伊始，春节档迎来线上首映的历史突破。

2020 年 1 月 23 日，与其他 6 部电影一同撤出春节档的《囧妈》，24 日宣布将于 1 月 25 日（大年初一）零点起免费上线。

"抖音 App"微信公众号 24 日发布公告称，自 2020 年 1 月 25 日（大年初一）零点起，只要在手机上打开抖音、今日头条、西瓜视频、抖音火山版及欢喜首映中任意一款 App，搜索"囧妈"，或者在智能电视上打开华数鲜时光，即可免费观看《囧妈》全片。

该消息随即引发关注，网友们贡献了一片叫好声，"在家第一时间能看贺岁片，太感谢了！""这操作！我爱了。""欠《囧妈》一张电影票，会还的。""期待很久，不愧是中国的贺岁片！"

对于此次上线的选择，《囧妈》出品方欢喜传媒于 24 日发布两则公告，称由于《囧妈》未能在春节档如期上映，终止电影保底发行协议。此外，公司全资附属公司欢欢喜喜与今日头条母公司，即北京字节跳动科技有限公司订立合作协议，欢欢喜喜及字节跳动科技有限公司将在与在线视频相关的多个领域开展合作，字节跳动科技有限公司将向欢欢喜喜最少支付 6.3 亿元作为代价。

《囧妈》在手机 App 免费播出，无形中打破了影院和线上的二元对立。新年新气象，新的合作模式也在开启。

7）企业可以利用 App，通过大数据技术实现精准营销

大数据、云计算等信息技术已被应用到我们日常生活的方方面面。用户的每次查询浏览、每次点击关注、每次购买行为都会被大数据记录。企业通过大数据分析，能对消费者的购买偏好、喜欢的颜色款式、能接受的价格、习惯使用的支付方式等信息进行精准定位，在消费者下次打开 App 时就可以向消费者推荐符合其审美喜好的相关商品，实现精准营销。企业还可以在 App 的用户界面中提供丰富的个性化信息，针对每位用户提供符合其偏好的

促销信息、优惠礼券、个性化服务等，让营销效果最大化。

8）企业利用 App 可以实现与用户的互动

企业利用 App 可以实现与用户的互动，从而增强用户参与度和品牌忠诚度。例如，通过 App 向用户发送消息通知，可以让用户及时获取企业最新动态和优惠活动，增加用户参与度和互动性。又如，企业可以通过用户在 App 上的搜索历史和购买记录等数据，向用户推荐个性化的产品和服务，从而增加用户参与度和购买率。此外，企业还可以在 App 中开发一些具有互动性的小游戏，吸引用户参与，增加用户黏性。如拼多多 App 上就有多多果园、多多牧场、多多赚大钱、多多爱消除等不同类型的游戏。多多果园、多多牧场的游戏见图9-2和图9-3。

为了玩好拼多多上的游戏，用户需要完成电商平台的任务。不管是本地的热销好货还是爆款会场，都得多逛逛。完成各种类型的任务，用户获得了加速得到拼多多赠品的成就感，而平台也收获了用户黏性。

图9-2　多多果园游戏　　图9-3　多多牧场游戏

任务实训

1. 实训目的

熟悉开展 App 营销活动的前期准备工作。

2. 实训内容及步骤

（1）以小组为单位，成立任务团队。

（2）确定 App 营销的内容与目标。

（3）收集相关资料，经分析、讨论之后撰写 App 营销活动开展的前期准备工作方案。

（4）提交作业，由老师进行评分，最佳团队的作业在班级进行分享。

3. 实训成果

实训作业：App 营销活动开展的前期准备工作方案。

任务 9.2　熟悉 App 营销的模式

任务引入

大学生村官听取了小王有关 App 营销的介绍后，觉得这是一种很好的网络营销方法，便委托小王负责实施，村里提供一切必要的支持。小王感觉责任重大，他一刻也不敢怠慢，立即着手设计 App 营销方案。在方案中，小王重点考虑了 App 营销模式选择的问题。小王清楚了为了实现更好的 App 营销效果，需要在植入广告模式、用户参与模式以及内容营销模式等几种主要的 App 营销模式中选择出最适合的。

请同学们思考，以上几种 App 营销模式各有何特点？小王在做出选择时应该考虑哪些方面？

相关知识

App 营销模式大致可分为植入广告模式、用户参与模式和内容营销模式这三类，下面分别进行介绍。

1. 植入广告模式

植入广告模式是最简单的一种 App 营销模式。App 开发者可以直接将广告嵌入 App，用户打开 App，在首页或是相应的界面中就能看到广告。如果对广告感兴趣，用户就可以点击广告了解详细内容，从而参与企业的营销活动；如果不感兴趣，用户直接点击关闭或者跳过广告即可。企业可以将广告植入那些下载量大的 App，这样受众面广。但广告内容本身吸引人才是最重要的，精美的广告有时会使对产品本不感兴趣的用户成为潜在消费者。同时，企业要注意将广告投放到与自身产品或服务相关联的 App 中。例如，华为音乐 App 拥有众多青年用户，其中不少是音乐发烧友，他们对高品质的音响产品有较高的需求，比较适合投放与之相关的产品，如图 9-4 所示。而华为运动健康 App 则比较适合发布健身课程的广告，如图 9-5 所示。

图 9-4　华为音乐 App 上的耳机广告　　图 9-5　华为运动健康 App 上的健身课程广告

2. 用户参与模式

App 营销的用户参与模式是指企业将自身开发的 App 发布到各大应用平台，让用户下载使用（见图 9-6）。用户参与模式又可进一步划分为网站移植类和品牌应用类两种。网站移植类 App 可以使用户获得等同于网页版的使用体验，虽然这类 App 中的信息可能不如网页端的信息全面详细，但用户可以迅速抓取重要信息。例如，天猫 App 页面简洁而信息全面，页面下方的天猫首页、购物车、个人页面等几个重要导航按钮完全可以满足用户的需要。品牌应用类 App 需要用户使用 App 来完成购买或消费，有的 App 甚至没有对应的网页版，这是因为其需要结合一部分手机功能来使用。例如哈啰出行，用户只有开启手机的位置服务功能，打开 App 对自己进行定位，才能搜索周围的共享单车进行使用。

用户参与模式具有很强的互动性。例如，天猫 App 在每年的"双 11"购物节期间推出"红包雨"等互动小游戏，用户点击手机屏幕上掉落的红包就能抢到相应的购物优惠券，同时还能将活动的链接在社交软件中进行分享，从而使更多的人看到这个活动。哈啰出行会在用户骑行结束后给用户发红包，用户可以通过微信将链接分享到朋友圈或分享给特定朋友，同时自己也可以领到一张骑行优惠券供下次使用，如图 9-7 所示。平时不使用哈啰出行App 的人还可以通过链接页面中的下载按钮直接下载安装。由此，哈啰出行 App 通过用户的分享达到了营销推广的目的。

图 9-6　应用市场上的各种 App

图 9-7　共享单车的互动分享

3. 内容营销模式

App 营销的内容营销模式是指运营方通过优质内容吸引精准客户和潜在客户，以实现既定的营销目标。这种 App 营销模式通过在 App 上针对目标用户发布符合用户需求的图片、文字、动画、视频、音乐等以激发用户的购买欲望。在采用这种营销模式时，企业需要对目标用户进行精准定位，并围绕目标用户策划营销内容。如一款叫作"汇搭"的 App，用户可以在平台上搭配自己喜欢的服装，并与其他用户分享搭配经验。汇搭 App 提供在线服装搭配工具，用户可以使用该工具查看自己已经购买的服装搭配服装的款式、搭配服装的效果、搭配服装的价格等。此外，汇搭 App 还具有在线销售功能，用户可以在该平台上购买搭配好的服装，也可以根据自己的需求进行搭配。这可谓是一种商家、消费者"双赢"的营销模式。

✦ 案例分析

RX 咖啡 App 运营模式

RX 咖啡是一家体验式咖啡连锁店，它的发展受益于移动互联网技术的不断进步。随着消费者对高品质咖啡的需求日益增加，RX 咖啡利用其移动应用程序（App）创新的运营模式，改变了传统咖啡连锁店的经营方式，获得了高速的成长。

首先，RX 咖啡 App 的最大特点是可以实现在线下单和外卖送达。消费者可以通过 App 在线下订单，实现自助点餐、支付、查看订单状态等功能，而且，消费者可以通过它轻松寻找 RX 咖啡店铺的位置，查看咖啡种类、口味和价格，并了解会员计划和优惠信息等。这种便利的消费方式吸引了许多忙碌的现代城市人群，尤其是年轻人。RX 咖啡 App 也能够直接推送营销活动信息，以吸引消费者。消费者下订单后，配送员可根据用户需求，通过 RX 咖啡 App 将所选产品送到用户的门口。

其次，RX 咖啡 App 还具有一定的社交和互动功能。它允许消费者将 RX 咖啡店的位置和咖啡体验分享到社交媒体上，并通过社交媒体推广品牌。此外，该 App 还提供了一些用户互动的功能，如用户可以在线投票选择新口味、留下评论、建议和反馈等。这种充分运用移动互联网特点的互动方式，使用户可感受到参与 RX 咖啡品牌营销的游戏性和愉乐性。

最后，RX 咖啡 App 还设有积分兑换功能和优惠券兑换功能，目的是激励消费者持续使用 App。积分可以兑换咖啡和其他商品，优惠券则可以用于下次购买。

案例分析：

RX 咖啡 App 的运营模式在消费者体验、社交和互动、忠诚度和品牌知名度等方面，体现了移动互联网的应用程序的特点及其潜力。通过这种模式，RX 咖啡成功地抓住了消费者目光，实现了高速的发展。预计未来，利用移动互联网技术开发的其他应用程序也有望重塑传统行业的商业模式，创造更具互动性和社会性的消费体验。

任务实训

1. 实训目的

了解拼多多的拼团模式。

2. 实训内容及步骤

（1）以小组为单位，组成任务团队。

（2）下载拼多多 App，了解拼团流程。

（3）以小组为单位发起拼团任务，每位成员均需参加。

（4）拼团活动结束后撰写心得体会。

3. 实训成果

实训作业：拼多多的拼团模式体验。

任务 9.3　掌握 App 营销的技巧

任务引入

小王非常用心地为村里制定了 App 营销方案，且该方案在大学生村官的大力支持下很快就付诸了实施。但一段时间过后，小王发现营销效果远未达到预期。小王意识到一定是运营团队还未掌握 App 营销的技巧，他决定利用假期返乡专门为运营团队做一次 App 营销技巧的培训。

请问，假如你是小王，你将如何设计此次的实训内容？

相关知识

微课堂
App 营销的
技巧

在 App 营销实践中，常用的营销技巧主要有以下 5 种。

1. 把用户放在首位

在 App 营销中，企业要把用户放在首位，不断提高产品和服务的质量，让用户用得放心；还要做好客服关怀，让用户用得顺心。企业要以用户为中心，产品和服务都要围绕用户的体验来进行设计，用户带着愉悦的心情体验产品，自然会愿意出钱购买。要做到把用户放在首位，企业就需要找到用户的根本需求。

把用户放在首位就是要针对用户的根本需求提供产品和服务。用户如果口渴，那水才是用户需要的，食物并不能满足其根本需求。只有站在用户的角度和立场思考问题，找到用户的根本需求，企业才能提供让用户满意的产品和服务。

如何寻找用户的根本需求？企业可以通过以下几种方法找到用户的根本需求。

一是通过搜索引擎。如果想知道用户对某个产品最关心的问题是什么，可以在百度等搜索引擎中输入产品名称，搜索引擎会自动匹配一些常见的搜索关键词，这样企业就知道用户最关心的是什么了。

二是站在用户的角度给产品挑毛病。企业要把自己当成产品的用户，用挑剔的眼光审视自己的产品，发现不满意的地方。这也是用户的痛点。

三是从市场中寻找用户的需求。要想让好的产品获得成功，企业需要有发现市场的眼光，这就需要用敏锐的洞察力发现市场中的"蓝海"。

四是让企业的忠实粉丝参与产品设计。粉丝的影响和作用不可小觑，他们是真正对产品有强烈喜爱、认同企业理念和价值观的积极用户，让其参与产品的调研、设计、试用、修改，会产生正向的粉丝效应。

通过市场发现用户的根本需求，把用户放在首位，是 App 营销必须做的事情。这样才能形成差异，让产品脱颖而出，赢得用户的喜爱。

2. 通过品牌的力量为 App 营销助力

品牌是一种识别标志、一种精神象征、一种价值理念，是优异品质的核心体现。品牌营销是通过市场营销使消费者形成对企业品牌和产品的认知的过程。企业要想不断获得或保持竞争优势，必须构建高品位的营销理念。因此，App 营销不能脱离品牌的力量，要借助品牌提升营销效果。

1) 塑造品牌的核心价值

品牌的核心价值主要包含 4 个方面：产品的使用价值、情感价值、文化价值和核心优势。产品的使用价值往往是品牌的根本价值，是吸引消费者的根本。情感价值可以让品牌和消费者靠得更近，让消费者对品牌产生情感依赖和诉求。文化价值包含民族和地域的独特魅力，能够为品牌带来更高的附加价值。每个产品都有自己的核心优势，企业可以从产品的功能、设计、销售渠道等多方面进行探索，打造产品的核心优势。

2) 利用品牌效应吸引消费者

人们购买家电可能会想到海尔，购买计算机可能会想到联想，购买手机可能会想到华为，这就是品牌效应。价格不菲的奢侈品能吸引人的部分原因也在于其品牌效应。因此，企业要将品牌元素融入 App，这样就能通过 App 吸引那些对品牌忠诚的消费者。具体做法包括：App 中要突出品牌的 logo，这是品牌的象征；App 的界面要和网页端保持一致，这样消费者就能轻松操作；App 中还要同步线下的活动，形成线上和线下的联动，这样不但能让消费者第一时间知晓企业的活动信息，还能将客源引流到线下，增强线下的销售量。

3) 通过产品背后的精神吸引消费者

手艺人讲求工匠精神，企业做自己的产品和 App 同样如此，要让消费者体会到企业对产品的精益求精。精神是最容易引起人共鸣的，产生的影响也最深远。产品背后的精神可以通过多种方式传达给用户，如宣传片、微电影、线下活动等。

3. 利用产品和服务的情感吸引消费者

企业除了要在产品和服务上塑造特色，还可以用情感让产品变得与众不同，这就是情感的力量。App 营销要成功，情感是不可缺少的要素。如果企业能够在情感上打动用户，自然能够获得用户的认可，促进产品的销售。

只有较早地发现用户的情感需求，想办法满足用户的情感需求，才能促进 App 营销。开展 App 营销的企业要碰触到用户的内心，让用户获得满意的情感体验。例如，小米公司的使命是始终坚持做"感动人心、价格厚道"的好产品，让全球每个人都能享受科技带来的美好生活。这一点配合其新品发售时别出心裁的营销策略，吸引了大批年轻的粉丝，这些人都追求产品的性价比，认同小米的理念，成了小米的忠实用户。情感的营销不需要花费太多金钱，企业只要开动脑筋，抓住用户的心理诉求，就能传递品牌价值，这是企业在开展 App 营销过程中需要重视的一个方面。

4. 联合有实力的企业借力营销

站在巨人的肩膀上才能看得更远。移动互联网时代，市场竞争激烈，单打独斗不如强强联合，借力营销往往更能事半功倍。

1）找到合适的搭档，优势互补

合作是非常好的方式，不同领域的企业可以在 App 中联合，这样可以将双方的用户群体进行引流，产生"1+1>2"的效果。例如哈啰出行与支付宝合作，取得了很好的营销效果。

✎ 延伸学习

哈啰出行联手支付宝实名认证

2019 年年初，哈啰出行顺风车业务在全国 300 多个城市上线。

年前，哈啰顺风车业务开始试运营，并推出"共享春运"活动。其官方公布的数据显示，2019 年 1 月 25 日至 2 月 4 日，累计参与"共享春运"活动的车主 51 万人，乘客 80 万人。春运期间，在应用商店旅游分类免费榜上，哈啰出行两次自然搜索排名第一。

截至 2019 年 2 月，哈啰顺风车车主注册量已突破 200 万人，累计发布订单量超 700 万单。顺风车一方面可以盘活个人车主的共享资产，增加其收益，另一方面也降低了乘客单程的出行成本。

作为共享单车的后入局玩家，哈啰通过"农村包围城市"的模式，在阿里系的扶持下，成为共享单车领域的巨头。2018 年 9 月，哈啰单车完成向哈啰出行的品牌升级，随后进军四轮市场。如今，哈啰出行完成了单车、助力车、网约车、顺风车的业务布局。

哈啰出行顺风车业务负责人江涛表示，哈啰出行将是行业内首个全面做到司乘两端实名认证的出行平台，借助支付宝的实名认证端口提高司乘安全性。

图 9-8　百度 App 超级蜕变代言人

借力营销还要注意几个问题：第一是两家企业的 App 要能连通，或者借力企业的 App 能获得流量开放入口。例如，哈啰出行可以在支付宝第三方服务中直接找到，而支付宝"交通出行"中骑单车一项默认直接链接到哈啰出行。第二是两家企业的业务领域可以形成优势互补，即借力企业的业务领域是被借力企业尚未涉及但感兴趣并愿意进行投入的领域，这样双方开展合作，借力企业能获得可观的流量，被借力企业可扩大自己的业务版图。第三是需要广泛推广，企业可以不拘泥于一款合作 App，在市场竞争激烈的情况下，要善于发现商机。

2）利用名人效应

名人的影响作用要远大于一般人，他们的一言一行都会受到公众和媒体的关注，尤其对其粉丝群体会产生巨大的宣传推动效应。企业根据所在行业及产品特色，可以邀请有影响力的名人代言 App，以起到良好的广告效应。例如，某艺人作为百度 App 超级蜕变代言人（见图 9-8）就吸引了不少年轻人的关注。

5. 提供有针对性的差异化服务

App 市场目前处于快速增长中，其中不免会有同质化的 App。如何从众多类似的 App 中脱颖而出，是企业需要思考的问题。

1）私人定制

在用户使用 App 的过程中，企业在后台可以通过信息技术搜集用户的个人习惯和爱好，针对其个性化的需求，进行精准的推送；还可以根据用户的会员等级提供不同的服务，让 VIP 用户体会到自己的优越性。私人定制包括为用户制定特定的 App 首页、App 会员界面等。

2）创新创意

想在同质化的 App 中脱颖而出，要靠创新和创意。这听上去虽然有些困难，但企业可以从以下两个方面仔细搜寻，不断思考。

一是挖掘产品的亮点。不同的产品有不同的闪光点，如舒肤佳的香皂侧重杀菌消毒，而力士香皂则侧重滋养护肤。同样，App 也有不同的内涵，微信和支付宝都有钱包功能，都可以进行结算和支付，但各有各的特点，商家一般都会提供两种支付方式供顾客选择。

二是全面掌握信息。信息时代，企业不仅需要了解对手的信息，还要掌握用户的信息，将从各方面搜集到的信息进行整合，确定要努力的方向。较为简便的一种方法，就是在应用商店中查看用户对竞争对手 App 的评论，针对其不足之处对自身进行修正，实现扬长避短、快人一步。

任务实训

1. 实训目的

掌握 App 的制作方法，完成 App 的制作与推广。

2. 实训内容及步骤

（1）以小组为单位组建任务实训团队。
（2）小组讨论，确定 App 的设计方案，要求突出 App 的营销功能。
（3）选择 App 设计网站，完成 App 设计，并做推广。
（4）根据 App 的使用情况，做进一步的完善。

3. 实训成果

不同团队设计的、具有营销功能的多款 App。

 练习题

一、单选题

1. 按照（　　）划分，App 可分为工具游戏类、网站移植类和品牌应用类。
   A. 收费方式   B. 使用方法   C. 内容   D. 操作方式

2. （   ）不属于 App 营销特点。

    A. 成本低   B. 使用持续性强   C. 信息较单一   D. 互动性强

3. 植入广告需要广告的（   ）来实现用户向消费者的转化。

    A. 内容   B. 品质   C. 趣味性   D. 点击

4. 哈啰出行 App 在用户完成骑行后，鼓励将奖励的骑车优惠券分享到朋友圈或分享给指定人，从而使更多的人使用哈啰出行。这种 App 营销模式属于（   ）。

    A. 线上营销模式   B. 名人代言的 App 营销方式

    C. 植入广告模式   D. 用户参与模式

5. App 营销的技巧包含多个，但（   ）不是 App 营销推崇的技巧。

    A. 把用户放在首位   B. 通过品牌的力量为 App 营销助力

    C. 专注于自身的领域   D. 提供有针对性的差异化服务

二、多选题

1. App 营销的特点主要包括（   ）。

    A. 成本低   B. 使用持续性强   C. 开发周期短   D. 增强用户黏性

    E. 可实现精准营销

2. 常见的 App 营销模式主要有（   ）。

    A. 植入广告模式   B. 口碑相传模式   C. 内容营销模式   D. 名人代言模式

    E. 用户参与模式

3. 可以通过下列哪些方法找到用户的根本需求。（   ）

    A. 通过搜索引擎   B. 发现市场中的"蓝海"

    C. 通过走访调查   D. 站在用户的角度给产品挑毛病

    E. 邀请粉丝参与设计

4. 如何通过品牌的力量为 App 营销助力？（   ）

    A. 塑造品牌的核心价值   B. 利用品牌效应吸引消费者

    C. 通过产品背后的精神吸引消费者   D. 聘请广告公司进行包装宣传

    E. 与著名品牌寻求合作

5. 下列有关 App 营销的说法正确的有（   ）。

    A. 企业可以通过 App 来传递企业文化、企业的社会责任、企业理念等企业价值信息

    B. 植入广告模式是最简单的一种 App 营销模式

    C. 在 App 营销中，要把用户放在首位

    D. 为服务更多的用户，App 营销中不可以包含私人定制的部分

    E. App 营销的成本低，尤其是宣传成本低

三、名词解释

1. App   2. App 营销   3. 植入广告模式   4. 用户参与模式   5. 内容营销模式

四、简答及论述题

1. App 营销的特点有哪些？

2. 借力营销需要注意哪几个方面的问题？

3. 找到用户的根本需求的方法主要有哪些？

4. 试论述 App 营销的技巧。

5. 试论述 App 内容营销模式。

📖 案例讨论

D 生活服务平台 App 营销实例

D 生活服务平台（以下简称 D 平台）的使命是"帮大家吃得更好，生活更好"。作为我国领先的生活服务电子商务平台，D 平台涵盖餐饮、外卖、打车、共享单车、酒店旅游、电影、休闲娱乐等 200 多个品类，业务覆盖全国近 3 000 个县区市。

根据中国商业智能数据服务商 QuestMobile 发布的《2023 年中国移动互联网半年大报告》，2023 年 6 月，D 平台月活跃用户为数 1 385 万，同比增长规模达 26.3%。D 平台用户增长率之所以能保持在较高水平，背后原因是：D 平台是以"吃"为基本盘构建的到家、到店品类服务，是消费者最高频且刚需的生活场景，具有坚韧的抗风险能力。

2018 年 9 月 20 日，D 平台正式在港交所挂牌上市，市值一度突破 4 000 亿港元，超过京东、网易和小米，成为当时国内继阿里、腾讯、百度之后的第四大互联网公司，也是国内互联网"三小巨头"中最早上市的一家。

当前，D 平台战略聚焦"Food+Platform"，是以"吃"为核心，建设生活服务业从需求侧到供给侧的多层次科技服务平台。与此同时，D 平台正着力将自己建设成为一家社会企业，希望通过与各类合作伙伴的深入合作，构建智慧城市，共创美好生活。

在业内人士看来，成立于 2015 年的 D 平台作为一个连接商家、用户和配送物流多方的互联网平台，是全球第一大综合性生活服务平台，其"无边界"的业务拓展模式，大可比拟如今市值突破万亿元的亚马逊。

D 平台创始人认为，D 平台就是生活服务领域的"亚马逊"——D 平台围绕"吃"这一高频核心品类，成为集吃喝玩乐于一身的超级电子商务平台，这与亚马逊业务拓展边界围绕用户需求的逻辑如出一辙。

D 平台起步于团购，并在成立后将业务版图拓展到外卖、酒店、旅行、出行等多个领域。事实上，历经了团购时期的"百团大战""千团大战"，D 平台作为惨烈红海竞争中的幸存者，已经与最大竞争对手 E 平台形成了国内外卖领域双寡头对峙的局面。

在外卖战场的上半场，2015 年 D 外卖与某点评网合并奠定了流量优势，新公司在腾讯的大力扶持下走上快速发展的通道，不仅市场份额反超此前一度领先的竞争对手 E 平台，还以逾 60% 的市场占有率稳居行业第一。

在 D 平台牢牢把握住流量入口之后，互联网人口红利的消失使得 D 平台与 E 平台的竞争进入下半场。D 平台近年来一路向外拓展多元业务，在其对标的亚马逊模式不断拓展边界的同时，D 平台也将面临与众多行业巨头的对抗。

D 平台率先完成上市融资，必然会给 E 平台造成压力，但是这次融资不会给目前的竞争格局带来很大的变化。D 平台在餐饮外卖领域稳操胜券，但在有些市场并不容易取胜，如出行、旅游和零售。

思考讨论题

请结合本案例，谈谈生活服务类 App 的营销策略。

项目 9　App 营销

任务	分析小红书的 App 营销实例				
班级		学号		姓名	

本任务要达到的目标要求：

1. 提升学生分析问题的能力。
2. 加深学生对 App 营销的认识。
3. 提升学生利用 App 平台开展网络营销的能力。

能力训练

扫描二维码阅读小红书的 App 营销实例，然后回答以下问题。

二维码
小红书的 App 营销

1. 小红书 App 有何特点？

2. 小红书 App 是如何构建营销闭环的？

3. 结合本案例，请谈谈生活方式类 App 的营销策略。

学生评述

我的心得：

教师评价

延伸篇

导语：本篇为延伸篇，是对实务篇内容的延伸与补充，主要介绍O2O营销、病毒式营销、二维码营销、新媒体软文营销和小程序营销5种新媒体营销方式。本篇共1个学习项目，下含5个具体学习任务。通过对本篇的学习，可使我们掌握O2O营销的策略与方法、病毒式营销的策划与实施，以及新媒体软文营销的策略与操作要点；熟悉二维码营销的方式与渠道及小程序的推广方式。学习本篇内容有助于我们建立线上线下融合及其他新媒体营销新思维，从而更好地开展新媒体营销工作。

其他新媒体营销方式

◆学习目标

【知识目标】

(1) 掌握O2O营销的策略与方法。
(2) 熟悉病毒式营销的模式与实施过程。
(3) 认识二维码营销的渠道与方法。
(4) 掌握新媒体软文营销的策略与操作要点。
(5) 熟悉小程序营销的推广方式。

【技能目标】

(1) 能够为企业实施O2O营销提供策划方案。
(2) 能够完成某个病毒式营销活动的策划并实施。
(3) 能够为企业撰写高质量的新媒体软文。
(4) 能够为企业实施小程序营销提供建议。

【素质目标】

(1) 培养关注新媒体营销发展的积极意识。
(2) 培养对新生事物的敏感度和洞察力。
(3) 建立创新的新媒体营销思维模式。

项目情境导入

情境1： 在当今的移动互联网时代，O2O营销成为最具潜力的营销模式之一。相对于实体商店传统的"等客上门"营销模式，O2O营销代表着一种新的营销逻辑。许多企业开始利用这种营销模式，借用网络吸引更多的消费者。例如，Y超市以生鲜O2O为切入点进行自己的O2O业务拓展，取得了良好的营销效果。Y超市将线上微店选购、线下实体店提货融合起来，使消费者可以在线上以微店为输入端，下订单之后在线下的任意一家Y超市实体店进行取货。同时，Y超市还引入了自助购物系统、自助收银系统、自助会员建卡发卡系统、自助查价机等，并且接入微信及支付宝打通支付环节，从而形成线上线下的消费闭环。

情境2： 某燕麦饮品牌在粉丝的积极参与下，制作了纯公益性质的"世界再大，也要回家"沙画视频。该视频用沙画形式，穿插了游子离家的感人场景，在一幕幕父母痴痴地等待中勾勒了浓浓亲情，引发了受众强烈的共鸣。短短十天时间，这条视频达到了 200 多万的传播量，以低成本实现了良好的传播效果，成功实现了病毒式传播。

情境 3： 前些年某新创品牌矿泉水的一物一码营销开启了快消品行业的二维码营销新方式，过去企业做活动必须经过经销商、终端店，但是现在仅需消费者"扫一扫"便能实现企业直接掌控，在简化流程的同时，绑定线下高人气的微信红包、积分商城、线上优惠券等方式，吸引消费者，增强用户黏性，并通过活动获取消费者信息，进行消费者圈层分析。

情境 4： 德芙巧克力的软文《青春不终场，我们的故事未完待续》，针对年轻人的情感世界，讲述了一段感人至深的大学校园爱情故事。该软文语言优美，情节曲折，真挚动人，引发了很多年轻人的共鸣。软文中德芙的植入与作者的情感成长融合得非常自然，"不变的是德芙巧克力"，非常符合故事的场景，同时也淋漓尽致地凸显了德芙巧克力的定位和品牌内涵，丝丝入口，细腻和谐，让很多人不仅对德芙巧克力有了很好的印象，也潜移默化地传达了德芙的品牌价值。

情境 5： A 电商小程序营销完美契合微信小程序，"用完即走"的定位，简化了用户操作，提升了用户体验。A 电商通过小程序推出了一系列拼团活动，例如"砍价""拼单"等，吸引了很多消费者的关注。小程序让消费者可以更加方便地参与 A 电商的团购活动，在降低消费者购买成本的同时，还帮助商家提高了产品的知名度和销量。

问题：以上 5 个情境分别描述了哪种新媒体营销方法？请谈谈你对上述新媒体营销方法认识。

项目分析

随着移动互联网与互联网金融的飞速发展，"逛在商场，买在网上"的新消费方式开始挑战传统的商业模式。面对如此变化，O2O 营销模式成为营销行业备受关注的新宠。无论是互联网巨头还是移动互联网创业者，纷纷从人们的衣食住行等多个方面入手，在 O2O 领域"排兵布阵"，抢占市场先机。

随着网络信息技术的飞速发展，借助口碑，通过客户自发传播的病毒式营销；借助二维码打通线上与线下营销瓶颈的二维码营销等方法也因此应运而生。

新媒体时代，注意力日益成为最为稀缺的资源。为了吸引目标受众的关注，越来越多的企业借助新媒体软文开展营销活动，由此诞生了新媒体软文营销这种创新的网络营销方法。

小程序是在微信平台上实现的一种轻应用形态，具有实时通信、安全可靠、快速启动等特点。用户无须下载小程序即可使用，使用体验极佳，是企业开展新媒体营销的有力工具。当前，已有越来越多的企业开始借助小程序开展营销活动。

那么，该如何理解上述新媒体营销方法？企业该如何借助上述营销方法开展营销活动？本项目将对以上问题进行解答。

任务 10.1　掌握 O2O 营销的策略与方法

任务引入

小丽是一所"985"大学外贸外语专业的大三学生，学习之余，她与同学小芳一道在校内开了一家花店。花店位于职工食堂的后方，位置有些偏僻，而且面积只有七八平方米。平时小丽和小芳轮流看店，只有在毕业季和情人节期间才会请兼职的同学帮忙。小丽和小芳均要上课时，花店就要关门。经营了半年多，花店的生意一直很冷清，小丽和小芳甚至产生了低价转让花店的想法。直到有一天，在听完了李教授的 O2O 营销模式的讲座之后，她们才重拾信心。小丽和小芳一致认为，她们的花店非常适合采用 O2O 营销模式。小丽和小芳坚信，采用这种新型的网络营销模式，实现线上与线下的有机融合，她们的花店一定会有一个光明的未来。

问题：你觉得小丽和小芳的想法是否可行？为什么？

相关知识

1. O2O 营销模式的含义与特点

1）O2O 营销模式的含义

2006 年，沃尔玛提出"Site to Store"的 B2C 战略，即通过 B2C 完成订单的汇总及在线支付，消费者到 4 000 多家连锁店取货。该模式其实就是最早的 O2O 营销模式，但一直没有人明确提出 O2O 的概念。直到 2010 年，美国 TrialPay 公司的创始人亚历克斯·兰佩尔（Alex Rampell）首次提出了 O2O 的概念。O2O（online to offline）营销模式主要包括 O2O 电子商务平台、线下实体商家、消费者等要素。O2O 营销模式的核心是利用网络寻找消费者，之后将他们带到实体商店进行消费，如图 10-1 所示。

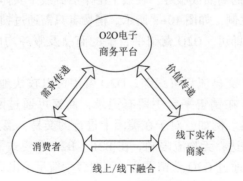

图 10-1 O2O 营销模式

这种营销模式主要适用于适合在线上进行宣传展示，具有线下和线上的结合性，并且消费者再次消费的概率较高的商品或服务。适合采用该模式的行业主要有餐饮、电影、美发、住宿、家政及休闲娱乐等。我国较早采用 O2O 营销模式的企业是大众点评网和携程，其"线上下单，线下消费"的商业模式也被业界称为最典型的 O2O 商业模式。线上同时实现信息流与资金流的传递，线下主要实现商品及服务流的传递。

O2O 产品成长的三个阶段

1. 工具阶段

主要方式为通过算法连接供需，例如，嘀嗒出行连接司机和乘客，饿了么外卖连接配送员和用户。

2. 内容阶段

有内容提供者，以及对应的内容受益者，在产品内形成供需循环以及内容积累。例如，美团点评，有商家提供的服务信息，以及 C 端用户提供的评价信息等内容的积累，这些积累下来的内容可长期重复使用。

3. 产业阶段

除了原本的行业供需，为自己用户提供更多服务，刺激用户价值的不断增长。例如，携程用户的购票服务，美团团购用户的外卖服务，从行业链逐渐拓展为产业链，使用户价值和产品边界再次增长。

2) O2O 营销模式的特点

O2O 营销模式是一种利用网络争取线下用户和市场的新兴商业模式，一般具有以下几个特点。

（1）商品及服务由线下的实体商店提供，质量有保障。O2O 营销模式中，消费者一般根据需求在网上选择合适的商品或服务，在线上下单后到线下实体店进行消费。烘焙小屋就是一个典型的 O2O 应用案例，如图 10-2 所示。消费者只需通过扫描二维码在微商城线上下单，然后到店里取走早餐即可。O2O 营销平台上的商品及服务均由实体店提供，因此商品质量有一定的保障。

（2）营销效果可查，交易流程可跟踪。O2O 营销可以较快地帮助实体店提高知名度。O2O 订单通过网络达成，在销售平台中留有记录，商家可通过网络追踪每笔交易，因而商品推广的效果透明度高。例如，对于在美团上进行的交易，商家可查看每笔交易记录。

（3）交易商品即时到达，无物流限制。在 B2B、B2C 等模式下，消费者需要 1~4 天才能收到购买的商品。然而通过 O2O 营销平台，消费者一般足不出户就可以在 2h 内收到所购商品，也可以随时到店消费，方便快捷。

（4）商品信息丰富、全面，方便消费者"货比三家"。O2O 营销平台可以将餐饮、酒店、美发以及休闲娱乐等各类型的实体店融为一体，典型的代表为大众点评网。该平台能够为消费者提供丰富的商品信息，并且还有消费者点评及推荐，为新的消费者选择商家提供参考，如图 10-3 所示。

图 10-2　烘焙小屋的下单流程

图 10-3　大众点评平台商品销售信息

（5）宣传及展示机会更多，帮助商家寻找消费者，降低经营成本。O2O 有利于盘活实体资源，为商家提供了更多宣传展示的机会，从而便于吸引新消费者。O2O 的宣传及送货上门服务，降低了商家对地段的依赖，减少了商家的经营成本。

同时，O2O 营销平台所存储的用户数据，有利于商家维护老消费者。根据消费者的消费情况及评价信息，商家可以深度挖掘消费者需求，进行精准营销，合理安排经营策略。

2. O2O 营销模式的分类

O2O 营销模式的实质是将消费者引流到实体店，为实体店做推广。从广义上来讲，O2O 的范围特别广，只要是既涉及线上又涉及线下实体店的模式，均可被称为 O2O。随着 O2O 营销模式的发展，目前形成了以下两种模式。

1）online to offline（线上到线下）模式

这是 O2O 营销模式的普遍模式，将消费者从线上引流到线下实体店进行消费。其交易流程如图 10-4 所示，实体店与线上平台（如网站、App 等）合作，在线上平台发布商品信息，消费者利用互联网在线上平台搜索相关商品，在线购买心仪的商品并完成支付。线上平台向消费者手机发送密码或者二维码等数字凭证，消费者持该数字凭证即可到实体店消费。大众点评网、美团等平台是这种 O2O 营销模式的典型代表。

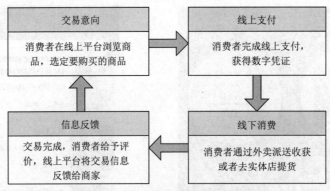

图 10-4　线上到线下模式交易流程

2）offline to online（线下到线上）模式

这种模式是在 O2O 发展的过程中逐步兴起的，又被称为反向 O2O。它将消费者从线下吸引到线上，即消费者在实体店体验后，选好商品，在线上平台进行交易并完成支付。例如，可口可乐开盖礼、麦当劳支付宝付款、母婴店扫描二维码成为会员下单等都是反向 O2O 的典型案例。

值得注意的是，O2O 营销模式的价值并不仅在于通过线上展示和线下体验更好地连接消费者与商家，而是商家给消费者提供系统性的贯穿整个交易流程的完整服务，包括售后的商品维护等。只有拥有这种完整的购物体验，消费者才更乐于分享，从而进行二次传播和持续购买。

3. O2O 营销策略与方法

1）O2O 线上推广

要做好 O2O 营销，消费者使用什么在线工具，企业就必须使用相同的在线工具。在移动互联网时代，网站、短视频 App、微信、微博等都是 O2O 营销的工具，是产品或服务信息的传播渠道。下面具体介绍 O2O 线上推广的策略与方法。

微课堂
O2O 营销的
策略与方法

（1）自建网上商城，与线下实体店对接。企业在互联网上建立自己的官方商城，在线上对商品或服务进行宣传推广，消费者在该平台下单后，可以选择到实体店体验消费，也可以直接享受送货上门服务。一般大型连锁加盟的生活服务类企业会采用这种自建网上商城的方式，从而有效地将线上平台与线下实体店对接。由于是自己的网站，企业对网站的管理便利，对目标消费者的针对性强，但企业自建 O2O 网上商城需要投入较多的资金。

（2）创建自有 App，充分利用移动互联网。在智能手机高度普及的今天，使用手机上网的用户越来越多。为赢得更多的移动用户，企业不断推出各种手机 App（见图 10-5），营销大战也从 PC 端转移到了手机移动端。下面以 2021 年春节红包大战为例来感受一下各大移动支付 App 之间的激励竞争。

《工人日报》报道，2021 年春节红包大战再起，各大 App 相继推出各自的红包，并且金额数量都不小，动辄以亿元甚至十亿元计算，一时盛况空前。天眼查数据显示，截至 2021 年年初，我国共有超 3 600 家移动支付相关企业。红包大战的背后是各移动支付 App 之间激烈竞争的反映。手机应用市场上常见的移动支付 App 如图 10-6 所示。

图 10-5 各种手机 App

图 10-6 手机应用市场上常见的移动支付 APP

（3）借势社会化营销，聚集人气。社会化营销是一种以消费者为中心的营销模式，采用集广告、促销、公关、推广于一身的营销手段，是典型的整合营销行为，只不过社会化营销是在精准定位的基础上展开的，且偏重于口碑效应的传播。社会化营销的经典媒介包括论坛、微博、微信、博客、SNS 社区等。O2O 社会化营销在数字化营销的基础上，更关注利用线上和线下资源探索消费者的个性化需求，找到目标消费者。与其他营销方式相比，O2O 社会化营销更加注重满足不同消费者的心理需求，进行个性化营销，其常用技巧如表 10-1 所示。

表 10-1 O2O 社会化营销的常用技巧

不同类别的消费者	营销技巧
爱吃的消费者	免费试吃、美食推荐
节约的消费者	秒杀、免费领、团购
较少出门的消费者	手机购物、送货上门
有情感需求的消费者	节日问候、贺卡祝福
追求享受的消费者	高级会员、奢侈品推广
好奇心强的消费者	悬念营销
关注娱乐新闻的消费者	邀请名人
注重养生的消费者	保健博文、养生话题
努力上进的消费者	励志"鸡汤"
爱美的消费者	美妆、潮流
需要送礼的消费者	包装精美的礼品

（4）借助第三方消费点评网站，实施口碑营销。O2O 营销模式主要针对消费者的吃喝玩乐等方面，瞄准了服务行业中生活服务"蓝海"。网络上流传着一种观点："如果把商品塞到箱子里送到消费者面前的网上销售额有 5 000 亿元，那么生活服务类的网上销售额会达到上万亿元。"尽管该说法有点儿夸张，但也足以说明生活服务类市场的空间非常广阔。生活服务类商品适合采用口碑营销的模式进行推广，即借助第三方消费点评网站通过信息分类、优惠折扣、团购等手段为消费者提供相关信息，利用口碑分享来实现商家推广。常见的消费点评网站主要有大众点评网、美团、58 同城、百度糯米、聚划算等。

（5）开展促销活动，优惠拉动消费。俗话说"货比三家"，在互联网飞速发展的今天，"货比百家"已经实现。对于企业来说，价格策略仍然是见效最快、最能拉动消费的方法之一。在这个方面，某打车软件的做法值得很多企业学习借鉴。用户使用该打车软件并分享红包，即可领取优惠券；邀请好友助力，可领出行券；可 1 元购买 90 元券包，也可邀请朋友拼团，每人花费 0.01 元即可得到上述优惠券包……一个个看似简单的活动，最终衍生为既能传播品牌，又能激活老用户，还能实现以老带新、抢占市场份额，甚至可以推动商业化变现或跨界合作、品牌合作的利器。

2）O2O 线下培育

对于 O2O 营销来说，线下培育也是极为关键的环节。能否对目标用户进行精准定位，能否获得线下用户的青睐，在很大程度上决定了 O2O 模式的成败。以下是 O2O 线下培育的具体策略与方法。

（1）体验营销。通过体验营销的方式，不仅能够提高用户对产品或服务的认可度，还能快速地获得口碑效应。同时，将线下体验与线上购买相结合，商家不仅能节约经营成本，而且还可以通过二维码等方式，让用户在体验过程中成为会员，刺激用户购买，实现反向O2O 模式的运用，从而促进用户直接购买。美特斯·邦威（以下简称美邦）就是利用体验店将线下用户成功转向线上的典型案例，下面来看一下美邦的具体做法。

以"不走寻常路"著称的美邦开创了"生活体验店+美邦 App"的 O2O 模式。该模式通过在优质商圈建立生活体验店，为到店用户提供 Wi-Fi、平板电脑、咖啡等便利的生活服务和消费体验，吸引用户长时间留在店内使用平板电脑或手机上网，登录并下载品牌自有App，以实现线下用户向线上的转化。生活体验店模式在服装零售 O2O 领域是一个大胆、新颖的尝试，在这种模式下，门店将不再局限于提供静态的线下体验，不再是简单的购物场所，而成为用户可以惬意上网和休息的地方。这可以增加美邦 App 的下载量，提高用户的手机网购率和下单量。

（2）会员卡应用。商家通过积累、分析会员信息，可以采用 E-mail、电话、短信等方式有针对性地给相应用户发送产品信息，深度挖掘用户需求，维护用户关系。会员卡应用是一种长期的促销手段。当然，会员卡不必为实体卡片，商家可以采用电子会员卡的形式，如扫描二维码、关注公众号成为会员等。商家通过用户的会员信息，可以更加方便地掌握用户到店消费信息等，利用折扣优惠吸引用户再次消费。

（3）粉丝模式。粉丝模式是指商家把 O2O 工具（第三方 O2O 平台、自有 App 等）作为自己的粉丝平台，利用一系列推广手段吸引线下用户不断加入，通过品牌传播、新品发布和内容维护等社会化手段吸引粉丝，定期给粉丝推送优惠信息和新品信息等以实施精准营销，吸引粉丝直接通过 App 购买商品，如图 10-7 所示。

图 10-7　粉丝模式

粉丝模式利用社会化平台的粉丝聚集功能，通过门店对线下用户进行引导，然后通过粉丝在线互动增强黏性。这样，在新品发布、优惠活动或者精准推荐的拉动下，企业可以增强移动端的销售能力。其中，服装品牌歌莉娅的做法值得我们借鉴。歌莉娅在 O2O 方面选择了与阿里巴巴旗下的微淘合作，在全国各地精选的近百家门店内摆放了微淘活动物料，吸引到店用户扫描门店内的二维码成为歌莉娅微淘粉丝，随时接收歌莉娅的新品推荐、活动发布、穿衣搭配建议等信息。微淘的推荐链接可以直接指向歌莉娅天猫旗舰店，促进用户直接下单。据统计，短短 5 天的活动让歌莉娅的粉丝增长了 20 万人，活动期间共有超过 110 万名用户打开手机访问了歌莉娅天猫旗舰店。

（4）二维码。随着移动互联网的发展，二维码在商店、地铁、报纸等处随处可见，用户通过手机扫描二维码可以浏览产品或服务的信息，并可以获取优惠折扣，形成"无处不渠道，事事皆营销"的营销新态势。二维码凭借体积小、信息含量大的优势，既方便商家存储产品或服务信息，也方便用户消费，成为商家将用户从线下引流到线上的便捷工具。

二维码凭借其一键连接线上线下的功能，大大提升了营销活动的趣味性和用户参与的便捷性，可以吸引众多用户参与商家的活动，便于商家与用户建立互动关系，最终创造有价值的用户体验。在未来的营销时代，二维码必将开辟一个巨大的市场，开创营销服务的新天地。

3）O2O 线上线下"闭环"

如果没有线上的产品展示，消费者将很难获得商家信息。如果没有线下实体店的产品体验，线上交易也只能建立在空谈之上。在 O2O 营销的过程中，企业要做到线上线下融合并非易事，这要求线上平台功能健全、线下服务创新实用。O2O 营销模式需要对线上线下进行双向借力，线上线下"闭环"营销才是 O2O 营销的核心。例如，很多企业不仅通过官网、官方微博、微信公众号等线上方式营销产品，也通过传统的报纸、传单、公交站牌广告、线下体验店等线下方式宣传产品，大大提高了产品的出镜率，吸引了目标用户。

O2O 线上线下"闭环"要实现两个"O"之间的对接和循环。线上的宣传营销活动，将用户引流到线下消费，从而达成交易。然而，这只是一次 O2O 模式的交易，未形成闭环。要形成闭环，商家需要将用户再从线下引回线上。用户在消费后对产品或服务做出评价等行为，这才实现了 O2O 闭环，也就是从线上到线下，然后又回到线上，如图 10-8 所示。

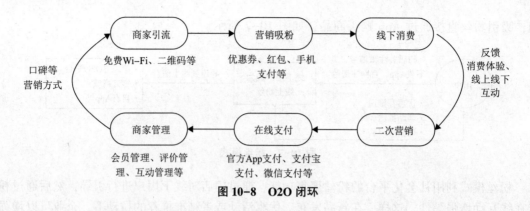

图 10-8　O2O 闭环

在生活娱乐的 O2O 领域中，用户的行为不像其他 B2C 等商业模式下的用户行为一样都在线上一端，而是分成线上和线下两部分。从 O2O 平台的角度来说，若不能对用户的全部行为进行记录，或者缺失了相当的一部分，那么平台很可能会失去对商家的掌控，也就是失去议价权，这样平台的价值就小了。因此，"闭环"是 O2O 平台的一个基本属性，这也是 O2O 平台与普通信息平台的一个重要区别。

任务实训

1. 实训目的

熟悉 O2O 营销的策略与方法，完成 O2O 营销策划方案。

2. 实训内容及步骤

（1）以小组为单位组建任务实训团队。

（2）阅读以下给定材料。

小明和小亮是兄弟俩，小明是哥哥，比小亮大五岁。小明上完高中后在家人的帮助下开了个超市。小亮学习优秀，以优异的成绩考上了南开大学市场营销系，目前正在读大四并已确定保研。寒假期间小亮到哥哥小明的超市帮忙，发现生意非常冷清，而隔壁王哥家生意却异常火爆。都是超市，面对的是同样的消费群体，商品的价格又相差无几，为何哥哥的生意就比不过王哥呢？小亮决定一探究竟。经调查发现，王哥采用了 O2O 的营销模式，通过王哥超市建立的在线平台就可搜索商品和在线购买，极大地方便了消费者购物。小亮终于知道哥哥生意不景气的原因了，他认为哥哥也要开展 O2O 营销了，否则很难再与王哥竞争。

（3）根据上述材料，为小明的超市完成 O2O 营销策划方案，重点阐述营销策略与方法部分。

（4）各团队分享策划书，由同学们在课下讨论。

3. 实训成果

实训作业：×超市 O2O 营销策划书。

任务 10.2　掌握病毒式营销的策划与实施

任务引入

病毒式营销有很多成功的案例，但一些违反公众道德、误导公众的病毒营销也不少。典型的如"看到本文后请转发给身边至少5位亲朋好友，如不转发，××日内必遭劫难等"。

问题：你如何看待这个问题？成功的病毒式营销该如何去做？

相关知识

1. 病毒式营销的概念

病毒式营销是一种常用的网络营销方法，其原理是利用公众的积极性和人际网络，通过互联网的快速复制与传递功能让营销信息在互联网上像病毒一样迅速扩散与蔓延。病毒式营销常被用于网站推广、品牌推广、为新产品上市造势等营销实践中。需要注意的是，病毒式营销成功的关键是要关注用户的体验和感受，即是否能给受众带来积极的体验和感受。

2. 病毒式营销的特点

病毒式营销通过自发的方式向受众传递营销信息，因此它有一些区别于其他营销方式的特点与优势。

1）推广成本低

病毒式营销与其他网络营销方式最大的区别就是它利用了目标受众的参与热情，由用户自发地对信息进行二次传播。这样原本应由企业承担的推广费用就转嫁到了外部媒体或受众身上，由他们充当免费的传播媒介，因此大大节省了企业的广告宣传费用。例如，法国达能旗下的高档矿泉水品牌依云，就采用病毒式营销的方式以极低的成本获得了良好的传播效果。

依云矿泉水首次尝试病毒式营销时，推出营销短片《滑轮宝宝》（*Roller Baby*），设计者应用计算机三维动画技术，塑造了滑轮宝宝们可爱的形象。短片中一群穿着纸尿裤的可爱宝宝不仅玩起了轮滑，还摆出了各种酷酷的姿势，甚至大跳嘻哈，如图 10-9 所示。

图 10-9　依云矿泉水广告视频截图

这段时长 60s 的短视频在 YouTube 上独家播放，短短一周点击率就超过了 600 万次，在推出后不到两个月的时间里，浏览量就超过了 2 500 万次。这在当时创造了吉尼斯世界纪录，成为在线广告史上观看次数最多的视频。其实，这段视频是依云矿泉水的一个创意广告，体现了依云矿泉水"保持年轻"的宗旨，但因为制作精美，内容新颖有趣，人们争相转发，收到了令人惊叹的传播效果。

2）传播速度快、传播范围广

在当今的网络社会，信息传播极为迅速，所有信息几乎都可以做到实时传播。而且随着自媒体的兴起，网民对感兴趣的信息可借助博客、微博、微信、短视频平台等进行转发，相当于无形中形成了一个强大的"信息传播大军"，因而能大大拓展信息的传播范围。下面就以网易云音乐的病毒式营销案例来做进一步的分析。

2017 年 3 月 20 日，网易云音乐包下了杭州地铁 1 号线的车厢以及江陵路地铁站，发起了一场名为"看见音乐的力量"的营销活动。活动结束后，网易云音乐从应用平台上的 4 亿条评论里，选定 85 条向公众发布。网易用户原创的优秀评论，不仅让受众感受到了"音乐的力量"，而且还戳中人心，并使人们产生强烈的共鸣。于是，人们积极分享转发，迅速引爆了当时的社交网络。

3）效率高、更新快

由于病毒式营销中，目标受众的信息传递者是其"身边的人"，相比大众媒体广告播出环境与接收环境的复杂性，病毒式营销广告的信息传递者与主动接收者的心态更为积极。因此病毒式广告克服了信息传播中的噪声影响，增强了传播的效果，提高了营销信息的接收效率。

同时，由于病毒式营销的信息传递者对"病毒"的记忆性与关注度较高，随着信息传递过程的继续，最开始的传播力已经慢慢转化为购买力，而新一波的"病毒"也会相继而来，将"病毒"的威力继续传递下去。因此在整个病毒式营销的过程中，不仅有旧营销信息的传递，还有营销信息的转化与新营销信息的接力，信息更新速度相比大众媒体广告更快。

思政园地

快看呐！这是我的军装照

2017 年 7 月 29 日，为庆祝中国人民解放军建军 90 周年，人民日报策划推出了一款换脸"军装照" H5 小游戏。用户只需扫描二维码，上传自己的照片，就可以生成帅气的军装照。这款 H5 小游戏一经推出，浏览量立即呈井喷式增长。截至 2017 年 8 月 2 日 17 时，"军装照" H5 小游戏的浏览次数累计达 8.2 亿次，独立访客累计 1.27 亿人，一分钟访问人数峰值高达 41 万。这款 H5 小游戏将 1927—2017 年这 90 年间 11 个阶段的 22 套军装全部呈现出来，用户上传照片选择年限即可制作自己专属的军装照。强大的图像处理技术——国内首创的"人脸融合"既能突出用户的五官特点，还自带美颜滤镜，让照片呈现非常自然的图片效果，使用户产生一种对军旅生活的向往和在朋友圈展现自我的欲望。

3. 病毒式营销的策划与实施

1）病毒式营销的策划

病毒式营销策划的核心是制造具有爆炸性的传播话题。话题只有足够出人意料、足够新鲜有趣，才能激起网络用户的兴趣和转发的热情。病毒式营销的话题有很多种，最常见的有3种，分别是情感性话题、利益性话题和娱乐性话题。

借情感性话题营销是指开展病毒式营销的企业以情感为媒介，从受众的情感需求出发，寓情感于营销之中，激发受众的消费欲望，并使之产生心灵上的共鸣。例如，前些年异军突起的白酒新贵江小白，就是靠一手漂亮的"情感牌"营销赢得了消费者尤其是青年消费者的心，如图10-10所示。江小白那充满"情感"的营销活动总能触动人们的心弦，让人倍感温馨。

图10-10 江小白的情感营销

借利益性话题营销是指开展病毒式营销的企业，以引人注目的利益话题来激起受众的高度关注和参与热情。例如，支付宝官方微博曾推出了一个转发抽中国锦鲤的活动，活动宣称会在转发该微博的网友中抽出一位集全球宠爱于一身的"中国锦鲤"（见图10-11），奖品包括服饰、化妆品、各地美食券、酒店等。一时间转发火爆，大家都希望生活中的好运气砸中自己。而后，在国庆节即将到来之际，支付宝官方微博再次发文宣布从转发中抽取一名用户帮助还一年花呗，该条微博的转发量也相当惊人。

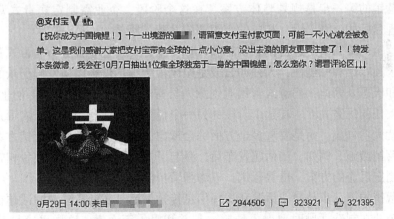

图10-11 支付宝官方微博发起的抽奖公告

借娱乐性话题营销是指开展病毒式营销的企业将娱乐元素融入话题，通过营造轻松愉快的沟通氛围来增强受众的黏性，并最终促进产品的销售。例如，2019年1月临近春节之际，一段《啥是佩奇》的短视频在网络上走红。视频讲述了一位农村老人在城里的儿子与家人要回村里过年，他的孙子非常想要一个"佩奇"，于是他立刻开始寻找佩奇，并引出了"什么是佩奇"的话题。老人几经周折，终于亲自焊接了一个硬核"佩奇"。视频中，老人在询问和寻找佩奇过程中的一系列神操作，引爆了网民的笑点。

虽然这是一部为宣传即将上映的《小猪佩奇过大年》电影而做的广告片，但是短片中充满欢笑的幽默桥段以及春节团圆的温馨氛围，极大地引发了网民的情感共鸣，使得该视频一时间成为网络的热点。网民们乐此不疲地转发这则广告视频，使它像病毒般迅速传播开来。随着视频被广为传播，电影的推广目的也得以实现。

阅读资料

七喜的病毒式营销

七喜通过融合一系列热门话题和小人物幻想等各种搞笑因素于一体的趣味性视频，对七喜当时的"开盖有奖""中奖率高达27%"等活动进行了生动的演绎，牢牢地抓住了观众的眼球。其视频在优酷、土豆、人人网、开心网、微博等各大视频及社交网站被大家疯狂转发，取得了很好的营销效果。面对市场上众多大品牌饮料产品的竞争，七喜在产品功能、口味上并无太多特别之处，但其选择了扬长避短，突出自身特色，在视频中通过传递"中奖率高"的特点使得消费者一下子就能记住七喜，从而与其他品牌进行了有效区分。随后，七喜通过视频续集的方式发动了第二波、第三波大规模营销，大幅提升了品牌知名度。七喜当年的销售额也一举进入饮料类的前三甲。

2) 病毒式营销的实施

病毒式营销的实施一般需要经过规划整体方案、进行创意构思和设计营销方案、制造话题和选择信息传播渠道、发布和推广话题、对营销效果的总结和分析等，下面就对每个阶段的具体工作做简要介绍。

病毒式营销的第一步是规划整体方案。在这个阶段，企业需制定病毒式营销的总体目标，拟定实现目标的计划，设立相应的组织部门并配备所需的人员。

病毒式营销的第二步是进行创意构思和设计营销方案。企业在进行病毒式营销创意构思时一定要追求独特性和原创性，人云亦云或是跟风抄袭等不仅难以激发起受众的兴趣，甚至会让人反感和厌恶。因此，病毒式营销对创意人员有着很高的要求，需要企业能慧眼识人，找到能担此大任的优秀人才。在这个阶段的另一个任务是设计营销方案。病毒式营销不是将话题抛出后就大功告成，而是要从多个方面综合考虑，设计全面具体的营销方案，制定应对不同情况的营销措施。例如，当话题发布后，激起了受众强烈的兴趣并被争相转发时，企业就应该再次制定对应的方案，借势营销，以增强营销效果。

病毒式营销的第三步是制造话题和选择信息传播渠道。病毒式营销的话题在前文中已经做过介绍，企业在制造话题时要融入情感、利益和娱乐等元素，这样更容易获得受众的关注。在选择信息传播渠道时，企业首先应考虑哪些是目标受众最易接触的平台，是论坛、QQ、微博、博客、微信还是短视频等，然后从中进行选择。当然，企业也可采取组合策略，充分利用各种传播渠道发布信息。

病毒式营销的第四步是发布和推广话题。发布和推广话题要选准时机，要尽可能吸引到有影响力的名人和意见领袖的参与。例如，2014年6月由美国波士顿学院前棒球选手发起的ALS（肌肉萎缩性侧面硬化病，俗称"渐冻人"）"冰桶挑战赛"（ice bucket challenge）迅速风靡欧美社交网络。该挑战赛要求参与者在网络上发布自己被冰水浇遍全身的视频内容后，便可要求其他人来参与这个活动。被邀请者要么在 24h 内接受挑战，要么就选择为 ALS 患者捐出 100 美元，或两者都做，然后可以点名三位朋友接受挑战。发起者的初衷是让更多的人关注这种罕见疾病，同时也达到募款的目的。在社交媒体上，最先积极响应的是比尔·盖茨、蒂姆·库克、杰夫·贝索斯、拉里·佩奇等互联网和科技领袖们，接下来美国的富豪、文艺界和体育界名人也纷纷接受挑战。在这些意见领袖的带动下，短短三个多星期，"冰桶挑战赛"已经替美国的"渐冻人"关怀机构募集到 4 000 多万美元善款，为 2013 年同期的 20 倍。2014 年 8 月 18 日，这个活动蔓延至中国互联网圈，小米的创始人雷军成为首个受邀参与挑战的名人。接下来，随着一个个中国 IT、互联网商业领袖的参与，"冰桶挑战赛"开始风靡中国互联网。

病毒式营销的第五步是对营销效果的总结和分析。对营销效果进行总结和分析，可以帮助企业从中发现问题，适时调整病毒式营销的策略，并为下次活动提供借鉴。

任务实训

1. 实训目的

了解病毒式营销的策划流程和策略，能够独立完成一次病毒式营销策划。

2. 实训内容及步骤

（1）确定病毒式营销的主题。
（2）分析所要营销的产品及目标受众，确定病毒式营销的目标。
（3）制造病毒式营销的话题并实施。
（4）对本次病毒式营销效果进行总结和分析。

3. 实训成果

实训作业：×病毒式营销的策划与实施。

任务 10.3　熟悉二维码营销

任务引入

二维码营销是移动背景下兴起的一种全新的网络营销方式，借助微信扫描二维码，就能打通企业线上和线下营销的瓶颈，因此被广泛应用。

问题：二维码营销为我们的消费生活带来了哪些便利？

相关知识

1. 二维码及二维码营销的概念

二维码是日本电装公司于 1994 年在一维条码技术的基础上发明的一种新型条码技术。二维码是根据某种特定的几何图形按照一定的规律，在二维方向上分布的记录数据符号信息的图形。在代码编制上二维码巧妙地利用构成计算机内部逻辑基础的"0""1"比特流的概念，使用若干个与二进制相对应的几何形体来表示文字数值信息，通过图像输入设备或光电扫描设备自动识读以实现信息自动处理。二维码图像指向的内容非常丰富，可以是产品资讯、促销活动、在线预订等。二维码的诞生丰富了网络营销的方式，它打通了线上线下的通道，为企业带来了优质的营销途径。

二维码营销是指将企业的营销信息植入二维码中，通过引导消费者扫描二维码，来推广企业的营销信息，以促进消费者产生购买行为。在当今网络营销逐渐从 PC 端向移动端倾斜的时代，二维码营销以其低成本、应用广泛、操作简单、易于调整等优点得以迅猛发展。

2. 二维码营销的优势

从企业的角度来看，二维码营销主要具有以下优势。

1）方便快捷

用户只需用智能手机扫描二维码，就可随时完成支付、查询、浏览、在线预订、添加关注等功能，帮助企业实现方便快捷地开展网络营销活动。

2）易于调整

二维码营销内容修改非常简单，只需在系统后台更改，无须重新制作投放，成本很低。因此，二维码的营销内容可根据企业营销的需要而实时调整。

3）有利于实现线上线下的整合营销

二维码为人们的数字化生活提供了便利，能够更好地融入人们的工作和生活。企业进行二维码营销时，可将链接、文字、图片、视频等植入二维码，并通过各种线下途径和网络平台进行投放，从而方便企业实现线上、线下的整合营销。

4）易于实施精准营销

开展二维码营销的企业，可以通过对用户来源、途径、扫码次数等进行统计分析，从而制定出针对用户的更精准的营销策略。

5）帮助企业更容易地进入市场

随着移动营销的快速发展和二维码在人们工作和生活中的广泛普及，功能齐全、人性化、省时实用的二维码营销策略能够帮助企业更容易地进入市场。

3. 二维码营销的方式与渠道

1）二维码营销的方式

从企业运营层面来看，二维码营销主要包括以下几种形式。①

（1）植入社交软件。植入社交软件是指以社交软件和社交应用为平台推广二维码。以微信为例，微信的特点可以让企业和用户之间建立友好的社交关系，实现基于微信的 O2O 营销。用微信扫描二维码可提供各种服务，为用户带来便捷有价值的操作体验。

（2）依托电商平台。依托电商平台是指将二维码植入电子商务平台中。依托电子商务平台的流量，引导用户扫描二维码。现在很多电子商务平台中都有二维码宣传，消费者在扫

---

① 许耿，李源彬．网络营销．北京：人民邮电出版社，2019：205。

描二维码时，即可下载相应 App，或关注网店账号。

（3）依托企业服务。依托企业服务是指在向用户提供服务时，引导用户对二维码进行扫描关注，或下载相关应用。比如在电影院使用二维码网上取票时，通过二维码，引导用户下载相应 App，或查看相关营销信息。

（4）依托传统媒介。依托传统媒介，是指将二维码与传统媒介结合起来，实现线上营销和线下营销的互补，比如在宣传海报上印刷二维码，提示用户进行预约和订购，参加相应促销活动等。

2）二维码营销的渠道

二维码营销渠道既包括线上渠道也包括线下渠道。企业很少会选择单一的渠道开展二维码营销活动，而是选择在线上和线下同时进行。

（1）二维码营销的线上渠道。可供企业选择的二维码营销线上渠道有很多，但较为适合的是社交平台和即时通信工具。因为社交平台和即时通信工具均具有很强的社交属性和分享功能，可将企业植入的二维码快速、广泛地传播，从而达到企业的营销目的。常见的二维码线上渠道包括用户基数大且与企业目标消费者定位较为吻合的网络论坛和贴吧，以及微信和微博等。尤其是微信，除了具有以上所说的社交和分享功能，还具有二维码扫描功能，能够非常方便地帮助用户读取二维码信息，轻松实现二维码支付、扫码订单、扫码收款、扫码骑行等多种应用。

（2）二维码营销的线下渠道。与其他营销方式相比，二维码对线下渠道也有很强的适应性。随着二维码的应用场所越来越多，二维码的线下营销渠道也在不断拓展。目前主要的线下渠道包括线下虚拟商店、实体商品的包装及快递包装、宣传单、画册、报纸、杂志以及名片等。线下二维码营销的关键是吸引用户扫描二维码，这样才能有效促进企业线上营销与线下营销的融合。

任务实训

1. 实训目的

通过实训掌握二维码促销海报的制作。

2. 实训内容及步骤

（1）以小组为单位组建任务实训团队。

（2）通过自主学习，了解二维码海报的制作方法。

（3）设定二维码促销的主题并完成相关的文案设计。

（4）登录二维码生成器网站，完成二维码促销海报的制作。

（5）将生成的二维码发送至班级微信群，完成作业。

3. 实训成果

实训作业：完成×企业（或产品）二维码促销海报制作。

任务 10.4 熟悉新媒体软文营销

任务引入

某大学电子商务专业学生小崔的老家在四川青川，这里山清水秀物产丰富，尤其以竹荪、蘑菇等各种山珍最为著名。但由于缺乏宣传，该地的特产并不为人所熟知。近年来，一些立志返乡创业的年轻人在网上开店销售家乡产品，可惜效果都不太好。小崔觉得，通过新媒体软文宣传促进家乡土特产的销售是一个可行的方法。

问题：小崔同学的想法是否可行？请说明理由。

相关知识

1. 软文及新媒体软文营销的含义

软文，是指通过特定的概念诉求，通过理论联系实际的方式，利用心理冲击来使消费者理解企业设定的概念，从而达到宣传效果的营销模式。实际上，软文就是一种隐性的文字广告，多由公司内部策划人员或者广告公司撰写，即在一篇新闻稿、使用心得、趣味故事等文章里嵌入广告，以此来宣传企业或产品。

延伸学习

新媒体软文写作的要点

第一，要保证原创。写作时不必全部内容都出自自己之手，可以适当借鉴别人好的观点（最好控制在10%左右），但要保证整体内容的原创性。原创内容对于读者和搜索引擎来说，都是有价值的。这样，文章被其他网站转载的机会会更多，也就变相地为作者本人和所要推广的产品做了无偿的推广。

第二，文章标题要足够吸引人眼球。标题对于一篇文章会起到很大的作用，它是吸引网民点击浏览文章的"敲门砖"。对于同样的内容，换两个不同的标题发布在两个流量大致相同的版区，浏览量会有很大差别。不过，标题最好紧扣文章的主题内容，不要一味地标新立异，我们不提倡做网络上的所谓"标题党"。

第三，文章的内容一定要有特点，要有主题。写文章的时候，一定要明白为什么要写这篇文章，写这篇文章要达到什么样的效果。为了能得到这样的效果，需要选择什么样的主题内容，要突出什么样的特点，还要有权威的数据支撑，这样的文章会更让人信服。

第四，文章一定要紧跟社会热点。在写新媒体软文的时候，一定要知道网民最近对什么感兴趣。写作前可以去查看百度风云榜，一目了然地看到当天或者近两天出现的一些社会热点事件或者热点人物，这样的热点搜索引擎的搜索量通常很大。

第五，适当配合评论及图片。一篇软文如果配合论坛话题讨论以及评论文章，比单独的软文效果要好。如果是新闻，带图片的新闻比不带图片的效果要好。标题中出现企业名称，效果比不出现企业名称要好得多。但是要出现得比较合理，不能一看就是软文推广。

第六，要认真分析读者的阅读习惯。其实这个不难理解，大家在看文章的时候，如果是长篇文章，能一字一句认真看完的人不会很多。所以在发表文章的时候，如果篇幅过长，最好能分成上、下篇或者分页，这样能方便读者阅读，还能加深读者的印象。

新媒体软文营销又叫新媒体新闻营销，是指企业借助各类新媒体，传播一些具有阐述性、新闻性和宣传性的文章，包括新闻通稿、深度报道、案例分析、付费短文广告等，把企业、品牌、人物、产品、服务、活动项目等相关信息以新闻报道的方式，及时、全面、有效、经济地向社会公众广泛传播的新型营销方式。

新媒体软文营销通常情况下会与博客营销、微博营销、微信营销、论坛营销等相互配合进行，这样的组合营销能强化营销的效果，提升产品的形象与销量。

2. 新媒体软文营销的流程

1）确定新媒体软文营销的目标

新媒体软文营销的第一步是确定营销目标。在确定新媒体软文营销目标时应充分考虑企业营销的总体目标，并围绕这个总体目标来进行。同时，新媒体软文营销要有阶段性目标，要注意给予目标一定的弹性，要能够根据营销环境的变化做适度的调整。

2）撰写新媒体软文

新媒体软文的撰写要服务于软文营销的目标。在撰写之前要充分了解受众，要使软文能够直抵受众的心底，引发受众的共鸣。新媒体软文是开展新媒体软文营销的基础，新媒体软文不只是为了吸引更多的流量或传递某种商业信息，更是为了最终达到交易或交换的目的，并转换和改变消费者固有的价值观与信念。例如，曾被阿里巴巴评为网商十大博客之一的"闻香拾女人"的博主"闻香"（真名王燕），是一位经营桂花产品的企业家。她在已发表的近2 000篇文章中，以女性特有的视角记载了桂花的幽香，描绘了心灵的感悟。其中既有探寻人间真情的杂文，又有桂花产品活动记事；既有抒情散文，又有文学小说等。虽然形式各异，但主题大多围绕其桂花产品，从桂花的种植到产品的加工，以不同的视角全面介绍其企业文化和产品价值，如《桂花园挂满红灯笼》《和桂花入门者的交流》《阿凡达之神树——桂之树》等。这些软文已经与产品融为一体，是对产品的感悟升华到心灵情感上的认识后的作品，因此具有强大的感染力和吸引力。

又如，中国移动在井冈山市当地媒体曾经发表过这样一篇软文，题为《八游客森林探险入绝境，险！金刚圈里搜救动真情，急!》。软文记述了从上海来的8位大学生在当地茫茫森林中探险迷路，在携带的干粮和饮用水消耗殆尽的情况下仍无法返回的故事。在极端困难的情况下，他们发现自己随身携带的手机还有信号，于是拿起手机拨打"110"求助。闻讯后，当地政府迅速设立了营救指挥部，从傍晚一直寻找到深夜，于第二天找到被困的大学生，并护送他们走出了森林。大学生们在感动之余纷纷表示，通过这次的亲身经历，认识到了中国移动手机信号强劲的优势，坚定了他们使用中国移动手机的信心。这篇文章本身选择的内容符合社会群体的情感倾向，挽救生命、紧急救援的行动，能够最大限度地激发人们内心的善意和真诚。当这种情感最终伴随着问题解决得到释放时，消费者也会记住是中国移动给救援行动提供了巨大的帮助。可见，写软文离不开种种手法，但只有这些手法是不足以打动消费者的，正如在市场上销售人员缺乏知识可以学习、缺乏经验可以积累，但如果缺乏对企业和消费者应有的感情，就注定无法取得成功。

3) 选择新媒体软文发布的媒体

新媒体软文发布可供选择的媒体很多，如门户网站、地方网站、各大论坛、博客、微信、QQ 等，在发布新媒体软文之前要充分研究各个媒体的特点、受众特征，并结合所要营销的产品来综合考虑。可以采用组合媒体发布的策略，使新媒体软文能够尽可能地做到全面覆盖，从而提升传播效果。

案例分析

19 年的等待，一份让她泪流满面的礼物

他们结婚 19 周年的纪念日，恰逢她失落低沉。

几天来，她一直头疼、失眠，心情特别郁闷。食堂的工作太繁杂，整天忙得焦头烂额，她简直不想再做了。几千号人，财务账目一团糟，经常有漏洞，员工管理也复杂，售票时人员不够用，闲时人多没处用，双休日几乎没有休息过，简直让她一筹莫展、身心疲惫。

昨天晚上，她草草对付了一口饭，收拾完碗筷，她的老公一如往常，进入卧室开始上网玩游戏。而她坐在电视机前漫不经心地变换着频道，心里却翻江倒海，索性关闭了电源，一个人孤独地坐在那里，越想越感到委屈，禁不住抽泣起来。

寂静的夜晚，她的抽泣声惊动了上网的老公。他心里一惊，起身来到她身边，纳闷之际伸出右手想安慰一下老婆："为啥哭啊，咋的了?"她一边抽泣一边委屈地回答："整天累得睡不着觉，这日子过得真没意思。"听她如此一说，他伸出的右手停在了半空中，犹豫片刻，还是将手继续移动，轻轻地落在了她的肩膀上。"当初我们那么苦都过来了，现在我工资涨了，食堂生意也不差，生活好了，咋还郁闷起来了?"他用手抚摸着她的肩膀，轻声说："我们的生活一天比一天好了，我们的心情也要一天比一天快乐才是。"几句简单的话，一个微小的动作，顿时让她感到异常温暖。

"食堂生意不差，却也不好，你知道有多难吗?"她开始絮絮叨叨，"财务账目一团糟，我发现好多漏洞，经常收到假钞……"面对她的诉苦，他"嘘"了一声："走，我去食堂看看吧!"

结婚 19 年了，他一直是倔强、毫无耐心、我行我素，从来都没有注意过她的任何感受。而她全身心投入食堂生意的同时，还要全方位地照顾一家老小，尤其是父母去世之后，她更成了兄弟姐妹各个家庭里的顶梁柱。在家里，与其说她是他的老婆，不如说她在当他老婆的同时，还在承担着他母亲的责任。他在外不如意时，她柔情劝解；他在家发脾气时，她礼让三分；而她不如意发脾气时，他不但不会安慰，反而不理不睬，转身离去，不会听她的倾诉，全然不顾她的感受和委屈。

而今，面对她的抽泣和委屈，他终于开口讲了一句安慰的话，还有意关心她食堂的生意了。他牵着她的手，俩人向食堂走去。

食堂除了打扫清洁的员工，她还发现有几个穿蓝色工作服的陌生人正在食堂窗口安装什么。她心里一惊，蓦地明白了什么似的，转过头去用疑惑而幸福的目光注视着老公。

他笑着解释："看你做生意起早贪黑，太辛苦，我给你订了一批 IC 卡饭堂机，科学方便，为什么不用呢？"

她赶紧跑到工作人员的身边，他们向她微笑打招呼。她转过头："我也有这个打算，只是迟迟没有行动。"

他说："今天晚上工人就给你全部安装好。本来是准备送你一个纪念日惊喜。以后，你再也不用自己一张一张理账了，这套设备会自动生成财务报表，也不用请那么多售票员了，省时省力省钱，你等着做甩手掌柜吧！"

听到他体贴的安慰，她热泪盈眶，转身抱住了他。结婚这么多年来，他第一次默默主动地为她做了一件事。平安夜异常寒冷，她却感到非常温暖，平日讨厌的食堂仿佛也变得简洁可爱起来。但她精明的生意头脑又转了起来："你怎么挑厂家的？生产厂家挺多啊，到底哪家最好？一共花了多少钱？"

他笑着拍拍她的肩："你永远改不了追根究底的毛病，我是为你解决烦恼，又不是给你添麻烦，当然要选最省心的品牌，卡联科技是 IC 卡行业内 100 强企业，你还担心什么？只要你轻松快乐起来，花再多钱又有什么关系呢？"

她再也忍不住了，将头埋在老公的胸前抽泣起来。工人已经将整套设备装好了，掌声响起来，工人祝他们纪念日快乐！她急切地想说谢谢，一时感动得语塞。老公原来一直深爱着她——这是她结婚纪念日收到的最好礼物。

案例分析：本案例中的软文属于典型的用户类情感软文。这类软文的特点是以情感人、以情动人，很容易引起读者的共鸣。在撰写此类软文时要坚持原创原则，内容要具备可读性，要让目标用户产生深度阅读的欲望。同时，要注意合理植入广告信息，切忌让读者一看就感觉是在为企业做宣传。此外，要选择与软文内容风格一致的媒体进行传播，使内容与媒体很融洽地结合在一起，才能更易被读者接受、更易被广泛转发传播。

4）发布新媒体软文

在发布新媒体软文时要注意对发布时机的掌握，使新媒体软文的出现恰逢其时。例如，在华为 Mate 7 手机推出之际，一篇名为《华为手机：千万不要用猫设置手机解锁密码》的文章登上了微博热搜。该软文标题让人感觉非常有趣，引发了人们的猜想和疑惑。软文的内容也很生动有趣，写的是作者某一天突发奇想用猫设置手机解锁密码的缘由、经过、意外和结果。该软文同时附上了手机和猫的照片，让人感觉可信度很高。华为的这篇软文内容丰富、画面真实、代入感强，口语化叙述加上无滤镜的图片使得软文的生活气息非常浓厚。软文的标题颇具悬念，能够吸引读者进一步阅读正文。该软文中还加入了猫这种可爱的元素，创意独特。华为的这篇软文不仅内容有趣，而且发布的时机也掌握得恰到好处，不仅让消费者因这篇软文了解到了华为 Mate 7 这款最新上市手机的手机解锁功能，也让人产生模仿软文作者一样做法的冲动。

5）做好新媒体软文营销效果的监测工作

对新媒体软文营销的效果进行监测，可以及时发现问题，总结不足，以便加以改进。新媒体软文营销效果的监测指标主要有以下三个。一是新媒体软文流量指标，主要监测点击率、IP 等数据。二是新媒体软文的转载指标，看有多少人转载。三是新媒体软文的收录指标，看搜索引擎的收录情况。以上指标能反映新媒体软文的被浏览情况、受欢迎程度等，进而体现新媒体软文的营销效果。

📎 阅读资料

靠软文而红的"卷福"小龙虾

张嘉佳，"80 后"著名作家，2013 年创作的《从你的全世界路过》，红遍全国，上架 6 个月热销 200 万册，打破了十年来图书行业的小说单本畅销纪录，并入选第 5 届中国图书势力榜文学类十大好书。张嘉佳不仅会吃，还诙谐，他专门写过《小龙虾地图》，将吃过的南京小龙虾馆逐一点评；他不仅写，还会做，被誉为"微博上最会讲故事的人"。张嘉佳在微博上晒自己的独门配方，还扬言，总有一天要在南京开最好吃的龙虾店。"不想做厨师的导演不是好作家"成了 2015 年的网络流行语之一（见图 10-12），与张嘉佳的畅销书《从你的全世界路过》一样火遍全国。

图 10-12　张嘉佳的网络流行语配图

2015 年的一天，张嘉佳联合蒋政文（小满电商创始人，前褚橙营销负责人）一起发起了"卷福小龙虾"的京东线上众筹，项目名字叫"帮张嘉佳实现小龙虾梦"。张嘉佳、蒋政文写了一系列关于小龙虾的软文，包括《生鲜小龙虾的爱情》《小龙虾地图》《一只小龙虾的世界观》等。软文中写道：

夏天已经到来啦！我有冰镇西瓜，还有透心凉的饮料。我有冰淇淋，我还有空调。我有小龙虾，我还帮你剥好。你来吃吗？看着"卷福和他的朋友们"在荧光里闪烁，突然觉得，人生短暂，有虾就要吃，有梦就要追。

一系列新媒体软文的推广使得很多张嘉佳的粉丝成为卷福的消费者。蒋政文再度沿用褚橙的营销套路，用寻找意见领袖的方式来撬动口碑，产生"卷福朋友圈"效应。

著名作家的影响力和营销高手的实力，让"卷福小龙虾"不负众望地火了起来。2015 年 6 月，卷福品牌从小满电商中独立出来，蒋政文和张嘉佳合资 100 万元注册了上海晚鲤网络科技有限公司，两个月后拿到了天津真格天峰投资中心数百万元的天使投资。

　　然而时至2018年，靠讲故事和情怀众筹一夜爆红的"卷福小龙虾"项目下的10家小龙虾店中，有7家由于"经营不善"而倒闭，累计接近2 000万元的众筹款项"打了水漂儿"。

　　至于公司因何"经营不善"而倒闭，网上有很多文章专门对此进行了分析，本案例就不再赘述了。但靠新媒体软文使小龙虾馆一炮而红的创业故事值得我们细细品味。

任务实训

1. 实训目的

掌握新媒体软文的撰写与发布。

2. 实训内容及步骤

（1）进一步阅读相关文献，熟悉新媒体软文撰写的方法与技巧。

（2）以家乡的特产为新媒体软文营销的对象，完成新媒体软文的撰写。

（3）在研究的基础上选择适合的新媒体发布软文。

（4）分析新媒体软文的发布效果。

3. 实训成果

实训作业：×产品新媒体软文营销实例。

任务 10.5　熟悉小程序营销

任务引入

　　微信运动是微信旗下的一款智能健康工具，也是一款非常成功的小程序，在上线不久，便广受用户欢迎。微信运动小程序可以记录用户的每日步数，并可以与其他用户进行比较排名。同时，微信运动小程序还提供了各种运动相关的功能和工具，如卡路里计算、运动记录、好友互动等。用户可以通过微信运动小程序，记录自己的运动数据和健康状况，并可以与其他用户进行比较和交流，增加运动的乐趣和社交性。

　　问题：除了微信运动小程序，你常用的小程序还有哪些？你觉得小程序的优势有哪些？

相关知识

1. 小程序营销的含义与优势

1）小程序的含义及特点

　　小程序又称微信小程序，是腾讯公司推出的一种全新的移动应用模式。它是一种无须下载安装即可使用的应用程序，可以在微信平台内直接打开和使用，无须占用用户手机内存空间。2017年1月9日，微信小程序正式上线，其开发团队不断推出新功能。如今小程序在企业宣传、企业营销、售后分析等方面都有着广泛的应用。

　　小程序营销，也称微信小程序营销，是一种灵活、多元的线上技术，主要利用微信开发的小程序作为线上营销工具，进行手机新零售、线上活动推广、增加品牌知名度和建立客户信息等。

2) 小程序营销的优势

随着小程序功能的上线，越来越多的企业开始运用小程序进行营销，并将其作为重要的营销手段。具体而言，小程序营销主要有具有以下 5 个优势。

（1）无须安装。小程序能够在微信内便捷地传播和获取，具有较好的用户使用体验。小程序嵌入微信，用户在使用过程中无须在应用商店下载安装外部应用，通过扫描二维码或搜索相关功能的关键词等即可直接打开小程序，使用完后无须卸载，直接关闭小程序即可，不占存储空间，具有无须安装、触手可及、用完即走、无须卸载等特性。小程序能呈现每个产品最主要的功能，使用的时候不会有过多的干扰，使用起来快捷方便。

（2）转化率高。企业的营销活动大多借助 App 或公众号进行，它们需要多次跳转，步骤烦琐，导致营销转化率低。现在企业借助小程序能够实现营销闭环，企业能够更快实现营销转化。

（3）数据准确。小程序有助于企业内部数据与外部推广数据的高效连接，通过对用户数据的分析，企业可以实现精准营销。小程序可以连接企业的后台，能够深度挖掘、分析用户在小程序中的行为。

（4）成本低。针对研发人员而言，与 App 相比，小程序开发的复杂度较低，开发成本低、时间短，上线速度快，有助于快速优化程序，不断试错，不断优化产品。小程序可实现的功能包括公众号关联、通知等。其中，与公众号相关联，用户即可实现小程序和公众号的相互跳转。更重要的是，小程序设计美观且无须广告费用，比在外面派发传单、树立巨大的广告牌更实用，成本更低廉。

（5）用户流量大。营销最关键的就是找到用户，只有用户多了，企业的营销才能成功。微信小程序可以共享微信平台超过 10 亿用户的超级流量，可以借助微信自身的流量获得用户，降低获客成本。例如，在零售类微信小程序排行榜中具有不容忽视地位的拼多多，就是较好地利用微信流量的一个典型案例。拼多多的核心营销理念就是如何让人们用小程序进行拼团。早在拼多多 App 问世前，它的小程序就先火一步，其裂变模式就是拼团。一件产品如果开团购买则要比单独购买便宜，由此引发用户主动将其转发分享给微信好友、微信群，邀请大家一起完成拼团，而且分享成功之后的支付环节也能在小程序中一键完成，十分方便。拼多多利用微信小程序打通了线上营销渠道，进而再逐步完善自己的 App，通过小程序的分享与转发实现了用户裂变，促进了企业用户群体急速增长，获得了用户红利。

"互联网+"可以连接一切，微信也正在"连接一切"，而小程序正在悄然改变这一切。小程序的产生是对微信生态圈的洗牌及变革，虽然微信带有高流量，但目前仍没有很好的分发机制，广告转化率不高。小程序的投入使用能帮助微信大幅提升点击率和转化率。市场积累成熟后，微信小程序将成为企业进行营销的一个重要渠道。

2. 小程序的接入流程

小程序接入流程主要分为 4 步：①在微信公众平台上注册微信小程序账号；②完善小程序信息；③开发小程序；④提交审核与发布。

1）注册微信小程序账号

首先搜索微信公众平台官网，在账号分类中点击小程序并查看详情，如图10-13所示。小程序的开放注册范围包括个人、企业、政府、媒体以及其他组织，使用者可以根据自己的情况选择不同的主体类型。注册小程序需要输入邮箱并填写相关资料，如图10-14所示。之后进行邮箱激活，选择所需的"主体类型"，完成主体信息登记，即可完成注册。

图10-13　小程序查看详情

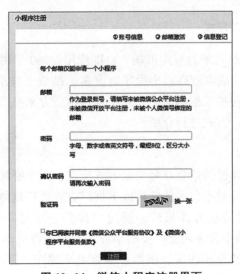

图10-14　微信小程序注册界面

2）完善小程序信息

填写小程序的基本信息，包括名称、头像、介绍及服务范围等。小程序的名称对于用户搜索等都非常重要，相当于网站的域名，最好清晰明了、短小精炼，且和小程序功能一致，并能体现企业的品牌形象。例如，京东的小程序名为"京东购物"，直接将小程序的用途和功能展现了出来。另外也有直接以企业名称或者产品名称作为小程序名称的，如唯品会、雨课堂、腾讯会议等。

3) 开发小程序

完成小程序开发者绑定、开发信息配置后，开发者可下载开发者工具，参考开发文档进行小程序的开发和调试，如图 10-15 和图 10-16 所示。

4) 提交审核与发布

完成小程序开发后，提交代码给微信团队审核，审核通过后即可发布小程序。

图 10-15　微信小程序开发者工具启动页

图 10-16　微信开发者工具主界面

3. 小程序营销的推广方式

传统的 App 营销主要是与华为应用市场、百度应用、360 手机助手等应用市场合作，引导用户下载安装 App，推广成本较高。小程序则更多借助线上微信朋友圈、线下经营门店、优惠促销活动等吸引用户扫描二维码添加，或者通过第三方来推广，综合推广成本低。下面将对小程序常用的 3 种推广方式进行介绍。

1) 线上推广方式

线上推广方式主要有通过微信公众号关联方式推广、朋友圈和好友分享、附近的小程序以及关键词推广等，下面将对小程序的几种线上推广方式进行具体介绍。

（1）通过微信公众号关联方式推广。通过"微信公众号—小程序—管理小程序—添加"，即可实现公众号关联小程序功能。关联小程序后系统将自动向公众号粉丝推送关联成功消息，点击消息即可跳转至小程序。例如，零售类小程序"蘑菇街女装精选"就推出了"公众号+小程序"的玩法，用户对于推送中喜欢的服饰可以直接点击进入小程序下单，过程更加简单快捷。在公众号内无法实现的营销活动，现在可以借助小程序来有效实施。对于想转战电商的传统商家而言，小程序则为其提供了更多的发展可能，能够进一步改善企业的营销布局，实现个性化营销模式，从而提高用户的忠诚度。

（2）朋友圈和好友分享。小程序的应用场景很普遍也很多元，建立在微信基础上的小程序使用户能更便捷地交流。小程序可以通过朋友圈进行推广，用户点击链接或者识别二维码可以直接进入小程序。好友推荐、微信群分享是小程序电商的重要客户来源，好友推荐还能提高用户对商家的信任度，从而提高成交的概率。

（3）附近的小程序。附近的小程序基于门店位置进行推广，能够吸引线上用户，为门店带来有效客户。有小程序的商家可以将门店小程序展示在"附近"。用户走到某个地点，打开"发现—小程序—附近的小程序"，就能查看自己附近的小程序，从而成为商家的潜在用户。

（4）关键词推广。用户可通过关键词进行小程序的搜索。小程序开发者可以在小程序的"推广"模块中，配置与小程序业务相关的关键词，便于用户搜索。关键词搜索的排名会受小程序的用户使用次数、服务质量、关键词相关性等因素的影响。开发者可以在小程序后台的"推广"模块中查看关键词搜索带来的访问次数。

2）线下推广方式

随着小程序的广泛应用，越来越多的实体店也开始使用小程序。除了线上推广，线下推广方式还有许多，主要如下。

（1）通过实体店进行线下推广。对于餐饮实体店来说，用户在用餐高峰时期点餐总免不了排队，并且纸质菜单成本较高。实体店使用小程序能够方便用户点餐，减少排队现象，改善用户体验，从而提升店内的点餐效率。例如，麦当劳的小程序包括"i麦当劳礼品卡""麦当劳顾客体验""i麦当劳""i麦当劳点餐"等，如图10-17所示。用户可以通过"i麦当劳礼品卡"小程序领取优惠券，利用"i麦当劳点餐"通过手机直接点餐并在线支付，如图10-18所示。麦当劳通过优惠券吸引用户，利用小程序点餐减少了用户排队等候的时间，最后通过"麦当劳顾客体验"小程序收集用户的反馈，充分满足用户的多种需求。麦当劳通过"优惠活动+不用排队"的策略很快吸引了大量用户使用小程序点餐，同时培养了用户使用小程序的习惯。

图10-17 麦当劳的小程序

图10-18 "i麦当劳点餐"小程序点餐界面

（2）通过促销活动等方式进行线下推广。企业在固定场所，如学校、商场等地方有针对性地策划地面推广活动，让用户参与活动，扫码关注小程序等，吸引潜在用户，有助于小程序快速积累用户资源。

3）第三方推广方式

除了线上及线下推广，还可以利用小程序商店、新媒体软文、运营公司等第三方力量来实现小程序的推广。但第三方推广往往是收费的，如第三方小程序商店会根据所付费用决定将该小程序放置在前列还是在后面。以新媒体软文的形式推广，可将新媒体软文投放到粉丝较多的自媒体，这类自媒体常对文稿明码标价。企业还可以将小程序委托给第三方运营公司，让运营公司在旗下的微信社群中进行转发等，并收取一定的费用。

任务实训

1. 实训目的

通过实训，帮助学生掌握小程序营销的基本技能。

2. 实训内容及步骤

（1）通过自主学习熟悉小程序的制作流程。
（2）确定个人感兴趣的小程序营销主题，并制定小程序营销策略。
（3）完成小程序制作，并在线上和线下推广制作完成的小程序。
（4）分析小程序营销成果，对此次小程序营销实训进行总结。
（5）提交小程序营销实训报告。

3. 实训成果

实训作业：××小程序营销实训报告。

练习题

一、单选题

1. O2O 营销模式的实质是将用户引流到（　　）。
　　A. 微信平台　　　　B. 实体店　　　　C. 购物网站　　　　D. 以上均不正确
2. 病毒式营销与其他营销方式的最大区别是（　　）。
　　A. 利用了目标受众的参与热情　　　　B. 利用了发起者的积极性
　　C. 利用了网络媒体的开放性　　　　D. 利用了网络媒体的公平性和便捷性
3. （　　）除了具有社交和分享功能，还具有二维码扫描功能，能够非常方便地帮助用户读取二维码信息，轻松实现扫码支付、扫码订单、扫码收款、扫码骑行等多种应用。
　　A. 微博　　　　B. 博客　　　　C. QQ　　　　D. 微信
4. 新媒体软文营销的第一步是（　　）。
　　A. 撰写新媒体软文　　　　B. 选择新媒体软文发布的媒体
　　C. 确定新媒体软文营销的目标　　　　D. 发布新媒体软文
5. 小程序接入流程的第一步是（　　）。
　　A. 开发小程序　　　　B. 注册微信小程序账号

C. 提交审核和发布　　　　　　　　D. 完善小程序信息

二、多选题

1. O2O 线上推广常用的方法主要有（　　）。

A. 自建网上商城　　　　　　B. 微博营销　　　　　　C. 微信营销

D. 设立线下体验店　　　　　E. 借助第三方消费点评网站

2. （　　）属于反向 O2O 案例。

A. 可口可乐开瓶礼　　　　　B. 麦当劳支付宝付款　　　C. 母婴店扫描二维码

D. 美团外卖　　　　　　　　E. 优衣库线上线下双融合

3. 病毒式营销的主要特点包括（　　）。

A. 推广成本低　　　　　　　B. 传播速度快　　　　　　C. 具有公益性

D. 效率高　　　　　　　　　E. 更新快

4. 从企业运营的层面来看，二维码营销的方式包括（　　）。

A. 植入社交软件　　　　　　B. 依托电商平台　　　　　C. 依托企业服务

D. 依托传统媒介　　　　　　E. 依托消费者口碑传播

5. 新媒体软文营销通常情况下会与（　　）等相互配合。

A. 博客营销　　　　　　　　B. 微信营销　　　　　　　C. 微博营销

D. 论坛营销　　　　　　　　E. 网络直播营销

三、名词解释

1. online to offline 模式　　2. 病毒式营销　　3. 二维码营销　　4. 新媒体软文营销

5. 小程序营销

四、简答及论述题

1. 哪些行业适合采用 O2O 营销？为什么？

2. 如何形成 O2O 营销的线上线下闭环？

3. 二维码营销的渠道包括哪些？

4. 试论述病毒式营销的策划与实施。

5. 试论述小程序的线下推广方式。

📖**案例讨论**

连州农特产 O2O 体验中心揭牌运营

乘八面来风，应万众期盼，2020 年 12 月 12 日，连州农特产 O2O 体验中心揭牌运营。该体验中心根据连州市省级电子商务进农村综合示范县（市）——推动农村产品上行建设要求构建而成，总面积达 1 300 多 m^2，包含"连州农特产产品展示厅（见图 10-19）、清远市工程研发中心、广东省博士站"。在全面解决连州农特产线上线下销售、深加工新品研发、品牌建设等问题的同时，帮助连州市完善农村电子商务服务体系建设、优化农村电子发展环境。

图10-19　连州农特产产品展示厅

近年来，连州市以农业供给侧结构性改革为主线，以增加农民收入为核心，不断完善农村电子商务服务体系建设，加快推进电子商务进农村综合示范工作，农村电子商务发展环境进一步优化，精准扶贫工作取得实效。

连州物产种类丰富，有连州菜心、东陂腊味、玉竹、百合、沙坊粉、星子红葱、砂糖橘等。该电子商务O2O体验中心将以"互联网+旅游+农特产品"的线上、线下互动模式，有效推动特色产品走出连州，打造特色农产品销售全产业链，构建连州"互联网+"新经济，促进连州农业提质升级。

体验中心以"政府监督主导、企业参与运营"的模式，最大限度地保障中心农特产品品质、特色，及对来连游客提供精准、便捷、完善的服务，从而形成口碑效应带动线上流量，积极打造连州农特产品品牌建设，推动连州市名特优农产品上行、对连州市农村电子商务发展起积极带头示范作用，带动乡村农副产品进城，为解决城乡二元结构，最终为实现"精确扶贫、美丽乡村"目标贡献应有力量。

揭牌仪式上，连州市领导表示，连州市农特产O2O体验中心，既是连州特色现代农业开拓市场的创新方法，也是助推连州脱贫攻坚工作的载体。连州一定要以体验中心揭牌运营为契机，深度融合"产业+电商+扶贫"，切实解决产业小、散、弱问题，充分发挥该平台作用和孵化器功能，把公共服务中心建设好、运营好，探索出一条适合实际、符合市场发展规律的电商发展"连州新模式"，通过线上与线下结合、上行与下行结合、销售与生产结合、传统与现代结合，畅通产品流通渠道，有效推动特色产品走出连州，走向全国。

当天，在连州农特产展示厅内汇聚了连州当地名特优新、地标保护、无公害、有机、绿色农特产品及其深加工产品，嘉宾们通过面对面零距离的亲身体验，在现场试饮、试吃、看样品、选购下单以及享受物流配送到家服务，直接感受到连州农特产及其深加工产品的优良品质，体验中心也实现了游客线下至线上的引领、持续性消费引流、形成口碑效应。

思考讨论题

1. 农特产品开展O2O营销需要注意哪些问题？
2. 连州农特产O2O体验中心揭牌运营具有哪些示范效应？

项目 10 其他新媒体营销方法

任务		分析富春田翁农产品店 O2O 营销实例			
班级		学号		姓名	

本任务要达到的目标要求：

1. 熟悉 O2O 运营的主要做法。
2. 掌握 O2O 营销的策略。

能力训练

扫描二维码，阅读富春田翁农产品店 O2O 营销实例，完成工作任务。

二维码材料
富春田翁农产品店的 O2O 营销

1. 新媒体时代为农产品营销提供了哪些机遇？

2. 如何确保 O2O 营销的用户黏性和高复购率？

3. 结合案例，请思考如何实现 O2O 营销闭环。

学生评述

我的心得：

教师评价

参考文献

[1] 林海. 新媒体营销 [M]. 2 版. 北京：高等教育出版社，2021.

[2] 李东进. 新媒体营销与运营 [M]. 北京：人民邮电出版社，2022.

[3] 朱海燕，赵菲菲. 新媒体营销实务 [M]. 北京：人民邮电出版社，2022.

[4] 李东进，秦勇，陈爽. 网络营销：理论工具与方法 [M]. 2 版. 北京：人民邮电出版社，2021.

[5] 郭义祥，李寒佳. 新媒体营销 [M]. 北京：北京理工大学出版社，2022.

[6] 刘冰. 网络营销策略与方法 [M]. 北京：北京邮电大学出版社，2019.

[7] 赵红. 网络营销 [M]. 成都：电子科技大学出版社，2019.

[8] 毛利，唐淑芬，侯银莉. 新媒体营销. 成都：电子科技大学出版社，2020.

[9] 赵轶. 网络营销：策划与推广 [M]. 北京：人民邮电出版社，2019.

[10] 王令芬，张初. 营销策划实训教程 [M]. 北京：清华大学出版社，2022.

[11] 杜鹏，佟玲. 新媒体营销 [M]. 北京：人民邮电出版社，2021.

[12] 林波. 数字新媒体营销 [M]. 北京：中国人民大学出版社，2020.

[13] 王丽丽. 新媒体营销实务 [M]. 北京：中国人民大学出版社，2020.

[14] 张文锋，张露. 新媒体营销实务 [M]. 清华大学出版社，2018.

[15] 李雪萍，岳丽. 新媒体广告策划与设计 [M]. 北京：化学工业出版社，2022.

[16] 杨连峰. 网络广告理论与实务 [M]. 北京：清华大学出版社，2023.

[17] 匡文波. 新媒体舆论 [M]. 北京：中国人民大学出版社，2022.

[18] 白东蕊. 新媒体营销与案例分析 [M]. 北京：人民邮电出版社，2022.

[19] 秋叶. 新媒体营销概论 [M]. 2 版. 北京：人民邮电出版社，2019.

[20] IMS 新媒体商业集团. 新媒体营销学 [M]. 北京：清华大学出版社，2022.

[21] 侯德林. 短视频运营与案例分析 [M]. 北京：人民邮电出版社，2021.

[22] 肖凭. 新媒体营销实务 [M]. 2 版. 北京：中国人民大学出版社，2021.

[23] 郭义祥，李寒佳. 新媒体营销 [M]. 北京：北京理工大学出版社，2022.

[24] 王晓明，陈华. 数字直播营销 [M]. 北京：北京理工大学出版社，2021.

[25] 胡杨. 直播带货和短视频营销实战秘籍 [M]. 郑州：河南文艺出版社，2020.

[26] 骏君，李剑豪. 直播营销：高效打造日销百万的直播间 [M]. 北京：中华工商联合出版社，2021.

[27] 尹宏伟. 直播营销：流量变现就这么简单 [M]. 北京：机械工业出版社，2020.

[28] 刘学辉，金梅. 小红书五年发展史：三个阶段的进化与坚守 [EB/OL]（2019-02-

26）［2023-01-01］. https：//www. iyiou. com/news/2019022693420.

［29］默染. 小红书产品分析报告，如何在小红书上做好推广［EB/OL］（2018-11-28）
［2023-02-02］. https：//www. opp2. com/108100. html.

［30］钟奇. 知识产业研究：从知乎十年发展看问答社区的建设与商业化［EB/OL］（2021-
04-28）［2023-03-03］. https：//baijiahao. baidu. com/s？id=1698274915053570025.